Ardone Panico Pirozzi

Ludus in tabula

Manuale

CÓLIMUS
FÁBULA
VIDĒMUS
POETÁQUE
CONSŌLOR
CONSTĀRE
FIDĒLIS

FLÚMINA
DEBĒRE
DÍCĔRE
AUDĪRE
AMĀRE
CONSPICIS
VĔTĔRA

Impara con l'eBook

UNA SILLABA CONTIENE UNA VOCALE LUNGA QUANDO LA VOCALE È PRECEDUTA DA CONSONANTE.
ES. VICTUS

1 REGÌSTRATI

Vai su **my.zanichelli.it** e iscriviti come studente

2 ATTIVA IL TUO LIBRO

Nella tua area **myZanichelli**, clicca su **attiva opera** e inserisci la **chiave di attivazione** che trovi sul bollino argentato in questa pagina

3 CLICCA SULLA COPERTINA

Puoi:
- sfogliare l'**eBook online**
- **scaricarlo offline** sul tuo computer o sul tuo tablet

QUE = PARTICELLA ENCLITICA
es. puella poetaque → puella et poeta } → QUE = ET

IL DITTONGO AE È LUNGO

ZANICHELLI

Indice

Sintassi dei casi

Sintassi del verbo

Sintassi del periodo

Introduzione

1. Origini ed evoluzione del latino

Il latino è una lingua molto antica: essa era parlata da una popolazione di origine indoeuropea (proveniente dall'attuale Russia meridionale) che, tra il IX e l'VIII secolo a.C., si era stabilita nell'attuale Lazio; lì, su un colle posto a sinistra del fiume Tevere, fondò un villaggio che avrebbe preso il nome di **Roma**.

A partire dal III secolo a.C., questo popolo iniziò a espandersi prima in Italia e poi in tutto il bacino del Mediterraneo e ben presto riuscì a fondare un impero molto vasto, che comprendeva quasi tutto il mondo allora conosciuto. Per questo motivo, il latino diventò la **lingua universale** del mondo antico: era parlata da tutte le persone di cultura e veniva usata per comunicare tra popoli diversi e lontani, come accade con l'inglese oggi.

In seguito a questa incredibile espansione, l'influsso del latino è rimasto presente nelle lingue di molti popoli che hanno subìto la dominazione dei Romani. In alcuni casi, il latino ha addirittura soppiantato le parlate locali, subendone a sua volta l'influsso, e ha dato origine a molte lingue diverse che hanno tutte il latino come "antenato comune". Queste lingue sono dette, perciò, **lingue romanze** o **neolatine** e si somigliano un po' tra loro, poiché sono legate da una parentela linguistica. Le principali lingue romanze sono: l'italiano, il francese, lo spagnolo, il portoghese e il rumeno.

2. Dal latino all'italiano

La maggior parte del vocabolario italiano deriva dal latino.

Nel **passaggio dal latino all'italiano**, alcune parole hanno mantenuto lo **stesso significato** rispetto al termine latino (per es.: "rosa", in latino *rosa*; "amare", in latino *amare*), a volte modificandosi un po' (per es.: "figlia", in latino *filia*; "madre", in latino *mater*); altre hanno subito **modificazioni di senso**, mantenendo però un legame con il significato del termine latino originario (per es.: in latino *fortuna* indicava la sorte buona o cattiva, mentre in italiano il termine si è specializzato a indicare solo la buona sorte); altre ancora, nel tempo, hanno **cambiato completamente significato** diventando così dei "falsi amici" (per es.: *captivus* in latino significava "prigioniero", non "cattivo", *villa* indicava una casa di campagna, non un'abitazione di pregio).

La lingua latina, infine, è giunta in parte fino a noi nella sua integrità attraverso **locuzioni**, modi di dire e termini che mantengono inalterata sia la forma sia il significato (per es.: *aula magna*, *gratis*, *ad personam*...).

Fonologia

La fonologia (dal greco *fónos*, "suono" e *lógos*, "studio") è la scienza che studia i suoni di una lingua.

In questa sezione

Lezione 1
Come parlavano i Romani

FONOLOGIA

1. L'alfabeto e la pronuncia

L'alfabeto che oggi usiamo per scrivere in latino è formato da **24 lettere**.

A B C D E F G H I K L M N O P Q R S T U V X Y Z

Come si può notare, esso comprende tre lettere in più dell'italiano: K, X, Y; in realtà le lettere utilizzate dai Romani erano 23 perché mancava il segno U: il suono /u/ veniva indicato dalla lettera V. La distinzione tra U e V fu introdotta solo nel XIV secolo.

I Romani, inoltre, conoscevano solo le maiuscole (le minuscole furono introdotte fra II e III secolo d.C.) e non usavano segni di punteggiatura: questi sono stati inseriti solo successivamente dagli amanuensi che hanno tramandato quei testi antichi fino a noi.

Ma come veniva pronunciata la lingua latina? Gli studiosi si sono interrogati a lungo su questo argomento, dal momento che non esistono registrazioni che possano riprodurre fedelmente il modo di parlare degli antichi Romani. Quello che sappiamo con certezza è che la pronuncia del latino si è evoluta nel corso dei secoli, dalle origini fino all'epoca cristiana (IV-V secolo d.C.). Per questo motivo, esistono due diverse modalità di pronunciare le parole latine:

– la prima è detta pronuncia **classica** o ***restituta***, cioè ricostruita, che corrisponde a quella delle persone di cultura vissute nel mondo romano tra il I secolo a.C. e il I d.C.;
– la seconda è detta **scolastica** o **ecclesiastica** e si è affermata più tardi, tra il IV e il VI secolo d.C., arrivando fino a noi tramite la liturgia della Chiesa. Quest'ultima è quella oggi usata più frequentemente.

In generale, la pronuncia scolastica del latino è simile alla pronuncia dell'italiano, ma con le seguenti **particolarità**:

– ***y*** si pronuncia /**i**/:
  ▸ *tyrannus* → /t**i**ránnus/ "tiranno"
– ***h*** è sempre muta:
  ▸ *habeo* → /**á**beo/ "io ho"
  ▸ *charta* → /c**á**rta/ "foglio di carta"
– ***ph*** si pronuncia /**f**/:
  ▸ *philosophus* → /**f**ilósofus/ "filosofo"
– ***ti*** seguito da vocale si pronuncia /**zi**/ (ma solo se la *i* non è accentata):
  ▸ *clementia* → /clemén**zi**a/ "gioia"

Esistono, in latino come in italiano, i **dittonghi**, cioè coppie di vocali che si pronunciano insieme e costituiscono una sola sillaba. I più frequenti dittonghi latini sono: ***ae***, ***oe*** (che si pronunciano **e**), ***au***, ***eu***. Più rari sono invece: *ei*, *oi*, *ui*, *yi*.

▶ *aetas* → /**é**tas/ "età"

▶ *poena* → /p**é**na/ "pena"

Se però sulla seconda vocale di questi dittonghi ci sono due puntini (**dieresi**), le vocali si pronunciano separatamente e costituiscono due sillabe distinte.

▶ *poëta* → /p**oé**ta/ "poeta"

▶ *aër* → /**áe**r/ "aria"

2. Vocali lunghe e vocali brevi

Nella lingua latina, come in quella italiana, esistono 5 segni vocalici: ***a***, ***e***, ***i***, ***o***, ***u*** (più ***y*** per parole di origine greca).

Le vocali di ogni parola possono essere:

- **brevi**, se pronunciate per poco tempo; sono convenzionalmente indicate dal segno ˘;
- **lunghe**, se la loro pronuncia dura più tempo; vengono convenzionalmente indicate col simbolo ¯.

Anche se per noi oggi è praticamente impossibile riprodurre questa differenza di pronuncia, conoscere la **quantità di una vocale**, cioè sapere se essa è breve o lunga, ci è utile per stabilire su quale sillaba cade l'**accento** in una parola.

Inoltre conoscere la quantità di una vocale ci permette di distinguere una parola dall'altra:

▶ *mālum* = mela

▶ *mălum* = male

o di individuare la funzione logica di una parola nella frase.

▶ *filiă* = la figlia (caso nominativo, soggetto)

▶ *filiā* = per la figlia (caso ablativo, complemento di causa)

Per sapere con precisione se una vocale è breve o lunga, basta consultare il vocabolario, in cui sono indicate le quantità delle vocali utili a stabilire la posizione dell'accento.

I **dittonghi** sono sempre **lunghi**.

3. L'accento e la sillabazione

Per stabilire l'**accentazione** di una parola latina, non è sufficiente conoscere la lunghezza delle sue vocali, ma è necessario considerare la quantità delle sue sillabe.

Infatti, una sillaba latina può essere:

- **breve**, se termina con una vocale breve;
- **lunga**, se termina con una vocale lunga, con un dittongo o con una consonante (si dice in questo caso che la sillaba è "chiusa"; quando, invece, termina con una vocale, sia essa lunga o breve, si dice "aperta").

Per sapere dove cade l'accento tonico in una parola latina basta attenersi a tre semplici regole:

1. **regola del trisillabismo**: in latino **non esistono parole bisdrucciole**, quindi l'accento non può mai cadere oltre la terzultima sillaba;
2. **regola della baritonèsi**: in latino **non esistono parole tronche** (tranne poche eccezioni), quindi l'accento non può andare sull'ultima sillaba;
3. **regola della penultima**: in conclusione, l'accento può andare o sulla terzultima sillaba o sulla penultima;

- se la **penultima sillaba è lunga**, allora l'**accento cade su di essa**;
- se la **penultima sillaba è breve**, allora l'**accento cade sulla terzultima**.
  - ▶ *monēre* (pron. /monére/), "ammonire"
  - ▶ *legĕre* (pron. /légere/), "leggere"

La **divisione in sillabe** in latino segue le stesse norme dell'italiano, con la differenza che due consonanti consecutive appartengono sempre a due **sillabe diverse**, tranne che nel gruppo consonante muta (*p*, *b*; *c*, *g*; *t*, *d*) + liquida (*l* o *r*); per es. *ma-trem* ("madre", acc.), *du-plex* ("doppio"), *ce-le-bra-re* ("frequentare"). Bisogna anche ricordare che *i* all'interno della parola è sempre vocale e non costituisce semivocale nemmeno quando seguita da altra vocale, per es. *ra-ti-o* ("misura").

Morfologia

La morfologia (dal greco *morphé*, "forma" e *lógos*, "studio") è la scienza che studia la struttura interna delle parole di una lingua e la loro formazione.

In questa sezione

Lezione 2
Il nome

1. Le parti del discorso

La morfologia (dal greco *morphé*, "forma") è la parte della grammatica che studia le forme che le parole possono assumere per indicare diverse funzioni grammaticali.

In latino le parti del discorso sono otto (in italiano nove), quattro **variabili**, ossia soggette a mutamenti nella parte finale della parola, e quattro **invariabili**, cioè non soggette a mutamenti.

Sono **variabili**:
- il **nome**;
- l'**aggettivo**;
- il **pronome**;
- il **verbo**.

Sono **invariabili**:
- l'**avverbio**;
- la **congiunzione**;
- la **preposizione**;
- l'**interiezione**.

In latino è assente l'articolo, per cui solo dal contesto si può capire come rendere in italiano un vocabolo. Per esempio, *adulescens* può essere reso con "ragazzo", "il ragazzo", "un ragazzo", a seconda del significato generale della frase in cui si trova.

2. La flessione

Sia in italiano che in latino le parti variabili del discorso subiscono dei cambiamenti nella parte finale.

Il mutamento di forma alla fine della parola si chiama **flessione**:
- la flessione dei sostantivi, dei pronomi e degli aggettivi latini si dice **declinazione**;
- la flessione dei verbi si dice **coniugazione**.

2.1 Radice, tema e desinenza

Nelle parole soggette alla flessione nominale e a quella verbale si distinguono le seguenti componenti:
- la **radice**, ossia l'elemento comune a tutte le parole della stessa famiglia, che veicola il significato fondamentale della famiglia di parole cui il termine appartiene; per es. ***reg-*** è la radice di *rex*, "re", *regina*, "regina", *rector*, "reggitore", *regĕre*, "reggere";
- il **tema**, cioè la forma invariabile che rappresenta la base della flessione della parola. Talvolta il tema coincide con la radice, ma spesso deriva dalla fusione della

MORFOLOGIA

radice stessa con elementi che la precedono, detti **prefissi**, o la seguono, chiamati **suffissi**;
- la **desinenza**, ovvero la parte finale, variabile, della parola, che ne indica la funzione grammaticale e logica all'interno della proposizione (genere, numero e caso per i sostantivi, persona e numero per i verbi).

Dunque nella parola ***rec-tor-em***, "guida", "rettore", ***rec-*** è la radice, -***tor***- è un suffisso, ***rector***- è il tema, -***em*** è la desinenza.

2.2 Genere e numero

I nomi latini possono essere di tre **generi**: **maschile**, **femminile** o **neutro** (diversamente dall'italiano, dove i generi sono solo due); il neutro era utilizzato per i nomi che non erano né maschili né femminili e spesso indicava esseri inanimati.

Come in italiano, i numeri sono due: **singolare** e **plurale**.

2.3 I casi e le declinazioni

Le varie forme che un nome può assumere in latino in base alla funzione logica che svolge nella frase prendono il nome di **casi**.

I casi in latino sono sei:
- il **nominativo** è il caso del **soggetto**, che indica chi o che cosa compie l'azione (se il verbo che fa da predicato è attivo) o la subisce (se il verbo che fa da predicato è passivo), o a cui si attribuisce una qualità o una condizione. È anche il caso degli elementi riferiti al soggetto: il **predicato nominale** e il **complemento predicativo del soggetto**, che indica ciò che si "predica", ovvero si dice del soggetto;
  - ▶ **La fortuna** è **cieca**.
  - ▶ **Lucio** è considerato **un bravo studente**.
- il **genitivo** è il caso del **complemento di specificazione**, che specifica una caratteristica del sostantivo cui si riferisce e risponde alla domanda: "di chi?", "di che cosa?". Questa funzione specifica o determina o restringe il concetto del nome da cui dipende;
  - ▶ Quello è il libro **di Lucio**.
- il **dativo** è il caso del **complemento di termine**, che indica a chi è diretta l'azione e risponde alla domanda: "a chi?", "a che cosa?";
  - ▶ Fabia dona una rosa **alla nonna**.
- l'**accusativo** è il caso del **complemento oggetto** (o complemento diretto) e del **complemento predicativo dell'oggetto**. Il complemento oggetto indica la persona, l'animale o la cosa su cui cade, senza preposizione, l'azione espressa da un verbo transitivo attivo. Il complemento predicativo dell'oggetto indica "cosa si dice" del complemento oggetto;
  - ▶ Fabia e Lucio amano **i loro genitori**.
  - ▶ Gli amici giudicano **Lucio generoso**.
- il **vocativo** è il caso in cui si pone il nome della persona alla quale si rivolge la parola, o che si chiama o si invoca;
  - ▶ **Fabia**, perché non stai attenta?

- l'**ablativo** è il caso che ha più funzioni: esprime molti complementi, tra i quali quello di mezzo, di causa, di modo, di stato in luogo, di moto da luogo, di tempo determinato ecc.
  - ▶ Scriverò **con grande cura**. [complemento di modo]
  - ▶ Fabia va a scuola **a piedi**. [complemento di mezzo]
  - ▶ Lucio tremava **per la paura**. [complemento di causa]

Nominativo, accusativo e vocativo sono detti **casi diretti**; genitivo, dativo e ablativo sono invece detti **indiretti**.

In base alle desinenze che caratterizzano i vari casi, i sostantivi latini si dividono in 5 gruppi, ognuno dei quali è detto **declinazione**. In latino esistono **5 declinazioni**, che corrispondono ad altrettanti "modelli" di modificazione delle desinenze del nome.

3. La prima declinazione

La **prima declinazione** è caratterizzata dalla desinenza *-ae* del **genitivo singolare**. Di seguito, la flessione di un sostantivo della prima declinazione.

■ ***puella, -ae***, f., "ragazza"

	Singolare		Plurale	
NOMINATIVO	*puellă*	la ragazza	*puellae*	le ragazze
GENITIVO	*puellae*	della ragazza	*puellārum*	delle ragazze
DATIVO	*puellae*	alla ragazza	*puellīs*	alle ragazze
ACCUSATIVO	*puellăm*	la ragazza	*puellās*	le ragazze
VOCATIVO	*puellă*	o ragazza	*puellae*	o ragazze
ABLATIVO	*puellā*	per (con, da...) la ragazza	*puellīs*	per (con, da...) le ragazze

Seguono la stessa declinazione di *puella* molti sostantivi (quasi tutti femminili, pochi maschili) della lingua latina.

Osservazioni

- **Nominativo**, **vocativo** e **ablativo singolari** escono in ***-a***, con la differenza che nell'ablativo la *-a* è lunga (*-ā*);
- **Genitivo** e **dativo singolari**, **nominativo** e **vocativo plurali** escono in ***-ae***;
- **Dativo** e **ablativo plurali** escono in ***-is***.

3.1 Particolarità della prima declinazione

Alcuni sostantivi hanno solo la forma del plurale, e talvolta si traducono al singolare. Per tale motivo sono chiamati ***pluralia tantum***, ovvero "soltanto plurali". I più frequenti sono:

- *Athenae, -arum*, f., "Atene";
- *Cumae, -arum*, f., "Cuma";
- *Thebae, -arum*, f., "Tebe";
- *deliciae, -arum*, f., "delizia";
- *divitiae, -arum*, f., "ricchezza";
- *indutiae, -arum*, f., "tregua (militare)";

- *insidiae, -arum*, f., "imboscata";
- *minae, -arum*, f., "minaccia";
- *nuptiae, -arum*, f., "nozze";
- *Syracusae, -arum*, f., "Siracusa".

Oltre ai sostantivi *pluralia tantum*, la prima declinazione presenta altre particolarità.

- Il nome ***familia***, "famiglia", al genitivo singolare presenta, al posto dell'uscita *familiae*, anche la forma *familias*, usata in unione con *pater, mater, filius, filia* in formule come: *pater familias*, "padre di famiglia";
- Alcuni nomi femminili nel dativo e nell'ablativo plurale escono in -***abus*** (invece che in -*is*): *dea*, "dea", *filia*, "figlia", *liberta*, "liberta".
- Alcuni nomi femminili hanno **significato diverso** al singolare rispetto al plurale:
  - *aqua, -ae*, "acqua" *aquae, -arum*, "acque termali";
  - *copia, -ae*, "abbondanza" *copiae, -arum*, "truppe";
  - *fortuna, -ae*, "sorte" *fortunae, -arum*, "beni, ricchezze";
  - *littera, -ae*, "lettera dell'alfabeto" *litterae, -arum* "lettera", "letteratura";
  - *opera, -ae*, "opera" *operae, -arum*, "operai";
  - *vigilia, -ae*, "turno di guardia" *vigiliae, -arum*, "sentinelle".
- Nel **genitivo plurale** si può trovare un'uscita in -***um***, accanto o al posto di -*arum* nei seguenti casi:
  - i nomi di origine greca come *amphora, -ae*, "anfora", *drachma, -ae*, "dracma" (moneta greca) hanno la doppia uscita al genitivo plurale *amphorum* e *amphorarum*, *drachmum* e *drachmarum*;
  - i nomi composti con i suffissi -*cola* (dal verbo *colo*, "abito") e -*gena* (dal verbo *gigno*, "genero"), come *caelicola, -ae*, "abitante del cielo" e *terrigena, -ae*, "abitante della terra".

4. La seconda declinazione

La seconda declinazione comprende molti **nomi maschili** e **neutri**, alcuni nomi **femminili**, ed è caratterizzata dalla desinenza -***i*** del **genitivo singolare**; molti nomi maschili e femminili della seconda declinazione hanno il **nominativo** in -***us***, come *amicus*, -*i*, "amico".

- ***amicus***, -***i***, m., "amico"

	Singolare		Plurale	
NOMINATIVO	*amic-**ŭs***	l'amico	*amic-**ī***	gli amici
GENITIVO	*amic-**ī***	dell'amico	*amic-**ōrum***	degli amici
DATIVO	*amic-**ō***	all'amico	*amic-**īs***	agli amici
ACCUSATIVO	*amic-**ŭm***	l'amico	*amic-**ōs***	gli amici
VOCATIVO	*amic-**ĕ***	o amico	*amic-**ī***	o amici
ABLATIVO	*amic-**ō***	per (con, da...) l'amico	*amic-**īs***	per (con, da...) gli amici

MORFOLOGIA

Alcuni nomi maschili hanno il **nominativo** in -*er* e **mantengono la vocale** -*e*- per tutta la declinazione, come *puer, pueri*, "ragazzo".

- ***puer***, ***pueri***, m., "ragazzo"

	Singolare		Plurale	
NOMINATIVO	*puer*	il ragazzo	*puer-ī*	i ragazzi
GENITIVO	*puer-ī*	del ragazzo	*puer-ōrum*	dei ragazzi
DATIVO	*puer-ō*	al ragazzo	*puer-īs*	ai ragazzi
ACCUSATIVO	*puer-ŭm*	il ragazzo	*puer-ōs*	i ragazzi
VOCATIVO	*puer*	o ragazzo	*puer-ī*	o ragazzi
ABLATIVO	*puer-ō*	per (con, da...) il ragazzo	*puer-īs*	per (con, da...) i ragazzi

Altri sostantivi che al nominativo escono in -*er*, invece, **perdono la** -*e*- del nominativo singolare, come *aper, apri*, "il cinghiale", *ager, agri*, "il campo", *liber, libri*, "il libro".

- ***liber***, ***libri***, m., "libro"

	Singolare		Plurale	
NOMINATIVO	*liber*	il libro	*libr-ī*	i libri
GENITIVO	*libr-ī*	del libro	*libr-ōrum*	dei libri
DATIVO	*libr-ō*	al libro	*libr-īs*	ai libri
ACCUSATIVO	*libr-ŭm*	il libro	*libr-ōs*	i libri
VOCATIVO	*liber*	o libro	*libr-ī*	o libri
ABLATIVO	*libr-ō*	per (con, da...) il libro	*libr-īs*	per (con, da...) i libri

Un solo nome ha il **nominativo** in -*ir*: *vir, viri*, che significa "uomo", insieme ai suoi composti: *duumvir*, "duumviro", *triumvir*, "triumviro", *decemvir*, "decemviro".

Osservazioni

I sostantivi che hanno il **nominativo** in **-*us*** escono al **vocativo** in **-*e***. I sostantivi che hanno il **nominativo** in **-*er***, invece, hanno il **vocativo uguale al nominativo**. Inoltre:

- dativo e ablativo singolari escono in -***o***;
- genitivo singolare e nominativo plurale escono in -***i***;
- dativo e ablativo plurale escono in -***is***.

4.1 Nomi neutri della seconda declinazione

Alla seconda declinazione, come si è detto, appartengono anche sostantivi neutri. Questi differiscono, nella flessione, dai maschili e dai femminili solo per le desinenze di **nominativo, accusativo** e **vocativo singolare** (tutte e tre in -*um*) e **nominativo, accusativo** e **vocativo plurale** (tutte e tre in -*ă*), come *verbum, -i*, "parola".

MORFOLOGIA

■ ***verbum***, ***-i***, n., "parola"

	Singolare		Plurale	
NOMINATIVO	*verb-**ŭm***	la parola	*verb-**ă***	le parole
GENITIVO	*verb-**ī***	della parola	*verb-**ōrum***	delle parole
DATIVO	*verb-**ō***	alla parola	*verb-**īs***	alle parole
ACCUSATIVO	*verb-**ŭm***	la parola	*verb-**ă***	le parole
VOCATIVO	*verb-**ŭm***	o parola	*verb-**ă***	o parole
ABLATIVO	*verb-**ō***	per (con, da...) la parola	*verb-**īs***	per (con, da...) le parole

Osservazioni

Esistono in latino tre sostantivi **neutri** che hanno il **nominativo** in *-**us***, invece che in *-um*. Essi sono: ***virus***, ***-i***, "il veleno", ***vulgus***, ***-i***, "il volgo", ***pelagus***, ***-i***, "il mare". Questi sostantivi mantengono l'uscita in *-us* anche all'accusativo e al vocativo.
Virus e *vulgus*, inoltre, hanno solo il singolare.

4.2 Particolarità della seconda declinazione

Anche per la seconda declinazione esistono nomi che si declinano solo al plurale (***pluralia tantum***). Si trovano sul vocabolario al nominativo plurale. Ne elenchiamo alcuni:

- *arma, -orum*, m., "le armi";
- *inferi, -orum*, m., "gli dei inferi";
- *liberi, -orum*, m., "i figli";
- *superi, -orum*, m., "gli dei celesti";
- *Pompeii, -orum*, m., "Pompei".

Al **genitivo singolare**, i nomi propri e comuni in *-ius* e *-ium* possono avere l'uscita regolare in *-ii* o quella contratta in *-i*.

▶ *imperii* o *imperi*; *ingenii* o *ingeni*; *Vergilii* o *Vergili*.

Al **vocativo singolare** i nomi propri di persona che escono al nominativo in *-ĭus* (come *Antonĭus, -i*, "Antonio" e *Pompeĭus, -i*, "Pompeo") e i due nomi comuni *filĭus, -i*, "figlio", e *genĭus, -i*, "genio", hanno l'uscita in *-i*.

I nomi con la *-i-* lunga al vocativo si comportano regolarmente: *Darīus* ha il vocativo *Darīe*.

Anche l'aggettivo possessivo *meus* (→ p. 31) al vocativo singolare maschile fa *mi*.

▶ *Antoni, fili mi.* "O Antonio, figlio mio".

Al **genitivo plurale** alcuni termini escono in *-um* invece che in *-orum*. Si tratta, per lo più, di sostantivi che indicano pesi, monete e misure (come *denarius*, "denaro", *iugerum*, "iugero", *modius*, "moggio", *nummus*, "moneta", *sestertius*, "sesterzio", *talentum*, "talento".

Il nome ***deus***, ***dei***, "dio", presenta una declinazione particolare:

- ***deus*, *dei*, m., "dio"**

	Singolare		Plurale	
NOMINATIVO	*deus*	il dio	*di, dii, dei*	gli dei
GENITIVO	*dei*	del dio	*deorum, deum*	degli dei
DATIVO	*deo*	al dio	*dis, diis, deis*	agli dei
ACCUSATIVO	*deum*	il dio	*deos*	gli dei
VOCATIVO	*deus, dive*	o dio	*di, dii, dei*	o dei
ABLATIVO	*deo*	per (con, da …) il dio	*dis, diis, deis*	per (con, da …) gli dei

Vi sono poi dei sostantivi che hanno un significato diverso al **singolare** e al **plurale**:
- *auxilium,- i*, n., "aiuto" *auxilia, -orum*, n. pl., "truppe ausiliarie";
- *bonum, -i*, n., "il bene" *bona, -orum*, n. pl., "i beni", "le fortune";
- *castrum, -i*, n., "castello" *castra, -orum*, n. pl., "accampamento";
- *impedimentum, -i*, n., "ostacolo" *impedimenta, -orum*, n. pl., "bagagli", "scorte";
- *ludus,- i*, m., "gioco", "scuola" *ludi, -orum*, m. pl., "gare", "spettacoli pubblici".

Il sostantivo ***locus***, ***-i*** ha due plurali: uno maschile (*loci*), che significa "passi di un libro", l'altro neutro (*loca*), che significa "luoghi".

5. La terza declinazione

Alla **terza declinazione** appartiene una vasta gamma di sostantivi sia maschili e femminili, sia neutri. È possibile affermare che la terza declinazione comprende la maggior parte dei sostantivi della lingua latina.

Essa si caratterizza:
- per l'uscita in ***-is*** del **genitivo singolare**;
- per la varietà di terminazioni al nominativo singolare.

I nomi della terza declinazione possono presentare un tema:
- in consonante;
- in vocale.

5.1 Desinenze dei nomi della terza declinazione

	Singolare			Plurale		
	Maschile	Femminile	Neutro	Maschile	Femminile	Neutro
NOMINATIVO	**uscite varie**	**uscite varie**	**uscite varie**	***-ēs***	***-ēs***	***-ă (-ĭă)***
GENITIVO	***-ĭs***	***-ĭs***	***-ĭs***	***-ŭm (-ĭŭm)***	***-ŭm (-ĭŭm)***	***-ŭm (-ĭŭm)***
DATIVO	***-ī***	***-ī***	***-ī***	***-ĭbŭs***	***-ĭbŭs***	***-ĭbŭs***
ACCUSATIVO	***-ĕm (-ĭm)***	***-ĕm (-ĭm)***	**= nominativo**	***-ēs***	***-ēs***	***-ă (-ĭă)***
VOCATIVO	**= nominativo**	**= nominativo**	**= nominativo**	***-ēs***	***-ēs***	***-ă (-ĭă)***
ABLATIVO	***-ĕ (-ī)***	***-ĕ (-ī)***	***-ĕ (-i)***	***-ĭbŭs***	***-ĭbŭs***	***-ĭbŭs***

Nei nomi maschili e femminili plurali alcuni casi presentano una desinenza uguale, -***ēs***: essa è comune al **nominativo**, **accusativo** e **vocativo plurale**; la desinenza -***ĭbus*** al dativo e all'ablativo plurale.

Tradizionalmente, inoltre, i nomi della terza declinazione si dividono in:

- **parisillabi**, se hanno lo stesso numero di sillabe al nominativo e al genitivo singolare;
- **imparisillabi**, se presentano al genitivo singolare un numero maggiore di sillabe rispetto al nominativo singolare.

È parisillabo ad esempio *amnis, amnis*, "fiume", perché presenta due sillabe al nominativo e al genitivo singolare (*am-nis*); è imparisillabo *consul, consulis*, "console", perché presenta due sillabe al nominativo (*con-sul*) e tre al genitivo (*con-su-lis*)

Questa classificazione ha consentito ai grammatici di distinguere, per convenzione e per facilitarne la memorizzazione, i nomi della terza declinazione in tre gruppi.

5.2 Nomi del primo gruppo

Al primo gruppo appartengono nomi **imparisillabi**, maschili, femminili e neutri, con **una sola consonante** dinanzi alla desinenza *-is* del genitivo singolare.
Presentano le seguenti caratteristiche: l'ablativo singolare in -***ĕ***, il genitivo plurale in -***ŭm*** e, se neutri, il nominativo, l'accusativo e il vocativo plurale in -***ă***.

Caratteristiche dei nomi del primo gruppo

	Desinenze
ABLATIVO SINGOLARE	-***ĕ***
GENITIVO PLURALE	-***ŭm***
NOMINATIVO, ACCUSATIVO E VOCATIVO PLURALE **DEI NOMI NEUTRI**	-***ă***

Di seguito, in successione, la declinazione di un nome maschile, uno femminile e uno neutro del primo gruppo.

consul, ***consulis***, m., "console"

	Singolare		Plurale	
NOMINATIVO	*consul*	il console	*consul-**ēs***	i consoli
GENITIVO	*consul-**ĭs***	del console	*consul-**ŭm***	dei consoli
DATIVO	*consul-**ī***	al console	*consul-**ĭbus***	ai consoli
ACCUSATIVO	*consul-**ĕm***	il console	*consul-**ēs***	i consoli
VOCATIVO	*consul*	o console	*consul-**ēs***	o consoli
ABLATIVO	*consul-**ĕ***	per (con, da...) il console	*consul-**ĭbus***	per (con, da...) i consoli

MORFOLOGIA

■ ***lex***, ***legis***, f., "legge"

	Singolare		Plurale	
NOMINATIVO	*lex*	la legge	*leg-***ēs**	le leggi
GENITIVO	*leg-***ĭs**	della legge	*leg-***ŭm**	delle leggi
DATIVO	*leg-***ī**	alla legge	*leg-***ĭbus**	alle leggi
ACCUSATIVO	*leg-***ĕm**	la legge	*leg-***ēs**	le leggi
VOCATIVO	*lex*	o legge	*leg-***ēs**	o leggi
ABLATIVO	*leg-***ĕ**	per (con, da...) la legge	*leg-***ĭbus**	per (con, da...) le leggi

■ ***agmen***, ***agminis***, n., "schiera"

	Singolare		Plurale	
NOMINATIVO	*agmen*	la schiera	*agmin-***ă**	le schiere
GENITIVO	*agmin-***ĭs**	della schiera	*agmin-***ŭm**	delle schiere
DATIVO	*agmin-***ī**	alla schiera	*agmin-***ĭbus**	alle schiere
ACCUSATIVO	*agmen*	la schiera	*agmin-***ă**	le schiere
VOCATIVO	*agmen*	o schiera	*agmin-***ă**	o schiere
ABLATIVO	*agmin-***ĕ**	per (con, da...) la schiera	*agmin-***ĭbus**	per (con, da...) le schiere

Osservazioni

Al primo gruppo appartengono anche alcuni nomi **imparisillabi** con **una sola consonante** dinanzi alla desinenza ***-is*** del genitivo singolare che terminano al genitivo plurale in ***-ĭŭm*** (come i sostantivi del secondo gruppo):

- *dos*, *dotis*, f., "dote";
- *faux*, *faucis*, f., "fauce";
- *mus*, *muris*, m. e f., "topo".

5.3 Nomi del secondo gruppo

Al secondo gruppo appartengono nomi **parisillabi** maschili e femminili e nomi **imparisillabi**, maschili, femminili e neutri, con **due consonanti** dinanzi alla desinenza *-is* del genitivo singolare. Presentano le seguenti caratteristiche: l'ablativo singolare in ***-ĕ***, il genitivo plurale in ***-ĭŭm*** e, se neutri, il nominativo, l'accusativo e il vocativo plurale in ***-ă***.

Caratteristiche dei nomi del secondo gruppo

	Desinenze
ABLATIVO SINGOLARE	***-ĕ***
GENITIVO PLURALE	***-ĭŭm***
NOMINATIVO, ACCUSATIVO E VOCATIVO PLURALE DEI **NOMI NEUTRI**	***-ă***

Di seguito, in successione, la declinazione di un nome maschile parisillabo, uno femminile imparisillabo e uno neutro imparisillabo del secondo gruppo.

- ***collis*, *collis***, m., "colle"

	Singolare		Plurale	
NOMINATIVO	*coll-**is***	il colle	*coll-**ēs***	i colli
GENITIVO	*coll-**ĭs***	del colle	*coll-**ĭŭm***	dei colli
DATIVO	*coll-**ī***	al colle	*coll-**ĭbus***	ai colli
ACCUSATIVO	*coll-**ĕm***	il colle	*coll-**ēs***	i colli
VOCATIVO	*coll-**is***	o colle	*coll-**ēs***	o colli
ABLATIVO	*coll-**ĕ***	per (con, da...) il colle	*coll-**ĭbus***	per (con, da...) i colli

- ***gens*, *gentis***, f., "stirpe"

	Singolare		Plurale	
NOMINATIVO	*gens*	la stirpe	*gent-**ēs***	le stirpi
GENITIVO	*gent-**ĭs***	della stirpe	*gent-**ĭŭm***	delle stirpi
DATIVO	*gent-**ī***	alla stirpe	*gent-**ĭbus***	alle stirpi
ACCUSATIVO	*gent-**ĕm***	la stirpe	*gent-**ēs***	le stirpi
VOCATIVO	*gens*	o stirpe	*gent-**ēs***	o stirpi
ABLATIVO	*gent-**ĕ***	per (con, da...) la stirpe	*gent-**ĭbus***	per (con, da...) le stirpi

- ***os*, *ossis***, n., "osso"

	Singolare		Plurale	
NOMINATIVO	*os*	l'osso	*oss-**ă***	le ossa
GENITIVO	*oss-**ĭs***	dell'osso	*oss-**ĭŭm***	delle ossa
DATIVO	*oss-**ī***	all'osso	*oss-**ĭbus***	alle ossa
ACCUSATIVO	*os*	l'osso	*oss-**ă***	le ossa
VOCATIVO	*os*	o osso	*oss-**ă***	o ossa
ABLATIVO	*oss-**ĕ***	per (con, da...) l'osso	*oss-**ĭbus***	per (con, da...) le ossa

Osservazioni

Nel secondo gruppo vi sono alcuni nomi che terminano al **genitivo plurale** in *-**ŭm*** (come i sostantivi del primo gruppo):

- *canis*, *canis*, m. e f., "cane";
- *frater*, *fratris*, m., "fratello";
- *iuvenis*, *iuvenis*, m., "giovane";
- *mater*, *matris*, f., "madre";
- *pater*, *patris*, m., "padre";
- *senex*, *senis*, m., "vecchio";
- *vates*, *vatis*, m., "vate, indovino".

MORFOLOGIA

5.4 Nomi del terzo gruppo

Al terzo gruppo appartengono solo nomi **neutri**, sia **parisillabi** che **imparisillabi**, che terminano al nominativo in ***-al***, ***-ar*** (al genitivo ***-ālis***, ***-āris***, con la ***-a-*** lunga) o ***-e***. Presentano le seguenti caratteristiche: l'ablativo singolare in ***-ī***, il genitivo plurale in ***-ĭŭm*** e il nominativo, l'accusativo e il vocativo plurale in ***-ĭă***.

Caratteristiche dei nomi del secondo gruppo

	Desinenze
ABLATIVO SINGOLARE	***-ī***
GENITIVO PLURALE	***-ĭŭm***
NOMINATIVO, ACCUSATIVO E VOCATIVO PLURALE	***-ĭă***

Di seguito, le declinazioni di nomi neutri in *-al*, *-ar* ed *-e* del terzo gruppo.

animal, animalis, n., "animale"

	Singolare		Plurale	
NOMINATIVO	*animal*	l'animale	*animal-**ĭă***	gli animali
GENITIVO	*animal-**ĭs***	dell'animale	*animal-**ĭŭm***	degli animali
DATIVO	*animal-**ī***	all'animale	*animal-**ĭbus***	agli animali
ACCUSATIVO	*animal*	l'animale	*animal-**ĭă***	gli animali
VOCATIVO	*animal*	o animale	*animal-**ĭă***	o animali
ABLATIVO	*animal-**ī***	per (con, da...) l'animale	*animal-**ĭbus***	per (con, da...)

calcar, calcaris, n., "sprone"

	Singolare		Plurale	
NOMINATIVO	*calcar*	lo sprone	*calcar-**ĭă***	gli sproni
GENITIVO	*calcar-**ĭs***	dello sprone	*calcar-**ĭŭm***	degli sproni
DATIVO	*calcar-**ī***	allo sprone	*calcar-**ĭbus***	agli sproni
ACCUSATIVO	*calcar*	lo sprone	*calcar-**ĭă***	gli sproni
VOCATIVO	*calcar*	o sprone	*calcar-**ĭă***	o sproni
ABLATIVO	*calcar-**ī***	per (con, da...) lo sprone	*calcar-**ĭbus***	per (con, da...) gli sproni

mare, maris, n., "mare"

	Singolare		Plurale	
NOMINATIVO	*mare*	il mare	*mar-**ĭă***	i mari
GENITIVO	*mar-**ĭs***	del mare	*mar-**ĭŭm***	dei mari
DATIVO	*mar-**ī***	al mare	*mar-**ĭbus***	ai mari
ACCUSATIVO	*mare*	il mare	*mar-**ĭă***	i mari
VOCATIVO	*mare*	o mare	*mar-**ĭă***	o mari
ABLATIVO	*mar-**ī***	per (con, da...) il mare	*mar-**ĭbus***	per (con, da...) i mari

Osservazioni

I nomi neutri in *-ar* e *-al* con genitivo in ***-ăris*** e in ***-ălis***, come *nectar*, *nectăris* e *sal*, *sălis*, seguono la declinazione del **primo gruppo**.

5.5 La ricerca del nominativo

Per risalire al nominativo di un nome di terza declinazione che si presenta in un altro caso, è utile tenere presenti le indicazioni riassunte nella seguente tabella.

Genitivo	Nominativo	Mutamenti nel nominativo
Tema in labiale: *-b-*		
urb-is	*urbs*	*b+s = bs*
Tema in labiale: *-p-*		
inop-is	*inops*	*p+s = ps*
adip-is	*adeps*	*-i-* interna → *-e-*
Tema in velare: *-c-*		
voc-is	*vox*	*c+s = x*
Tema in velare: *-g-*		
reg-is	*rex*	*g+s = x*
Tema in dentale: *-d-*		
ped-is	*pes*	*-d-* cade davanti a *-s*
Tema in dentale: *-t-*		
font-is	*fons*	*-t-* cade davanti a *-s*
lact-is	*lac*	*-t-* cade (non si aggiunge *-s*)
milit-is	*miles*	*-t-* cade davanti a *-s*; *-i-* interna → *-e-*
capit-is	*caput*	*-i-* interna → *-u-*
Tema in liquida: *-l-*		
sol-is	*sol*	nominativo = tema
Tema in liquida: *-r-*		
actor-is	*actor*	nominativo = tema
flor-is	*flos*	*-r-* interna → *-s*
corpor-is	*corpus*	*-r-* interna → *-s-*; *-o-* → *-u-*
gener-is	*genus*	*-r-* interna → *-s-*; *-e-* → *-u-*
Tema in nasale: *-m-*		
hiem-is	*hiems*	*m+s = ms*
Tema in nasale: *-n-*		
homin-is	*homo*	*-n-* cade; *-i-* interna → *-o-*
carmin-is	*carmen*	*-i-* interna → *-e-*
leon-is	*leo*	*-n-* cade (non si aggiunge *-s*)
sanguin-is	*sanguis*	*-n-* cade

6. Le particolarità della terza declinazione

La terza declinazione, come la prima e la seconda, presenta delle **particolarità**. Vi sono nomi che hanno terminazioni diverse da quelle comuni alla terza declinazio-

MORFOLOGIA

ne, nomi irregolari o difettivi, *pluralia tantum* e nomi che hanno significati differenti al singolare e al plurale.

6.1 Nomi con diverse terminazioni

Nella terza declinazione vi sono nomi comuni e propri che hanno il tema in *-i-* e presentano l'uscita in *-ĭm* per l'**accusativo singolare** e in *-ī* per l'**ablativo singolare**:
- *puppis, puppis*, f., "poppa";
- *sitis, sitis*, f., "sete";
- *tussis, tussis*, f., "tosse";
- *Neapolis, Neapolis*, f., "Napoli";
- *Tiberis, Tiberis*, m., "Tevere".

6.2 Nomi irregolari o difettivi

Appartengono alla terza declinazione alcuni **nomi irregolari**, tra cui:
- *iter, itineris*, n., "viaggio", che forma tutti i casi (tranne nominativo accusativo e vocativo singolare) dal tema *itiner-*;
- *Iuppiter, Iovis*, m., "Giove", che forma tutti i casi (tranne nominativo accusativo e vocativo singolare) dal tema *Iov-*;
- *vis, roboris*, f., "forza", che è un nome difettivo e ricorre nel genitivo e dativo singolare a forme suppletive tratte dal sostantivo neutro *robur, roboris*.

Di seguito, in successione, le rispettive declinazioni.

■ ***iter, itineris***, n., "viaggio"

	Singolare	Plurale
NOMINATIVO	*iter*	*itiner-**ă***
GENITIVO	*itiner-**ĭs***	*itiner-**ŭm***
DATIVO	*itiner-**ī***	*itiner-**ĭbus***
ACCUSATIVO	*iter*	*itiner-**ă***
VOCATIVO	*iter*	*itiner-**ă***
ABLATIVO	*itiner-**ĕ***	*itiner-**ĭbus***

■ ***Iuppiter, Iovis***, m., "Giove"

	Singolare
NOMINATIVO	*Iuppiter*
GENITIVO	*Iov-**ĭs***
DATIVO	*Iov-**ī***
ACCUSATIVO	*Iov-**ĕm***
VOCATIVO	*Iuppiter*
ABLATIVO	*Iov-**ĕ***

MORFOLOGIA

- ***vis, roboris***, f., "forza"

	Singolare	Plurale
NOMINATIVO	*vis*	*vir-**ēs***
GENITIVO	*robor-**ĭs***	*vir-**ĭŭm***
DATIVO	*robor-**ī***	*vir-**ĭbus***
ACCUSATIVO	*v-**ĭm***	*vir-**ēs***
VOCATIVO	*vis*	*vir-**ēs***
ABLATIVO	*v-**ī***	*vir-**ĭbus***

6.3 Nomi che presentano particolarità nel numero

Anche nella terza declinazione vi sono dei ***pluralia tantum***.

Di seguito, i più frequenti.

- *Alpes, Alpium*, f. pl., "Alpi";
- *Bacchanalia, Bacchanalium*, n. pl., "Baccanali";
- *Manes, Manium*, m. pl., "(dèi) Mani";
- *optimates, optimatium*, m. pl., "ottimati";
- *Penates, Penatium*, m. pl., "Penati";
- *Quirites, Quiritium*, m. pl., "Quiriti".

Vi sono, poi, nomi che presentano **significati diversi** al singolare e al plurale. I più frequenti sono:

- *aedis, aedis*, f., "tempio" — *aedes, aedium*, f. pl., "casa";
- *finis, finis*, m. e f., "confine", "fine" — *fines, finium*, m. e f. pl., "territorio";
- *ops, opis*, f., "aiuto" — *opes, opum*, f. pl., "ricchezze, esercito";
- *pars, partis*, f., "parte" — *partes, partium*, f. pl., "partiti".

7. La quarta declinazione

I nomi della quarta declinazione sono caratterizzati dall'uscita ***-ūs*** del genitivo singolare; in maggioranza sono nomi maschili, alcuni femminili e pochi neutri. I **maschili** e i **femminili**, che hanno le stesse desinenze, escono al nominativo singolare in ***-ŭs***, i **neutri** in ***-ū***.

Di seguito, la declinazione completa di due nomi di quarta declinazione, il primo **maschile** e il secondo **neutro**.

- ***sinus, -us***, m., "piega", "golfo"

	Singolare		Plurale	
NOMINATIVO	*sin-**ŭs***	la piega	*sin-**ūs***	le pieghe
GENITIVO	*sin-**ūs***	della piega	*sin-**ŭum***	delle pieghe
DATIVO	*sin-**ŭi***	alla piega	*sin-**ĭbus***	alle pieghe
ACCUSATIVO	*sin-**ŭm***	la piega	*sin-**ūs***	le pieghe
VOCATIVO	*sin-**ŭs***	o piega	*sin-**ūs***	o pieghe
ABLATIVO	*sin-**ū***	per (con, da...) la piega	*sin-**ĭbus***	per (con, da...) le pieghe

■ ***genu*, *-us*,** n., "il ginocchio"

	Singolare		Plurale	
NOMINATIVO	*gen-**ū***	il ginocchio	*gen-**ŭa***	le ginocchia
GENITIVO	*gen-**ūs***	del ginocchio	*gen-**ŭum***	delle ginocchia
DATIVO	*gen-**ū***	al ginocchio	*gen-**ĭbus***	alle ginocchia
ACCUSATIVO	*gen-**ū***	il ginocchio	*gen-**ŭa***	le ginocchia
VOCATIVO	*gen-**ū***	o ginocchio	*gen-**ŭa***	o ginocchia
ABLATIVO	*gen-**ū***	per (con, da...) il ginocchio	*gen-**ĭbus***	per (con, da...) le ginocchia

Osservazioni

Molte sono le desinenze uguali:

- ***-ūs*** può essere **genitivo singolare, nominativo, accusativo** e **vocativo plurale** di nomi **maschili e femminili**, oltre che **genitivo singolare** di nomi **neutri**;
- ***-ŭs*** ricorre al **nominativo** e al **vocativo singolare** di nomi **maschili e femminili**;
- ***-ū*** caratterizza il **singolare** dei **nomi neutri**, in quanto è presente in tutti i casi tranne nel genitivo che esce in ***-ūs***.

Nel plurale dei nomi neutri, i casi diretti (nominativo, accusativo e vocativo) sono uguali tra loro e sono contrassegnati dalla desinenza ***-a***, come per i nomi di seconda e terza declinazione.

MORFOLOGIA

■ 7.1 Il sostantivo *domus*

Alla quarta declinazione appartiene anche il sostantivo ***domus*, *-us***, f., che però, in alcuni casi, può utilizzare le desinenze della seconda declinazione come forme alternative. Di seguito la declinazione completa, con le forme meno comuni poste tra parentesi.

■ ***domus*, *-us***, f., "casa"

	Singolare	Plurale
NOMINATIVO	*dom-**ŭs***	*dom-**ūs***
GENITIVO	*dom-**ūs*** (*dom-**i***)	*dom-**ōrum*** (*dom-**ŭum***)
DATIVO	*dom-**ŭi*** (*dom-**ō***)	*dom-**ĭbus***
ACCUSATIVO	*dom-**ŭm***	*dom-**ōs*** (*dom-**ūs***)
VOCATIVO	*dom-**ŭs***	*dom-**ūs***
ABLATIVO	*dom-**ō*** (*dom-**ū***)	*dom-**ĭbus***

Osservazioni

Nei **complementi di luogo,** *domus* si comporta come un nome di città e di piccola isola:

- *dom-**i***, "a casa", "in patria", locativo → stato in luogo;
- *dom-**um***, "verso casa", "verso la patria", accusativo → moto a luogo;
- *dom-**o***, "da casa", "dalla patria", ablativo → moto da luogo.

Il locativo *domi* si utilizza anche nell'espressione *domi bellique*, "in pace e in guerra".

7.2 Particolarità della quarta declinazione

Alcuni nomi bisillabici terminanti in *-cus* nel **dativo** e nell'**ablativo plurale** escono in ***-ŭbus***.

	Dat./abl. plur.
acus, -us, f., "ago"	*ac-**ŭbus***
arcus, -us, m., "arco"	*arc-**ŭbus***
lacus, -us, m., "lago"	*lac-**ŭbus***
quercus, -us, f., "quercia"	*querc-**ŭbus***
specus, -us, m., "grotta"	*spec-**ŭbus***

Seguono la stessa forma anche *partus, -us* e *artus, -us* (per evitare confusione con *pars, partis* e *ars, artis*) e *tribus -us*.

	Dat./abl. plur.
artus, -us, m., "arto"	*art-**ŭbus***
partus, -us, m., "parto"	*part-**ŭbus***
tribus, -us, f., "tribù"	*trib-**ŭbus***

Ammettono entrambe le forme i sostantivi *portus, -us* e *veru, -us*.

	Dat./abl. plur.
portus, -us m., "porto"	*port-**ŭbus*** e *port-**ĭbus***
veru, -us n., "spiedo"	*ver-**ŭbus*** e *ver-**ĭbus***

Alcuni sostantivi di quarta declinazione sono usati generalmente solo in ablativo singolare. Frequenti sono le seguenti espressioni:

- *duct**u** consulis*, "sotto la guida del console";
- *hortat**u** consulis*, "per esortazione del console";
- *iuss**u** senatus*, "per ordine del senato";
- *maior / minor nat**u***, "maggiore / minore d'età".

8. La quinta declinazione

I nomi della quinta declinazione sono caratterizzati dal tema in ***-ē-***; il genitivo singolare presenta l'uscita ***-ēi*** dopo una **vocale**, ***-ĕi*** dopo una **consonante**.

Sono tutti nomi femminili tranne *dies, diēi* e il suo composto *meridies, meridiēi* che sono di genere maschile.

Soltanto *res, -ĕi*, f., "la cosa", "la circostanza" e *dies, -ēi*, m., "il giorno" hanno la declinazione completa; i sostantivi *acies, -ēi, effigies, -ēi, facies, -ēi, series, -ēi, species, -ēi, spes, -ĕi* hanno il singolare completo e i casi diretti del plurale (nominativo accusativo e vocativo); di tutti gli altri è attestato solo il singolare.

- ***res***, ***-ĕi***, f., "cosa", "circostanza"

	Singolare		Plurale	
NOMINATIVO	*r-**ēs***	la cosa	*r-**ēs***	le cose
GENITIVO	*r-**ĕi***	della cosa	*r-**ērum***	delle cose
DATIVO	*r-**ĕi***	alla cosa	*r-**ēbus***	alle cose
ACCUSATIVO	*r-**ĕm***	la cosa	*r-**ēs***	le cose
VOCATIVO	*r-**ēs***	o cosa	*r-**ēs***	o cose
ABLATIVO	*r-**ē***	per (con, da...) la cosa	*r-**ēbus***	per (con, da...) le cose

- ***dies***, ***-ēi***, m., "giorno"

	Singolare		Plurale	
NOMINATIVO	*di-**ēs***	il giorno	*di-**ēs***	i giorni
GENITIVO	*di-**ēi***	del giorno	*di-**ērum***	dei giorni
DATIVO	*di-**ēi***	al giorno	*di-**ēbus***	ai giorni
ACCUSATIVO	*di-**ĕm***	il giorno	*di-**ēs***	i giorni
VOCATIVO	*di-**ēs***	o giorno	*di-**ēs***	o giorni
ABLATIVO	*di-**ē***	per (con, da...) il giorno	*di-**ēbus***	per (con, da...) i giorni

Osservazioni

Molte sono le desinenze uguali:

- ***-ēs*** può essere nominativo e vocativo singolare; nominativo, accusativo e vocativo plurale;
- ***-ĕi*** / ***-ēi*** ricorre al genitivo e al dativo singolare;
- ***-ēbus*** caratterizza il dativo e l'ablativo plurale.

8.1 Il genere del sostantivo *dies*

Il sostantivo *dies* è di genere maschile. Nel singolare, però, è femminile quando indica:

- un giorno stabilito per un incontro;
  ▶ *Caesar **certam diem** pacis dicit.*
  Cesare fissa **un giorno stabilito** per la pace.
- la data di una lettera;
  ▶ *In epistula **veram diem** signas.*
  Nella lettera indichi la **data reale**.
- un lasso di tempo generico.
  ▶ ***Multa dies** non levat luctum.*
  Un tempo lungo non allevia l'affanno.

9. Le particolarità del nome

La flessione dei nomi latini presenta delle particolarità. Si hanno, infatti:
- **nomi composti**;
- **nomi difettivi**, ossia mancanti di alcune forme;
- **nomi indeclinabili**.

9.1 Nomi composti

I **nomi composti**, in latino, sono di due tipi:
- quelli composti da **due sostantivi**, come *agricultura, -ae*, "agricoltura", o *terraemotus, -us*, "terremoto";
- quelli composti da **un sostantivo** e da **un aggettivo**, come *respublica, reipublicae*, "Stato", o *iusiurandum, iurisiurandi*, "giuramento".

Nei nomi come *agricultura* e *terraemotus*, cioè composti da due sostantivi, uno, sempre in **genitivo**, è **invariabile**, mentre l'altro si declina regolarmente: *agricultura, agriculturae, agriculturam* ecc. I due componenti possono anche essere scritti separatamente: *agri cultura, terrae motus* ecc.

Nei nomi come *respublica* e *iusiurandum*, cioè composti da un sostantivo e da un aggettivo, il sostantivo si declina regolarmente mentre l'aggettivo concorda con esso come attributo in genere, numero e caso: *respublica, reipublicae, rempublicam* ecc.; *iusiurandum, iurisiurandi, iuriiurando* ecc. Questi nomi si scrivono di preferenza staccati: *respublica* o *res publica*, *iusiurandum* o *ius iurandum*.

MORFOLOGIA

9.2 Nomi difettivi

Svariati nomi mancano di qualche caso; alcuni presentano addirittura un'unica forma. Tra i più comuni ricordiamo:
- i nominativi e accusativi ***fas***, "il lecito", "il comandamento divino" e ***nefas***, "l'illecito", "la violazione della legge divina": *fas est*, "è lecito"; *nefas putare*, "considerare illecito, cosa empia";
- il nominativo e accusativo ***instar***, "sembianza", "somiglianza", che si usa sempre seguito dal genitivo, perlopiù col significato avverbiale di "alla maniera di": *instar muri*, "alla maniera di (a somiglianza di) un muro";
- l'ablativo femminile ***sponte***, "di spontanea volontà", specialmente nelle espressioni *mea sponte, tua sponte*, "di mia", "di tua spontanea volontà" ecc.;
- ***fors***, "caso", "sorte"; si trova solo al nominativo e all'ablativo ***forte***, che ha assunto valore avverbiale: "per caso";
- gli accusativi ***pessum*** e ***venum***, che si usano nelle espressioni: *pessum dare* (o *pessumdare*), "mandare in rovina"; *venum dare* (o *venundare*), "mettere in vendita";
- l'ablativo maschile ***pondo***, "del peso di", che si usa spesso con l'accusativo di *libra*, "libbra": *corona aurea libram pondo*, "una corona d'oro del peso di una libbra"; ma *pondo* si può anche usare come sostantivo indeclinabile col significato di "libbra": *auri quadraginta pondo*, "quaranta libbre d'oro".

9.3 Nomi indeclinabili

I più comuni nomi indeclinabili sono alcuni nomi propri non latini né greci, come *Theuth* ("Tot", dio egiziano), *Iudith, David* ("Giuditta", "Davide", nomi ebraici) ecc.

Alcuni di essi, però, possono anche essere declinati: nom. *David*, gen. *Davidis*, dat. *Davidi* ecc.

10. I nomi primitivi e i nomi derivati

I nomi, inoltre, si distinguono in:
- **nomi primitivi**;
- **nomi derivati**.

10.1 Nomi primitivi

Si definiscono **primitivi** i nomi in cui il **tema coincide con la radice**, l'elemento irriducibile e portatore del significato comune a tutte le parole di una stessa famiglia.

Per esempio, *laus, laudis* è nome primitivo, perché il suo tema *laud-* coincide con la radice *laud-* comune a *laud-are*, "lodare", *laud-atio*, "atto del lodare", *laud-ator*, "lodatore", *laud-atrix*, "lodatrice", *laud-abilis*, "lodevole" ecc.

10.2 Nomi derivati

Si dicono, **derivati** i nomi in cui il **tema non coincide con la radice**, ma si è formato con l'aggiunta (a un tema verbale o nominale) di particolari **suffissi**. Per esempio, dal tema verbale *lauda-* (da cui l'infinito *laudare*) si sono formati:
- *lauda-tio*, "atto del lodare", per aggiunta del suffisso *-tio*;
- *lauda-tor*, "lodatore", per aggiunta suffisso *-tor*;
- *lauda-trix*, "lodatrice", per aggiunta suffisso *-trix*;
- *lauda-bilis*, "lodevole", per aggiunta suffisso *-bilis*.

In base ai suffissi che ne indicano il significato, si possono distinguere diversi tipi di nomi derivati.

- ***Nomina actionis***: sono quelli che indicano lo svolgersi di un'azione o le sue conseguenze. Perlopiù appartenenti alla terza declinazione, sono caratterizzati dai suffissi:
  - ***-sio*** → *promissio, -onis*, "promessa"; *dispersio, -onis*, "dispersione";
  - ***-tio*** → *oratio, -onis*, "discorso"; *donatio, -onis*, "donazione".
- ***Nomina agentis***: indicano chi agisce e spesso designano un'attività abituale. Sono caratterizzati perlopiù dai suffissi:
  - ***-arius*** → *ferrarius, -ii*, "fabbro"; *statuarius, -ii*, "scultore"; *piscarius, -ii*, "pescivendolo";
  - ***-tor*** (*-trix*) → *venator, -toris*, "cacciatore"; *venatrix, -tricis*, "cacciatrice"; *orator, -toris*, "oratore".
- ***Nomina loci***: indicano luoghi dove si svolge l'azione veicolata dalla radice. Sono caratterizzati dai suffissi:
  - ***-arium*** → *aerarium, -ii*, "erario" (luogo in cui si raccoglie il denaro pubblico); *granarium, -ii*, "granaio";
  - ***-orium*** → *auditorium, -ii*, "auditorio"; *deversorium, -ii*, "albergo";
  - ***-etum*** → *rosetum, -i*, "roseto"; *olivetum, -i*, "uliveto";
  - ***-ile*** → *cubile, -is*, "giaciglio"; *ovile, -is*, "ovile"; *suile, -is*, "porcile".

MORFOLOGIA

- ***Nomina qualitatis***: indicano qualità astratte e sono caratterizzati dai suffissi:
  - ***-ia*** → *audacia, -ae,* "audacia"; *perfidia, -ae,* "perfidia";
  - ***-itia*** → *avaritia, -ae,* "avarizia"; *maestitia, -ae,* "mestizia";
  - ***-tas*** → *pietas, -tatis,* "pietà"; *aviditas, -tatis,* "avidità";
  - ***-tudo*** → *pulchritudo, -tudinis,* "bellezza"; *solitudo, -tudinis,* "solitudine".

Osservazioni

Possono essere considerati nomi derivati anche i **diminutivi**.
I diminutivi appartengono alla prima e seconda declinazione e sono caratterizzati perlopiù dai seguenti **suffissi**:
- ***-ellus, -ella, -ellum*** → *asellus,* "asinello"; *capella,* "capretta"; *labellum,* "labbruzzo";
- ***-olus, -ola, -olum*** → *filiolus,* "figlioletto"; *filiola,* "figlioletta"; *servolus,* "schiavetto";
- ***-ulus, -ula, -ulum*** → *puerulus,* "fanciullino"; *puellula,* "fanciullina"; *flosculum,* "fiorellino".

11. I nomi propri di persona e i patronimici

Per designare un cittadino libero, i Romani si avvalevano comunemente di tre nomi (***tria nomina***): ***praenomen***, ***nomen*** e ***cognomen***.

Il ***praenomen***, cioè il **nome personale**, distingueva i singoli componenti della famiglia. Di solito si abbreviava. I *praenomina* più comuni erano:

- *App. = Appius*
- *A. = Aulus*
- *C. = Gaius*
- *Cn. = Cnaeus*
- *D. = Decimus*
- *K. = Kaeso*
- *L. = Lucius*
- *Mam. = Mamercus*
- *M.' = Manius*
- *M. = Marcus*
- *N.* o *Num. = Numerius*
- *P. = Publius*
- *Q.* o *Qn. = Quintus*
- *Ser. = Servius*
- *Sp. = Spurius*
- *S.* o *Sex. = Sextus*
- *Ti.* o *Tib. = Tiberius*
- *T. = Titus*

Il ***nomen***, cioè il **nome gentilizio**, indicava la ***gens*** a cui apparteneva una certa famiglia.

Il ***cognomen***, invece, indicava la **famiglia** (venne in uso nel momento in cui la *gens* si divise in più famiglie).

Per esempio, in *Publius Cornelius Scipio*, il nome del grande generale vincitore dei Cartaginesi, il *praenomen Publius* era il nome personale; il *nomen Cornelius* indicava che Publio apparteneva alla *gens Cornelia*; il *cognomen Scipio* voleva dire che, all'interno della *gens Cornelia*, Publio Cornelio apparteneva alla famiglia degli Scipioni.

Il *cognomen,* letteralmente "nome aggiunto", ebbe origine probabilmente da soprannomi indicanti:
- i caratteri fisici, come per esempio *Cincinnatus* (da *cincinnus*, "riccio"), *Claudius* (da *claudus*, "zoppo"), *Rufus* ("dai capelli rossi"), *Barbatus* ("barbuto"), *Balbus* ("balbuziente");
- i luoghi di provenienza, come per esempio *Antias* ("di Anzio");
- gli animali, come per esempio *Gracchus* (da *graculus*, "cornacchia") o *Verres* ("maiale").

Le **donne** assumevano come unico nome il femminile del nome del padre, come *Cornelia*, *Virginia*, *Iulia*, *Octavia* ecc.

I **figli adottivi** prendevano *nomen* e *cognomen* di colui che li adottava, aggiungendovi il proprio *nomen* commutato in un aggettivo in *-anus*: Gaio Ottavio, dopo che fu adottato da Gaio Giulio Cesare, divenne *C. Iulius Caesar Octavianus*.

I **patronimici**, invece, sono grecismi che indicano la paternità; le terminazioni che li caratterizzano sono: *-ades*, *-adis*, *-ides*, *-idis*.

▸ *Laertiades*, "figlio di Laerte".

12. I nomi di origine greca

I nomi propri o comuni di **origine greca** si declinano, in genere, come quelli latini. Alcuni, però, presentano terminazioni particolari.

12.1 Nomi greci di prima declinazione

Si tratta di nomi **maschili**, che escono al nominativo singolare in ***-as*** o ***-es***, e di nomi **femminili** che escono al nominativo singolare in *-e*.

	Alcmene, -es, f., "Alcmena"	*Anchises*, -ae, m., "Anchise"	*Aeneas*, -ae, m., "Enea"
NOMINATIVO	*Alcmen-**e*** (*-**a***)	*Anchis-**es***	*Aene-**as***
GENITIVO	*Alcmen-**es*** (*-**ae***)	*Anchis-**ae***	*Aene-**ae***
DATIVO	*Alcmen-**ae***	*Anchis-**ae***	*Aene-**ae***
ACCUSATIVO	*Alcmen-**en***	*Anchis-**en*** (*-**am***)	*Aene-**en*** (*-**am***)
VOCATIVO	*Alcmen-**e*** (*-**a***)	*Anchis-**e***	*Aene-**a***
ABLATIVO	*Alcmen-**e***	*Anchis-**e***	*Aene-**a***

12.2 Nomi greci di seconda declinazione

I nomi greci della seconda declinazione presentano le seguenti caratteristiche:
- nel **nominativo** e **accusativo singolare** possono uscire rispettivamente in *-**os*** e in *-**on***;
- nel **genitivo plurale** possono uscire in *-**on***;
- i nomi propri maschili uscenti in *-**eus*** hanno l'**accusativo** in *-**ea*** e il **vocativo** in *-**eu***.

Di seguito, gli esempi di flessione di due nomi propri.

	Cypros, -*i*, "Cipro"	*Orhpeus*, -*ĕos*, "Orfeo"
NOMINATIVO	*Cypr-**os***	*Orph-**eus***
GENITIVO	*Cypr-**i***	*Orph-**ĕos***
DATIVO	*Cypr-**o***	*Orph-**ĕo***
ACCUSATIVO	*Cypr-**on*** (*-**um***)	*Orph-**ĕa*** (*-**um***)
VOCATIVO	*Cypr-**e***	*Orph-**eu***
ABLATIVO	*Cypr-**o***	*Orph-**eu***

12.3 Nomi greci di terza declinazione

I nomi greci della terza declinazione presentano le seguenti particolarità:

- il **genitivo singolare** in *-**os***: per es. *Iliados* accanto a *Iliadis* (nom. *Ilias*, f., "Iliade"); *Aeneidos* accanto a *Aeneidis* (nom. *Aeneis*, f., "Eneide");
- l'**accusativo singolare** in *-**a*** o in *-**in*** (*-yn*): per es. *aëra* (da *aër*, *aëris*, m., "aria"); *aëthĕra* (da *aëther*, *aëthĕris*, m., "etere", "regione superiore del cielo"); *cratēra* (da *crater*, *cratēris*, m., "coppa"); *lampăda* (da *lampas*, *lampădis*, f., "fiaccola"); *Hectŏra* (da *Hector*, *Hectŏris*, m., "Ettore"); *poësin* (da *poësis*, *poësis*, f., "poesia"); *Thetyn* (da *Thetis*, *Thetidis*, f., "Teti");
- il **genitivo plurale** in *-**on*** anziché in *-um*: per es. *epigrammaton* (da *epigramma*, *epigrammătis*, n., "epigramma"); *metamorphosĕon* (da *metamorphŏsis*, *metamorphŏsis*, f., "metamorfosi");
- l'**accusativo plurale** in *-**as*** (oltre che in *-**es***): per es. *herŏas* (da *heros*, *herŏis*, m., "eroe"); *cratēras* (da *crater*, *cratēris*, m., "cratere", "vaso"); *lampădas* (da *lampas*, *lampădis*, f., "lucerna"; *Cyclōpas* (da *Cyclops*, *Cyclōpis*, m., "Ciclope"); *Arcădas* (da *Arcădes*, *Arcădum*, m., "Arcadi", "abitanti dell'Arcadia"); *Macedŏnas* (da *Macedŏnes*, *Macedŏnum*, m., "Macedoni", "abitanti della Macedonia").

Di seguito, due esempi di flessione al singolare.

	aether, *-os*, "etere"	*poesis*, *-is*, "poesia"
NOMINATIVO	*aether*	*poes-**is***
GENITIVO	*aether-**is*** (*-**os***)	*poes-**is***
DATIVO	*aether-**i***	*poes-**i***
ACCUSATIVO	*aether-**a*** (*-**em***)	*poes-**im*** (*-**in***)
VOCATIVO	*aether*	*poes-**is***
ABLATIVO	*aether-**e***	*poes-**i***

MORFOLOGIA

Lezione 3

L'aggettivo e i suoi gradi

1. L'aggettivo

Il termine latino *adiectivum* deriva dal verbo *adicio*, "aggiungere", e indica la **parte variabile del discorso** che **si aggiunge** a un sostantivo o a un verbo in qualità di attributo nel primo caso, di parte nominale o complemento predicativo nel secondo.

L'**aggettivo**, in latino, si declina come il sostantivo e **concorda in genere, numero** e **caso** con il nome a cui si riferisce.

Esistono due classi di aggettivi.

2. Gli aggettivi di prima classe

Gli aggettivi di **prima classe** seguono per il **maschile** e il **neutro** la **seconda declinazione** e per il **femminile** la **prima**. Appartengono alla prima classe gli aggettivi che presentano, per il nominativo singolare, le seguenti uscite, ciascuna per ogni genere:

- ***-us***, ***-a***, ***-um***;
- ***-er***, -(***e***)***ra***, -(***e***)***rum***.

2.1 Aggettivi di prima classe in *-us, -a, -um*

Di seguito presentiamo il modello di declinazione dell'aggettivo ***bonus***, *-**a***, *-**um***, "buono".

- ***bonus***, *-**a***, *-**um***, "buono"

	Singolare			Plurale		
	Maschile	Femminile	Neutro	Maschile	Femminile	Neutro
NOMINATIVO	*bon-**ŭs***	*bon-**ă***	*bon-**ŭm***	*bon-**ī***	*bon-**ae***	*bon-**ă***
GENITIVO	*bon-**ī***	*bon-**ae***	*bon-**ī***	*bon-**ōrum***	*bon-**ārum***	*bon-**ōrum***
DATIVO	*bon-**ō***	*bon-**ae***	*bon-**ō***	*bon-**īs***	*bon-**īs***	*bon-**īs***
ACCUSATIVO	*bon-**ŭm***	*bon-**ăm***	*bon-**ŭm***	*bon-**ōs***	*bon-**ās***	*bon-**ă***
VOCATIVO	*bon-**ĕ***	*bon-**ă***	*bon-**ŭm***	*bon-**ī***	*bon-**ae***	*bon-**ă***
ABLATIVO	*bon-**ō***	*bon-**ā***	*bon-**ō***	*bon-**īs***	*bon-**īs***	*bon-**īs***

2.2 Aggettivi di prima classe in *-er, -(e)ra, -(e)rum*

Alcuni aggettivi in *-er*, -(*ĕ*)*ra*, -(*ĕ*)*rum* mantengono la vocale *-e-* nel corso della declinazione, altri la perdono. Gli aggettivi come ***miser***, ***misĕra***, ***misĕrum***, "infelice", **mantengono** la *-**e**-* in tutta la declinazione.

- ***miser, misĕra, misĕrum***, "misero"

	Singolare			Plurale		
	Maschile	Femminile	Neutro	Maschile	Femminile	Neutro
NOMINATIVO	*misĕr*	*misĕr-ă*	*misĕr-ŭm*	*misĕr-i*	*misĕr-ae*	*misĕr-ă*
GENITIVO	*misĕr-ī*	*misĕr-ae*	*misĕr-ī*	*misĕr-ōrum*	*misĕr-ārum*	*misĕr-ōrum*
DATIVO	*misĕr-ō*	*misĕr-ae*	*misĕr-ō*	*misĕr-is*	*misĕr-is*	*misĕr-īs*
ACCUSATIVO	*misĕr-ŭm*	*misĕr-ăm*	*misĕr-ŭm*	*misĕr-os*	*misĕr-as*	*misĕr-ă*
VOCATIVO	*misĕr*	*misĕr-ă*	*misĕr-ŭm*	*misĕr-i*	*misĕr-ae*	*misĕr-ă*
ABLATIVO	*misĕr-ō*	*misĕr-ā*	*misĕr-ō*	*misĕr-is*	*misĕr-īs*	*misĕr-īs*

Gli aggettivi come ***pulcher, pulchra, pulchrum,*** "bello", **perdono** la *-e-* nel corso della declinazione.

- ***pulcher, pulchra, pulchrum***, "bello"

	Singolare			Plurale		
	Maschile	Femminile	Neutro	Maschile	Femminile	Neutro
NOMINATIVO	*pulchĕr*	*pulchr-ă*	*pulchr-ŭm*	*pulchr-ī*	*pulchr-ae*	*pulchr-ă*
GENITIVO	*pulchr-ī*	*pulchr-ae*	*pulchr-ī*	*pulchr-ōrum*	*pulchr-ārum*	*pulchr-ōrum*
DATIVO	*pulchr-ō*	*pulchr-ae*	*pulchr-ō*	*pulchr-īs*	*pulchr-īs*	*pulchr-īs*
ACCUSATIVO	*pulchr-ŭm*	*pulchr-ăm*	*pulchr-ŭm*	*pulchr-ōs*	*pulchr-as*	*pulchr-ă*
VOCATIVO	*pulchĕr*	*pulchr-ă*	*pulchr-ŭm*	*pulchr-ī*	*pulchr-ae*	*pulchr-ă*
ABLATIVO	*pulchr-ō*	*pulchr-ā*	*pulchr-ō*	*pulchr-īs*	*pulchr-īs*	*pulchr-īs*

3. Gli aggettivi possessivi

Gli **aggettivi possessivi** si comportano allo stesso modo degli aggettivi di prima classe. Si declinano seguendo la seconda declinazione per il maschile e il neutro e la prima per il femminile e indicano, come in italiano, un possesso. Gli aggettivi possessivi mancano di vocativo, tranne ***meus***, ***mea***, ***meum***, "mio", che al vocativo maschile singolare presenta la forma irregolare ***mi***, e ***noster***, ***nostra***, ***nostrum***, il cui vocativo è uguale al nominativo.

meus*, *mea*, *meum	mio
tuus*, *tua*, *tuum	tuo
suus*, *sua*, *suum	suo / loro
noster*, *nostra*, *nostrum	nostro
vester*, *vestra*, *vestrum	vostro

Osservazioni

L'aggettivo possessivo di terza persona ***suus***, ***sua***, ***suum*** si usa sia per il **singolare**, sia per il **plurale**. Esso, inoltre, viene adoperato solo quando si riferisce al soggetto grammaticale o al soggetto logico della proposizione in cui è inserito, ossia quando ha **valore riflessivo**.

Lucius ***suum*** *magistrum laudat*.
Lucio loda il **suo** maestro.

MORFOLOGIA

4. Gli aggettivi pronominali

Gli **aggettivi pronominali** sono particolari aggettivi, appartenenti alla prima classe, e definiti in tal modo perché presentano al genitivo e al dativo singolare le desinenze proprie dei pronomi. Essi, infatti, escono al **genitivo singolare** in *-īus* e al **dativo singolare** in *-ī* per tutti e tre i generi. In tutti gli altri casi la loro declinazione è uguale a quella degli aggettivi di prima classe. I più frequenti sono:

unus, una, unum	uno, un solo, il solo
totus, tota, totum	tutto, tutto intero
alius, alia, aliud	un altro (fra molti)
alter, altera, alterum	un altro (fra due)
solus, sola, solum	solo
nullus, nulla, nullum	nessuno
ullus, ulla, ullum	alcuno (in frasi negative)

▪ ***totus, tota, totum***, "tutto", "tutto intero"

	Singolare			Plurale		
	Maschile	Femminile	Neutro	Maschile	Femminile	Neutro
NOMINATIVO	*tot-**ŭs***	*tot-**ă***	*tot-**ŭm***	*tot-**i***	*tot-**ae***	*tot-**ă***
GENITIVO	*tot-**īus***	*tot-**īus***	*tot-**īus***	*tot-**ōrum***	*tot-**ārum***	*tot-**ōrum***
DATIVO	*tot-**ī***	*tot-**ī***	*tot-**ī***	*tot-**īs***	*tot-**īs***	*tot-**īs***
ACCUSATIVO	*tot-**ŭm***	*tot-**ăm***	*tot-**ŭm***	*tot-**ōs***	*tot-**ās***	*tot-**ă***
VOCATIVO	*tot-**ĕ***	*tot-**ă***	*tot-**ŭm***	*tot-**ī***	*tot-**ae***	*tot-**ă***
ABLATIVO	*tot-**ō***	*tot-**ā***	*tot-**ō***	*tot-**īs***	*tot-**īs***	*tot-**īs***

Osservazioni

Gli aggettivi pronominali ***alius*, *alia*, *aliud*** e ***alter*, *altera*, *alterum*** sono usati rispettivamente per indicare "un altro fra molti" e "un altro fra due". In correlazione, ***alius*... *alius*** significa "uno... un altro", mentre ***alter*... *alter*** può essere tradotto con "l'uno... l'altro", "il primo... il secondo".

Alius *verba legit*, ***alius*** *audit*, ***alius*** *memoriae mandat.*
Uno legge, **un altro** ascolta e **un altro** impara a memoria.

Alter *puer domi est*, ***alter*** *in scholam venit.*
Un ragazzo sta a casa, **l'altro** viene a scuola.

5. Gli aggettivi sostantivati

Quando l'aggettivo è usato da solo in **sostituzione di un sostantivo**, si parla di **aggettivo sostantivato**. In latino sono possibili tre casi:

1. **neutro singolare** solo nei casi diretti (nom., acc., voc.): per es. *bonum*, "il bene"; *malum*, "il male"; *iustum*, "il giusto"; *verum*, "il vero";

2. **neutro plurale** solo nei casi diretti: per es. *bona*, "le cose buone", "i beni"; *mala*, "le cose cattive", "i mali"; *iusta*, "le cose giuste"; *vera*, "le cose vere", le verità";
3. **maschili** che indicano nomi o categorie di persone: per es. *miseri*, "gli infelici"; *probi*, "gli onesti".

6. Gli aggettivi di seconda classe

Gli aggettivi di seconda classe si declinano come i sostantivi della terza declinazione e generalmente si dividono in tre gruppi:
- il **primo gruppo** presenta **tre uscite** differenti per il nominativo maschile, femminile e neutro;
- il **secondo gruppo** presenta **due uscite**: una comune al nominativo maschile e femminile e una per il nominativo neutro;
- il **terzo gruppo** presenta **una sola uscita** comune al nominativo maschile, femminile e neutro.

Al **primo gruppo** appartengono aggettivi che escono al nominativo maschile in ***-ĕr***, al nominativo femminile in ***-ĭs*** e al nominativo neutro in ***-ĕ***.

Al **secondo gruppo** aggettivi che escono al nominativo maschile e femminile in ***-ĭs*** e al nominativo neutro in ***-ĕ***; al **terzo gruppo** aggettivi che escono al nominativo maschile, femminile e neutro in ***-l***, ***-r***, ***-s*** o ***-x***.

Gli aggettivi dei tre gruppi presentano le stesse uscite nei seguenti casi:
- ablativo singolare in *-ī*;
- genitivo plurale in *-**ĭum***;
- nominativo, accusativo e vocativo neutro plurale in *-**ĭa***.

6.1 Aggettivi del primo gruppo

Di seguito, il modello di declinazione di ***acer***, ***acris***, ***acre***, "aspro", che ha **tre uscite** al nominativo singolare.

	Singolaree			Plurale		
	Maschile	Femminile	Neutro	Maschile	Femminile	Neutro
NOMINATIVO	*ac-**ĕr***	*acr-**ĭs***	*acr-**ĕ***	*acr-**ēs***	*acr-**ēs***	*acr-**ĭa***
GENITIVO	*acr-**ĭs***	*acr-**ĭs***	*acr-**ĭs***	*acr-**ĭum***	*acr-**ĭum***	*acr-**ĭum***
DATIVO	*acr-**ī***	*acr-**ī***	*acr-**ī***	*acr-**ĭbus***	*acr-**ĭbus***	*acr-**ĭbus***
ACCUSATIVO	*acr-**ĕm***	*acr-**ĕm***	*acr-**ĕ***	*acr-**ēs***	*acr-**ēs***	*acr-**ĭa***
VOCATIVO	*ac-**ĕr***	*acr-**ĭs***	*acr-**ĕ***	*acr-**ēs***	*acr-**ēs***	*acr-**ĭa***
ABLATIVO	*acr-**ī***	*acr-**ī***	*acr-**ī***	*acr-**ĭbus***	*acr-**ĭbus***	*acr-**ĭbus***

Osservazioni

Al primo gruppo appartiene un numero molto esiguo di aggettivi, compresi quattro aggettivi che indicano **nomi di mesi** e che presentano al nominativo l'uscita in ***-ber***: si tratta di ***September***, ***Septembris***, ***Septembre***, "settembre", ***October***, ***Octobris***, ***Octobre***, "ottobre", ***November***, ***Novembris***, ***Novembre***, "novembre", e ***December***, ***Decembris***, ***Decembre***, "dicembre".

MORFOLOGIA

6.2 Aggettivi del secondo gruppo

Di seguito presentiamo il modello di declinazione di ***gravis***, ***grave***, "pesante", che ha **due uscite** al nominativo singolare.

	Singolareee		Plurale	
	M. / F.	Neutro	M. / F.	Neutro
NOMINATIVO	*grav-**ĭs***	*grav-**ĕ***	*grav-**ēs***	*grav-**ĭa***
GENITIVO	*grav-**ĭs***	*grav-**ĭs***	*grav-**ĭum***	*grav-**ĭum***
DATIVO	*grav-**ī***	*grav-**ī***	*grav-**ĭbus***	*grav-**ĭbus***
ACCUSATIVOO	*grav-**ĕm***	*grav-**ĕ***	*grav-**ēs***	*grav-**ĭa***
VOCATIVO	*grav-**ĭs***	*grav-**ĕ***	*grav-**ēs***	*grav-**ĭa***
ABLATIVO	***grav-ī***	*grav-**ī***	*grav-**ĭbus***	*grav-**ĭbus***

Osservazioni

Al secondo gruppo appartiene la maggior parte degli aggettivi della seconda classe. Si declinano secondo questo modello anche i nomi dei mesi ***Aprilis***, ***Aprile***, "aprile", ***Quintilis***, ***Quintile***, "luglio", e ***Sextilis***, ***Sextile***, "agosto".

6.3 Aggettivi del terzo gruppo

Presentiamo ora il modello di declinazione di ***velox***, ***velocis***, "veloce", che al nominativo singolare ha **un'unica uscita** per i tre generi.

	Singolare		Plurale	
	M. / F.	Neutro	M. / F.	Neutro
NOMINATIVO	*velox*		*veloc-**ēs***	*veloc-**ĭa***
GENITIVO	*veloc-**ĭs***		*veloc-**ĭum***	
DATIVO	*veloc-**ī***		*veloc-**ĭbus***	
ACCUSATIVO	*veloc-**ĕm***	*velox*	*veloc-**ēs***	*veloc-**ĭa***
VOCATIVO	*velox*		*veloc-**ēs***	*veloc-**ĭa***
ABLATIVO	*veloc-**ī***		*veloc-**ĭbus***	

Osservazioni

A questo gruppo, oltre a un numero non particolarmente ampio di aggettivi, appartengono anche le forme del **participio presente** delle quattro coniugazioni (→ p. 74).

7. Le particolarità degli aggettivi di seconda classe

Alcuni aggettivi a una sola uscita presentano l'**ablativo** singolare in *-ĕ* e il **genitivo plurale** in *-ŭm*.

	Ablativo singolare	Genitivo plurale
compos, compotis, "padrone"	*compot-**e***	*compot-**um***
dives, divitis, "ricco"	*divit-**e***	*divit-**um***
iuvenis, iuvenis, "giovane"	*iuven-**e***	*iuven-**um***
particeps, participis, "partecipe"	*particip-**e***	*particip-**um***
pauper, pauperis, "povero"	*pauper-**e***	*pauper-**um***
princeps, principis, "primo"	*princip-**e***	*princip-**um***
senex, senis, "vecchio"	*sen-**e***	*sen-**um***
sospes, sospitis, "salvo"	*sospit-**e***	*sospit-**um***
superstes, superstitis, "superstite"	*superstit-**e***	*superstit-**um***
vetus, veteris, "vecchio"	*veter-**e***	*veter-**um***

Questi aggettivi mancano dei casi diretti del neutro plurale tranne *vetus, veteris*, che esce in ***-a***.

Altri aggettivi a una sola uscita presentano il genitivo plurale in ***-um***.

	Genitivo plurale
memor, memoris, "memore"	*memor-**um***
immemor, immemoris, "immemore"	*immemor-**um***
inops, inopis, "bisognoso"	*inop-**um***
supplex, supplicis, "supplice"	*supplic-**um***
vigil, vigilis, "vigile"	*vigil-**um***

Molti di questi aggettivi possono anche essere usati come sostantivi, come, ad esempio, *iuvenis, iuvenis*, "giovane", e *senex, senis*, "vecchio".

Osservazioni

Esistono anche degli **aggettivi indeclinabili**. I più comuni sono:

- ***frugi***, "frugale", "dabbene" e il suo contrario ***nequam***, "malvagio", "da nulla": *vita frugi*, "vita frugale"; *homines nequam*, "uomini malvagi, da nulla";
- ***potis*** o ***pote***, "capace di", "possibile", che è usato generalmente col verbo *sum*: *potis* o *pote est*, "può", "è possibile";
- ***tot***, "tanti", ***quot***, "quanti", ***aliquot***, "alquanti", che sono aggettivi e pronomi indefiniti indeclinabili, usati spesso in correlazione tra loro;
- ***necesse***, "cosa necessaria", che si usa specialmente nelle espressioni: *necesse est*, "è necessario"; *necesse habeo*, "stimo necessario" e simili;
- ***macte***, "bravo", "bravi", che si usa per lo più con gli imperativi *es*, *esto*, "sii", *este*, *estote*, "siate", e l'ablativo *virtute*: *macte virtute esto*, "bravo per il tuo valore!", "onore al tuo valore!", lett.: "sii onorato per il valore".

8. I tre gradi dell'aggettivo

In latino, come in italiano, gli aggettivi qualificativi, ossia quelli che indicano una qualità del nome cui si riferiscono, presentano tre gradi, che esprimono la misura in cui tale qualità è posseduta:

- **positivo**, che indica una pura qualità del nome a cui l'aggettivo si riferisce;
- **comparativo**, che istituisce un confronto tra due termini, chiamati, rispettivamente, primo e secondo termine di paragone.
- **superlativo**, che esprime la qualità nel suo grado più alto.

Il **comparativo**, a sua volta, si distingue in:

comparativo di maggioranza, in cui il primo termine possiede la qualità espressa dall'aggettivo in misura maggiore rispetto al secondo ▶ *Marius* ***fortior*** *est quam Antonius.* Mario è **più forte** di Antonio.

comparativo di minoranza, in cui il primo termine possiede la qualità espressa dall'aggettivo in misura minore rispetto al secondo ▶ *Marius* ***minus fortis*** *est quam Antonius.* Mario è **meno forte** di Antonio.

comparativo di uguaglianza, in cui il primo termine possiede la qualità espressa dall'aggettivo in misura uguale al secondo ▶ *Marius* ***tam fortis quam*** *Antonius est.* Mario è **tanto forte quanto** Antonio.

Il **superlativo**, invece, può essere:

assoluto, se indica il più alto grado della qualità, senza stabilire confronti: ▶ *Marius* ***clarissimus*** *est.* Mario è **famosissimo** / **molto famoso**.

relativo, se indica il più alto grado della qualità in termini relativi, cioè a confronto con tutte le persone o cose della medesima categoria: ▶ *Marius* ***comitum fortissimus*** *est.* Mario è **il più forte dei compagni**.

MORFOLOGIA

9. Il comparativo di maggioranza

Il **comparativo di maggioranza** si forma aggiungendo al tema dell'aggettivo (che si ottiene togliendo la desinenza del genitivo singolare dal grado positivo) i suffissi:
- ***-ior*** per il maschile e il femminile (*diligent-ior*, gen. *diligent-ioris*, "più diligente");
- ***-ius*** per il neutro (*grav-ius*, gen. *grav-ioris*, "più grave").

La declinazione dell'aggettivo al grado comparativo di maggioranza è uguale a quella dei nomi del primo gruppo della terza declinazione e presenta **due uscite** al nominativo singolare: una per il maschile e il femminile, una per il neutro.

Di seguito, la declinazione del comparativo di maggioranza dell'aggettivo ***honestus***, ***-a***, ***-um***, "onesto".

■ ***honestior***, ***-ius***

	Singolare		Plurale	
	M. / F.	Neutro	M. / F.	Neutro
NOMINATIVO	*honest-**ior***	*honest-**ius***	*honest-**iōr-es***	*honest-**iōr-a***
GENITIVO	*honest-**iōr-is***	*honest-**iōr-is***	*honest-**iōr-um***	*honest-**iōr-um***
DATIVO	*honest-**iōr-i***	*honest-**iōr-i***	*honest-**ior-ĭbus***	*honest-**ior-ĭbus***
ACCUSATIVO	*honest-**iōr-em***	*honest-**ius***	*honest-**iōr-es***	*honest-**iōr-a***
VOCATIVO	*honest-**ior***	*honest-**ius***	*honest-**iōr-es***	*honest-**iōr-a***
ABLATIVO	*honest-**iōr-e***	*honest-**iōr-e***	*honest-**ior-ĭbus***	*honest-**ior-ĭbus***

9.1 Il secondo termine di paragone

Il secondo termine di paragone si esprime in latino in due modi:
- con ***quam*** seguito dal caso del **primo termine** ▶ *Apud Gallos druides* ***potentiores sunt quam equites.*** Presso i Galli i druidi sono **più potenti dei cavalieri**.
- con l'**ablativo** semplice ▶ *Marius* ***honestior Antonio*** *est.* Mario è **più onesto di Antonio.**

Le due costruzioni possono essere usate **indifferentemente** quando il **primo termine** di paragone è in caso **nominativo** o **accusativo**.

Si trova ***quam*** e il caso del **primo termine** quando questo è in caso **genitivo**, **dativo**, **ablativo** o quando il **secondo termine** è costituito da un **verbo**, un **aggettivo**, un **avverbio**.

▶ *Caesar cupidior fuit* ***gloriae quam divitiarum.***
Cesare fu più bramoso **di gloria che di ricchezze**.

Si trova l'**ablativo semplice** se il **secondo termine** è un **pronome relativo** (e la frase è di **forma** o **senso negativo**) o è un sostantivo come *exspectatione*, *opinione*, *spe*.

▶ *Amemus virtutem* ***qua*** *nihil est* ***pretiosius.***
Amiamo la virtù **di cui** nulla è **più prezioso**.

Si trova preferibilmente l'**ablativo semplice** se la frase è negativa.

▶ ***Nihil*** *iudico* ***turpior viltate.***
Niente considero **più turpe** della **viltà**.

▶ ***Opinione celerius veni.***
Sono giunto **prima del previsto**.

9.2 Comparativo di maggioranza tra due aggettivi o avverbi

Se il paragone avviene **tra due aggettivi**, si possono trovare due costruzioni:
- entrambi gli aggettivi al **grado positivo**, il primo preceduto dall'avverbio ***magis***, "più", il secondo da ***quam***, "che" ▶ *Catilina erat* ***magis ferox quam callidus.*** Catilina era **più fiero che avveduto**.
- entrambi gli aggettivi al **grado comparativo**, con il secondo preceduto da ***quam*** ▶ *Catilina erat* ***ferocior quam callidior.*** Catilina era **più fiero che avveduto**.

9.3 Comparativo assoluto

Per esprimere una qualità particolarmente "intensa" il latino usa l'aggettivo al grado **comparativo di maggioranza** ma **senza il secondo termine** di paragone. Questo comparativo è detto "**assoluto**" in quanto "sciolto", ossia non legato ad un secondo termine di paragone. Proprio perché sottolinea l'"intensità" della qualità, è detto anche "intensivo". In italiano si rende con gli avverbi "un po'", "alquanto", "troppo".

▶ *Ventus* ***vehementior*** *erat.*
Il vento era troppo **forte**.

MORFOLOGIA

9.4 Uso del comparativo al posto del superlativo italiano

Quando vengono messi a confronto **due individui**, **due gruppi o due cose** (per esempio, fratelli, mani ecc.) troviamo sempre il **comparativo di maggioranza**, a differenza di quanto avviene in italiano, in cui si usa il superlativo relativo.

▶ ***Audacior consulum*** *fuit Lentulus.*
Il più audace dei (due) consoli fu Lentulo.

10. Il comparativo di uguaglianza

Il **comparativo di uguaglianza** in latino si esprime con **forme avverbiali** tra loro correlate, che corrispondono a quelle italiane, come: *tam... quam*, "tanto... quanto"; *sicut... ita*, "come... così"; *ita... ut*, "così... come"; *aeque... ac* (*atque* davanti a consonante) "in modo uguale a". Il **secondo termine** di paragone va nel caso del primo termine.

▶ *Paulus* ***tam*** *altus est* ***quam*** *Lucius.*
Paolo è **tanto** alto **quanto** Lucio.

11. Il comparativo di minoranza

In latino il **comparativo di minoranza** è formato in modo analogo all'italiano, e cioè premettendo l'avverbio ***minus***, "meno", all'aggettivo di grado positivo. Il **secondo termine** di paragone è espresso con ***quam*** e il caso del **primo termine**.

▶ *Paulus est* ***minus*** *altus* ***quam*** *Lucius.*
Paolo è **meno** alto **di** Lucio.

Osservazioni

- Quando il secondo termine di paragone è uguale al primo, esso viene omesso. Si parla in queso caso di **ellissi del secondo termine** di paragone.
  Necessitatis inventa ***antiquiora sunt quam voluptatis.*** (Cicerone)
  Le scoperte della necessità sono **più antiche di quelle del piacere**.
- Un caso particolare di ellissi del secondo termine di paragone è la cosiddetta ***comparatio compendiaria***, ossia "paragone abbreviato": si tratta di una costruzione in cui non compare un aggettivo al grado comparativo, ma che istituisce ugualmente un paragone tra due elementi attraverso verbi come *antepono*,"preferisco", *praesto*,"supero" ecc.
  Hominum nostrorum prudentiam ***ceteris omnibus*** *antepono.* (Cicerone)
  Preferisco la saggezza dei nostri uomini **a quella di tutti gli altri** (letteralmente: Preferisco la saggezza dei nostri a tutti gli altri).

12. Il superlativo

In latino, come in italiano, il grado superlativo indica una **qualità posseduta al massimo grado** e può essere **assoluto**, quando non ha termini di paragone, e **relativo**, quando esprime il massimo grado di una qualità in relazione ad altri. In latino la distinzione tra l'uno e l'altro è affidata al contesto e alla presenza o meno del complemento partitivo (→ p. 145).

Il superlativo, in latino, si può formare in tre modi:

- aggiungendo al tema dell'aggettivo i suffissi: ***-issĭmus***, ***-issĭma***, ***-issĭmum***. La declinazione del superlativo segue quella degli aggettivi di prima classe;
  - ▶ *gravis, -e* → *grav-issimus, -a, -um*, "pesantissimo", "molto pesante";
- aggiungendo al **grado positivo** dell'aggettivo avverbi come ***maxime*** e ***admodum,*** "sommamente", "molto", "assai"
  - ▶ *rarus, -a, -um* → *admodum rarus*, "molto raro";
- aggiungendo davanti al **grado positivo** dell'aggettivo il prefisso ***per-*** o ***prae-***.
  - ▶ *clarus, -a, -um* → *praeclarus*, "molto illustre", "illustrissimo".

Il superlativo si può **rafforzare**:

- con alcuni **avverbi**, come ***longe*** e ***multo***, "di gran lunga", ***facile***, "senza dubbio", "senza paragone";
  - ▶ *Ex Britannis omnibus* ***longe*** *sunt* ***humanissimi*** *qui Cantium incolunt.* (Cesare)
    Di tutti i Britanni **di gran lunga i più civili** sono quelli che abitano il Canzio.
- con ***quam*** ("il più possibile") o con ***quam qui maxime*** ("più di ogni altro").
  - ▶ *Naves* ***quam plurimas*** *possunt cogunt.* (Cesare)
    Radunano **quante più** navi **possibile**.

13. Le particolarità dei comparativi e dei superlativi

Alcuni aggettivi formano il comparativo o il superlativo in modo particolare.

Gli aggettivi che hanno il nominativo maschile singolare in ***-er*** formano il comparativo regolarmente, mentre hanno il **superlativo** in ***-errimus***, ***-errima***, ***-errimum***.

Positivo	Comparativo	Superlativo
miser, -era, -erum	*miserior, -ius*	*miserrimus, -a, -um*

Sei aggettivi uscenti in ***-ilis*** (*facilis, -e, difficilis, -e, similis, -e, dissimilis, -e, humilis, -e, gracilis, -e*) hanno il comparativo regolare, mentre formano il **superlativo** con il suffisso ***-illimus***, ***-a***, ***-um*** (tutti gli altri aggettivi in *-ilis* formano il superlativo regolarmente).

Positivo	Comparativo	Superlativo
facilis, -e	*facilior, -ius*	*facillimus, -a, -um*

Gli aggettivi che escono in ***-dicus***, ***-ficus***, ***-volus*** formano il comparativo aggiungendo al tema ***-entior***, ***-entius*** e il superlativo con ***-entissimus***, ***-a***, ***-um***.

Positivo	Comparativo	Superlativo
maledicus, -a, -um	*maledicentior, -ius*	*maledicentissimus, -a, -um*

Gli aggettivi che escono in ***-eus***, ***-ius***, ***-uus*** formano il comparativo e il superlativo premettendo all'aggettivo al grado positivo rispettivamente gli avverbi ***magis***, "più", e ***maxime***, "massimamente".

Positivo	Comparativo	Superlativo
idoneus, -a, -um	*magis idoneus, -a, -um*	*maxime idoneus, -a, -um*

Gli aggettivi ***bonus***, ***malus***, ***magnus***, ***parvus***, ***multus*** formano il comparativo e il superlativo da **temi diversi** da quello del grado positivo.

Positivo	Comparativo	Superlativo
bonus, -a, -um buono	*melior, melius* migliore, più buono	*optimus, -a, -um* ottimo, buonissimo, il più buono
malus, -a, -um cattivo	*peior, peius* peggiore, più cattivo	*pessimus, -a, -um* pessimo, cattivissimo, il più cattivo
magnus, -a, -um grande	*maior, maius* maggiore, più grande	*maximus, -a, -um* massimo, grandissimo, il più grande
parvus, -a, -um piccolo	*minor, minus* minore, più piccolo	*minimus, -a, -um* minimo, piccolissimo, il più piccolo
multus, -a, -um molto	*plus, pluris* più	*plurimus, -a, -um* moltissimo

Alcuni comparativi e superlativi possono essere formati da un **aggettivo caduto in disuso**, da un **avverbio** o da una **preposizione**.

Positivo	Comparativo	Superlativo
citer, -tra, -trum che è al di qua	*citerior, -ius* posto al di qua, più vicino	*citimus, -a, -um* il più vicino
extra al di fuori	*exterior, -ius* esterno, esteriore	*extremus, -a, -um,* estremo, ultimo
infra sotto	*inferior, -ius,* più basso, inferiore	*infimus, -a, -um* il più basso, infimo
intra dentro	*interior, -ius* più interno, interiore	*intimus, -a, -um* il più interno, intimo
post dopo	*posterior, -ius* posteriore, successivo	*postremus, -a, -um* ultimo, estremo
prope vicino	*propior, -ius* più vicino	*proximus, -a, -um* più vicino
prae davanti	*prior, -ius* primo tra due	*primus, -a, -um* primo (tra tutti)
supra sopra	*superior, -ius* superiore	*supremus, -a, -um* supremo, il più alto
ultra al di là	*ulterior, -ius* ulteriore, che è al di là, più lontano	*ultimus, -a, -um* ultimo, estremo

Osservazioni

- L'aggettivo *dives*, *-itis*, "ricco", oltre alle forme regolari, ha anche il comparativo ***ditior***, ***-ius*** e il superlativo ***ditissimus***, ***-a***, ***-um***; *vetus*, *veteris*, "vecchio", si comporta invece come un aggettivo in *-er*: comparativo *veterior*, *-ius*, superlativo *veterrimus*, *-a*, *-um*.
- Il plurale ***plures*** (n. *plura*) ha la declinazione completa: gen. *plurium*, dativo *pluribus*, ecc. È usato come aggettivo e significa "più numerosi".
- ***Plus*** nel singolare ha soltanto le forme *plus* (nom. e acc.) e *pluris* (gen.). È usato come sostantivo neutro ed è seguito dal genitivo (partitivo).

Lezione 4

I numerali, il calendario e le unità di misura

1. I numerali

Gli aggettivi **numerali** in latino si distinguono in **cardinali**, **ordinali** e **distributivi**; vi sono anche **avverbi** numerali.

Alcuni aggettivi sono declinabili e concordano in genere, numero e caso con il sostantivo a cui si riferiscono, altri sono indeclinabili.

2. I numerali cardinali

I numerali **cardinali** rispondono in modo determinato alla domanda: *quot?*, "quanti?". Sono aggettivi (tranne ***milia***, -***ium***, "migliaia") e indicano una quantità numerica definita.

Sono tutti indeclinabili eccetto:

- ***unus***, ***una***, ***unum***, "uno", "uno solo", "il solo", che si declina come gli aggettivi pronominali; è raro al plurale;
- ***duo***, ***duae***, ***duo***, "due", la cui declinazione segue in parte quella degli aggettivi di prima classe, in parte quella di seconda;
- ***tres***, ***tria***, "tre", che si declina come un aggettivo di seconda classe a due uscite;
- le centinaia, da ***ducenti***, -***ae***, -***a***, "duecento", a ***nongenti***, -***ae***, -***a***, "novecento";
- ***milia***, -*ium*, "migliaia", sostantivo neutro, plurale dell'indeclinabile *mille*, "mille".

2.1 *Unus, una, unum*, "uno", "uno solo", "il solo"

	Maschile	Femminile	Neutro
NOMINATIVO	*unus*	*una*	*unum*
GENITIVO	*unīus*	*unīus*	*unīus*
DATIVO	*uni*	*uni*	*uni*
ACCUSATIVO	*unum*	*unam*	*unum*
ABLATIVO	*uno*	*una*	*uno*

2.2 *Duo, duae, duo*, "due"

	Maschile	Femminile	Neutro
NOMINATIVO	*duo*	*duae*	*duo*
GENITIVO	*duorum*	*duarum*	*duorum*
DATIVO	*duobus*	*duabus*	*duobus*
ACCUSATIVO	*duos*	*duas*	*duo*
ABLATIVO	*duobus*	*duabus*	*duobus*

MORFOLOGIA

2.3 *Tres, tria*, "tre"

	M. / F.	Neutro
NOMINATIVO	*tres*	*tria*
GENITIVO	*trium*	*trium*
DATIVO	*tribus*	*tribus*
ACCUSATIVO	*tres*	*tria*
ABLATIVO	*tribus*	*tribus*

Osservazioni

- Le **centinaia**, tranne *centum*, che è indeclinabile, si declinano regolarmente come **aggettivi plurali di prima classe**: *ducentae naves*, "duecento navi".
- ***Mille*** è un aggettivo **indeclinabile**: *mille milites*, "mille soldati"; *mille militibus*, "a mille soldati" ecc. Per indicare i multipli di mille in latino si usa il sostantivo neutro plurale ***milia*** (gen. *milium*, dat. e abl. *milibus*) che significa "migliaia" ed è seguito dal genitivo partitivo (→ p. 144): *tria milia hominum*,"tremila uomini".

3. I numerali ordinali

Gli aggettivi numerali **ordinali** rispondono alla domanda: *quotus, -a, -um?*, "quale nella serie?", "a quale punto?", e indicano il **posto occupato** in una successione numerica: *primus*, "primo"; *secundus*, "secondo"; *tertius*, "terzo" ecc.

Si declinano come **aggettivi di prima classe** in *-us, -a, -um*, tranne *alter, -era, -erum*, "il secondo tra due", che segue la declinazione pronominale, cioè ha il genitivo singolare in *-īus* e il dativo singolare in *-ī*.

All'italiano "primo" e "secondo" in latino corrispondono:

- ***primus, -a, -um*** e ***secundus, -a, -um*** in relazione a più di due persone o cose;
- ***prior, prius*** (una forma di comparativo) e ***alter, -era, -erum*** in relazione a due persone o cose.

Gli ordinali vengono usati nell'indicazione della **data**, mentre in italiano si usano i cardinali.

▶ *Anno* ***quinquagesimo quarto*** *ab U.c.* (*ab Urbe condita*).
Nell'anno **cinquantaquattro** dalla fondazione di Roma.

4. I numerali distributivi

Gli aggettivi numerali **distributivi** rispondono in modo determinato alla domanda: *quoteni, -ae, -a?*, "quanti per volta?", "quanti per ciascuno?", e indicano la **quantità che spetta a ciascuno in una distribuzione**: *singuli, -ae, -a*, "uno per volta"; *bini, -ae, -a*, "due per volta".

Sono aggettivi **plurali di prima classe**, ma presentano il genitivo maschile e neutro in *-um* anziché in *-orum* (unica eccezione è *singuli, -orum*).

5. Gli avverbi numerali

Gli **avverbi numerali** rispondono alla domanda *quotiens?*, "quante volte?", e indicano **quante volte** avviene una determinata azione: *semel*, "una volta"; *bis*, "due volte"; *ter*, "tre volte"; *quater*, "quattro volte" ecc.

Sono indeclinabili e, a parte i primi quattro, si formano dalla composizione del cardinale corrispondente con il suffisso *-ies*: *quinquies*, *sexies*, *septies*, ecc. Per gli avverbi → p. 113.

6. Le cifre romane

Per indicare i numeri i Romani si servivano di **sette segni** che, uniti in diverse combinazioni e con l'aggiunta di altri segni particolari, consentivano di scrivere ogni cifra:

I = 1 **V** = 5 **X** = 10 **L** = 50 **C** = 100 **D** = 500 **M** = 1000

I multipli di 1, 10, 100, 1000 si indicano ripetendo i segni I, X, C, M, ma non più di quattro volte:

III = 3; XX = 20; CCCC = 400; MMM = 3000.

Un numero o un gruppo di numeri collocato a **destra** di un numero superiore è **aggiunto** a esso:

VII (5 + 2) = 7 XVI (10 + 5 + 1) = 16 CL (100 + 50) = 150

MDCCLXIII (1000 + 500 + 200 + 50 + 10 + 3) = 1763

I segni I, X e C, quando sono collocati a **sinistra** del numero superiore, indicano che da questo si deve **sottrarre** 1, 10 o 100:

IV (5 - 1) = 4 **IX** (10 - 1) = 9 **XL** (50 - 10) = 40 **XC** (100 - 10) = 90

CD (500 - 100) = 400 **CM** (1000 - 100) = 900

Una linea orizzontale sovrapposta a un numero indica che questo è moltiplicato per 1000:

$\overline{\text{X}}$ = 10.000; $\overline{\text{XL}}$ = 40.000; $\overline{\text{XVIIIDC}}$ = 18.600.

Nella pagina seguente, un prospetto dei numerali latini (cardinali, ordinali, distributivi, avverbi).

MORFOLOGIA

7. Prospetto dei numerali

Cifra araba	Cifra romana	Cardinali	Ordinali	Distributivi	Avverbi
1	I	*unus, -a, -um*	*primus, -a, -um / prior, prius*	*singuli, -ae, -a*	*semel*
2	II	*duo, duae, duo*	*secundus, -a, -um / alter, -era, -erum*	*bini, -ae, -a*	*bis*
3	III	*tres, tria*	*tertius, -a, -um*	*terni, -ae, -a*	*ter*
4	IV (IIII)	*quattuor*	*quartus, -a, -um*	*quaterni, -ae, -a*	*quater*
5	V	*quinque*	*quintus, -a, -um*	*quini, -ae, -a*	*quinquies*
6	VI	*sex*	*sextus, -a, -um*	*seni, -ae, -a*	*sexies*
7	VII	*septem*	*septimus, -a, -um*	*septēni, -ae, -a*	*septies*
8	VIII	*octo*	*octavus, -a, -um*	*octōni, -ae, -a*	*octies*
9	IX	*novem*	*nonus, -a, -um*	*novēni, -ae, -a*	*novies*
10	X	*decem*	*decĭmus, -a, -um*	*deni, -ae, -a*	*decies*
11	XI	*undĕcim*	*undecĭmus, -a, -um*	*undēni, -ae, -a*	*undecies*
12	XII	*duodĕcim*	*duodecĭmus, -a, -um*	*duodēni, -ae, -a*	*duodecies*
13	XIII	*tredĕcim*	*tertius decĭmus*	*terni deni*	*ter decies*
14	XIV	*quattuordĕcim*	*quartus decĭmus*	*quaterni deni*	*quater decies*
15	XV	*quindĕcim*	*quintus decĭmus*	*quini deni*	*quindecies (quinquies decies)*
16	XVI	*sedĕcim*	*sextus decĭmus*	*seni deni*	*sedecies (sexies decies)*
17	XVII	*septendĕcim*	*septimus decĭmus*	*septēni deni*	*septies decies*
18	XVIII	*duodeviginti*	*duodevicesĭmus*	*duodevicēni*	*octies decies*
19	XIX	*undeviginti*	*undevicesĭmus*	*undevicēni*	*novies decies*
20	XX	*viginti*	*vicesĭmus (vigesĭmus)*	*vicēni*	*vicies*
21	XXI	*viginti unus, -a, -um*	*unus et vicesĭmus (vicesimus unus)*	*singuli et vicēni (vicēni singuli)*	*vicies semel (semel et vicies)*
22	XXII	*viginti duo, -ae, -o*	*alter et vicesĭmus (vicesimus alter)*	*vicēni bini*	*vicies bis*
28	XXVIII	*duodetriginta*	*duodetricesĭmus*	*duodetricēni*	*duodetricies*
29	XXIX	*undetriginta*	*undetricesĭmus*	*undetricēni*	*undetricies*
30	XXX	*triginta*	*tricesĭmus (trigesĭmus)*	*tricēni*	*tricies*
40	XL	*quadraginta*	*quadragesĭmus*	*quadragēni*	*quadragies*
50	L	*quinquaginta*	*quinquagesĭmus*	*quinquagēni*	*quinquagies*
60	LX	*sexaginta*	*sexagesĭmus*	*sexagēni*	*sexagies*
70	LXX	*septuaginta*	*septuagesĭmus*	*septuagēni*	*septuagies*
80	LXXX	*octoginta*	*octogesĭmus*	*octogēni*	*octogies*
90	XC	*nonaginta*	*nonagesĭmus*	*nonagēni*	*nonagies*

Cifra araba	Cifra romana	Cardinali	Ordinali	Distributivi	Avverbi
100	C	*centum*	*centesĭmus*	*centēni*	*centies*
101	CI	*centum (et) unus*	*centesimus primus*	*centeni singuli*	*centies semel*
200	CC	*ducenti, -ae, -a*	*ducentesimus*	*duceni*	*ducenties*
300	CCC	*trecenti, -ae, -a*	*trecentesimus*	*treceni*	*trecenties*
400	CD (CCCC)	*quadringenti, -ae, -a*	*quadringentesimus*	*quadringeni*	*quadringenties*
500	D	*quingenti, -ae, -a*	*quingentesimus*	*quingeni*	*quingenties*
600	DC	*sescenti, -ae, -a*	*sescentesimus*	*sesceni*	*sescenties*
700	DCC	*septingenti, -ae, -a*	*septingentesimus*	*septingeni*	*septingenties*
800	DCCC	*octingenti, -ae, -a*	*octingentesimus*	*octingeni*	*octingenties*
900	CM (DCCCC)	*nongenti, -ae, -a*	*nongentesimus*	*nongeni*	*nongenties*
1000	M	*mille*	*millesimus*	*singula milia*	*millies*
2000	MM	*duo milia*	*bis millesimus*	*bina milia*	*bis millies*
10 000	X̄	*decem milia*	*decies millesimus*	*dena milia*	*decies millies*
100 000	C̄	*centum milia*	*centies millesimus*	*centena milia*	*centies millies*
1 000 000	|X̄|	*decies centena milia*	*decies centies millesimus*	*decies centena milia*	*decies centies millies*

8. L'indicazione degli anni

I Romani solitamente indicavano gli anni in due modi:

- con i **nomi dei consoli** in carica al caso ablativo, seguiti da *consulibus* (spesso abbreviato in *coss.*) e senza *et* ▶ *Haec facta sunt* ***M. Messalla M. Pisone consulibus***. (da Cesare) Queste cose avvennero **sotto il consolato di M. Messalla e M. Pisone**.
- facendo riferimento alla **fondazione di Roma** (753 a.C.) ▶ *Anno* ***tricesimo septimo*** *ab Urbe condita (post Urbem conditam).* (da Eutropio) Nel **trentasettesimo anno** dopo la fondazione di Roma. [dunque nel 716]

Dopo l'affermazione ufficiale del Cristianesimo (comunque non prima del VI secolo d.C.) si cominciarono a numerare gli anni dalla nascita di Cristo.

▶ *Vergilius* ***anno undevicesimo ante Christum natum*** *(a.Ch.n.) mortuus est, Augustus* ***anno quarto decimo post Christum natum*** *(p.Ch.n.).*
Virgilio è morto **nel 19 avanti Cristo** (a.C.), Augusto **nel 14 dopo Cristo** (d.C.).

9. L'indicazione dei mesi

In origine i Romani avevano i mesi lunari (come i Greci), quindi il primo giorno del mese cominciava la sera del novilunio. I mesi erano di 29 giorni, una lunazione.

Secondo la tradizione fu Romolo a suddividere l'anno in 10 mesi, iniziandolo con *Martius* ("marzo"), in onore del padre Marte. La tradizione attribuiva al re Numa Pompilio la riforma che vide l'aggiunta di due mesi, *Ianuarius* e *Februarius*, prima di *Martius*. Vennero mantenuti i nomi dei mesi assegnati precedentemente, anche se ciò implicava una sfasatura (*December*, per esempio, non era più il decimo, bensì il dodicesimo mese dell'anno):

- ***Ianuarius*** ("gennaio"), sacro a *Ianus* (da *ianua*, "porta"), il dio che proteggeva tutto ciò che si andava a iniziare, in questo caso il nuovo anno;
- ***Februarius*** ("febbraio"), da *dies februatus* (da *februo*, "purifico"), "giorno di sacrificio espiatorio e di purificazione";
- ***Martius*** ("marzo"), sacro a Marte, dio della guerra;
- ***Aprilis*** ("aprile"), da *aperio*, "apro", il cui nome allude all'aprirsi delle gemme con l'arrivo della primavera;
- ***Maius*** ("maggio"), dedicato alla divinità italica Maia, dea della vegetazione;
- ***Iunius*** ("giugno"), dedicato a *Iuno*, Giunone, dea della prosperità;
- ***Quintilis***, quinto mese del calendario antico, poi sostituito da *Iulius* ("luglio") in onore di Giulio (*Iulius*) Cesare;
- ***Sextilis***, sesto mese del calendario antico, poi sostituito da *Augustus* ("agosto") in onore di Augusto;
- ***September*** ("settembre"), settimo mese del calendario antico;
- ***October*** ("ottobre"), ottavo mese del calendario antico;
- ***November*** ("novembre"), nono mese del calendario antico;
- ***December*** ("dicembre"), decimo mese del calendario antico.

Nel 45 a.C. Giulio Cesare riformò il calendario su base solare. L'anno venne fissato in 365 giorni, con un'eccedenza di sei ore, riassorbita attraverso l'aggiunta di un giorno negli anni bisestili (da *bis sextus*, "due volte sesto": era il giorno aggiunto al 24 febbraio, sesto giorno prima delle Calende di marzo), con cadenza quadriennale. Il calendario giuliano costituisce la base di quello attualmente in uso.

10. L'indicazione dei giorni

Il calendario contemplava tre giorni fissi corrispondenti a tre fasi lunari (in conformità con l'origine lunare della misurazione del tempo):

- ***Kalendae***, ***-arum***, le Calende, ossia il 1° del mese, giorno in cui l'araldo del *pontifex maximus* aveva il compito di *kalare* ("gridare", "annunciare") il novilunio (luna nuova);
- ***Nonae***, ***-arum***, le None, ossia il quinto giorno del mese (era il nono giorno prima delle Idi), il settimo nei mesi di marzo, maggio, luglio, ottobre;
- ***Idus***, ***-uum***, le Idi (da *divido*, "divido") che dividevano il mese e, in base alla differente lunghezza di questo, cadevano il 13 o il 15. Anticamente le Idi coincidevano col plenilunio. Per la derivazione del nome si pensa anche all'osco *eiduis* = *idibus* e al sanscrito *vidh* = "separare".

Per indicare un giorno del mese i Romani procedevano nel modo seguente.

Per i giorni fissi, come le Calende, le None o le Idi, usavano l'ablativo semplice.

▶ *Kalendis Ianuariis* (abbreviato *Kal. Ian.*) = 1° di gennaio

- *Nonis Aprilibus* (abbreviato *Non. Apr.*) = 5 aprile
- *Idibus Octobribus* (abbreviato *Id. Oct.*) = 15 ottobre

Il giorno immediatamente precedente uno dei tre giorni speciali si indicava con *pridie* ("il giorno prima") seguito dal nome del giorno speciale in accusativo.

- *pridie Kalendas Ianuarias* (o *Kal. Ian.*) = 31 dicembre
- *pridie Nonas Septembres* (o *Non. Sept.*) = 4 settembre
- *pridie Idus Apriles* (o *Id. Apr.*) = 12 aprile.

Molto raro era l'uso di indicare il giorno seguente i tre giorni speciali con *postridie* ("il giorno dopo") e l'accusativo.

- *Postridie Kalendas Februarias* = 2 febbraio

Per indicare qualsiasi altro giorno del mese, si calcolava quanti giorni mancavano per arrivare al giorno fisso successivo, includendo nel calcolo sia il giorno di partenza, sia quello di arrivo. Il numero così ottenuto concordava, come ordinale, col nome *dies* seguito da *ante* e l'accusativo del giorno fisso.

- *Dies sextus ante Idus Ianuarias* = 8 gennaio, a sei giorni dalle Idi di gennaio

Per indicare un tempo determinato non si diceva *die sexto ante Idus Ianuarias*, ma *ante diem sextum Idus Ianuarias* (o *a.d. VI Id. Ian.* oppure *VI Id. Ian.*), ossia si metteva tutta l'espressione in accusativo preceduta da *ante*.

Queste espressioni, oltre a quelle formate con *pridie* e l'accusativo, finirono per essere considerate sostantivi indeclinabili e vennero unite, pur rimanendo invariate, anche a preposizioni.

- *Ex ante diem tertium Nonas Martias usque ad pridie Idus Apriles* = Dal 15 marzo al 12 aprile

11. L'indicazione dell'ora

I Romani dividevano il giorno in due parti: il ***dies***, "dì", che andava dal sorgere del sole al tramonto, e la ***nox***, "notte", che andava dal tramonto all'alba.

Il giorno era diviso in 12 ore, numerate progressivamente dalla prima alla dodicesima. Ponendo il sorgere del sole alle 6 circa e il tramonto alle 18, l'*hora prima* dei Romani corrispondeva all'ora tra le 6 e le 7, l'*hora secunda* a quella tra le 7 e le 8 e così via fino all'ultima ora del giorno, la *duodecima*, tra le 17.00 e le 18.00. Dato che i Romani dividevano il giorno considerando l'intervallo dal sorgere del sole al tramonto in qualunque periodo dell'anno, la loro ora aveva la durata della nostra soltanto negli equinozi; ma d'estate, per esempio, le ore diurne romane avevano una durata maggiore delle nostre.

La notte era divisa per i Romani in quattro parti di tre ore ciascuna, dette *vigiliae*, dai turni di guardia dei soldati (chiamati *vigiliae*, ossia veglie): *prima vigilia* (dalle 18 alle 21), *secunda vigilia* (dalle 21 alle 24), *tertia vigilia* (dalle 24 alle 3), *quarta vigilia* (dalle 3 alle 6).

12. Altre misure

Gli altri campi di impiego dei numerali riguardano i diversi tipi di **misure** (come la lunghezza, la superficie, il peso, la capacità per aridi e per liquidi), oltre alle monete.

L'unità di misura di **superficie** era il *pes quadratus*, "piede quadrato" = 0,0875 metri quadrati. I suoi multipli sono lo *iugerum*, "iugero", l'*heredium*, "podere", e la *centuria*, "centuria".

L'unità di misura di **lunghezza** era il *pes porrectus*, "piede disteso" = 29,580 centimetri.

L'unità di misura del **peso** era la *libra*, "libbra" = 327, 45 grammi.

L'unità di misura di **capacità per aridi** era il *modius*, "moggio" = 8,733 litri.

L'unità di misura per i **liquidi** era l'*amphora*, "anfora" = 26,26 litri.

13. Le monete

Le principali **monete** romane erano:
- l'***as*** di rame;
- il ***sestertius***, il ***quinarius***, il ***denarius***, d'argento (equivalenti rispettivamente a 2,5, 5 e 10 *asses*);
- l'***aureus***, d'oro (100 sesterzi: fu coniato da Cesare).

In origine l'*as* ("asse"), l'unità di base del sistema monetario romano, conteneva una libbra di rame, ma col tempo il peso diminuì sino a contenere 1/24 di libbra. L'*as* venne preso a sinonimo dell'unità per tutti i tipi di misure e si divideva in 12 *unciae*, tanto che *uncia* significava in genere "un dodicesimo". Il *semis* ("mezzo asse") era la metà dell'*as*.

Dall'inizio del III secolo a.C. vennero coniate le prime monete in rame garantite dallo Stato (***aes signatum***).

Il *sestertius* valeva in origine 2 assi e 1/2, il *quinarius* 5 e il *denarius* 10.

Lezione 5

Il pronome

1. Il pronome

Il pronome è una **parte variabile del discorso** che può essere usata **al posto** (*pro*) **del nome** (*nomen*). Talvolta può sostituire anche altri elementi di una frase o un'intera proposizione. Alcuni pronomi hanno anche valore di aggettivi: in questo caso non sostituiscono il nome, ma lo accompagnano.

▶ *Marcus **hos libros** legit, Lucius **illos**.*
Marco ha letto **questi libri**, Lucio **quelli**.

In latino la declinazione del pronome (declinazione pronominale) si caratterizza per la terminazione in *-īus* del genitivo singolare, quella in *-ī* del dativo singolare, uguali per tutti e tre i generi, e per la desinenza *-d* per i casi diretti del neutro singolare, tranne qualche eccezione. I pronomi, in base alla loro funzione, si dividono in:
- **personali**;
- **possessivi**;
- **determinativi**;
- **dimostrativi**;
- **relativi**;
- **interrogativi**;
- **indefiniti**.

2. I pronomi personali

In latino i **pronomi personali** per la prima e seconda persona singolare sono rispettivamente ***ego***, "io", e ***tu***, "tu"; per la prima e la seconda plurale ***nos***, "noi", e ***vos***, "voi"; la terza persona singolare e plurale manca di nominativo, poiché ha valore riflessivo.

2.1 Pronomi personali di prima persona

Di seguito, la declinazione di ***ego***, "io", e ***nos***, "noi".

	Singolare		Plurale	
NOMINATIVO	*ego*	io	*nos*	noi
GENITIVO	*mei*	di me	*nostri / nostrum*	di noi
DATIVO	*mihi / mi*	a me	*nobis*	a noi
ACCUSATIVO	*me*	me	*nos*	noi
ABLATIVO	*me*	(da, per...) me	*nobis*	(da, per...) noi

2.2 Pronomi personali di seconda persona

Di seguito, la declinazione di ***tu***, "tu", e ***vos***, "voi".

	Singolare		Plurale	
NOMINATIVO	*tu*	tu	*vos*	voi
GENITIVO	*tui*	di te	*vestri / vestrum*	di voi
DATIVO	*tibi*	a te	*vobis*	a voi
ACCUSATIVO	*te*	te	*vos*	voi
ABLATIVO	*te*	(da, per…) te	*vobis*	(da, per…) voi

2.3 Pronome personale riflessivo di terza persona

Di seguito, la declinazione di ***sui***, "di sé".

	Singolare / Plurale	
NOMINATIVO	—	
GENITIVO	*sui*	di sé
DATIVO	*sibi*	a sé
ACCUSATIVO	*se*	sé
ABLATIVO	*se*	(da, per...) sé

Osservazioni

- Le due forme di **genitivo plurale** del pronome di prima e seconda persona plurale hanno **funzioni diverse**:
  - ***nostrum*** e ***vestrum*** hanno **valore partitivo**, ossia indicano il tutto di cui si considera una parte: *unus vestrum*, "uno di voi"; inoltre si usano sempre con ***omnium*** (genitivo plurale di *omnis*, *omne*), anche se non hanno valore partitivo: *gaudium omnium nostrum*, "la gioia di tutti noi";
  - ***nostri*** e ***vestri*** hanno valore di **genitivo oggettivo** e si usano in tutti gli altri casi. Il genitivo è oggettivo quando equivale a un complemento oggetto se si trasforma il sintagma in una proposizione: *memoria vestri*, "il ricordo di voi" = "noi ricordiamo voi".
- Il **pronome di terza persona** ha valore **solo riflessivo** (ossia si riferisce al soggetto della frase) e si usa indifferentemente per il singolare e il plurale.
- I pronomi personali **possono essere rafforzati** con l'aggiunta di una particella enclitica (particella priva di accento che si lega alla parola che la precede):
  - *-te* per il pronome di seconda persona singolare (nominativo e accusativo): *tute* e *tete*;
  - *-se* per il pronome di terza persona singolare (accusativo): *sese*;
  - *-met* per tutte le altre forme di pronome di prima, di seconda e terza persona singolare e plurale: *egomet*, *memet*, *tibimet*, *suimet*, *sibimet*, *nobismet* ecc.

3. I pronomi e gli aggettivi possessivi

Gli **aggettivi possessivi** (→ p. 31) possono essere usati anche **in funzione di pronome** quando sostituiscono un nome.

▶ *Pater meus domi est. Ubi est* ***tuus****?*
Mio padre è in casa. Dov'è il **tuo**?

I possessivi di prima e seconda persona singolare e plurale possono avere valore riflessivo, quando si riferiscono al soggetto della proposizione, e valore non riflessivo, quando si riferiscono a un altro elemento della proposizione.

Il possessivo di **terza persona**, invece, ha solo **valore riflessivo** e può essere adoperato solo quando si riferisce al soggetto della proposizione.

▶ *Milites **suum** ducem sequuntur.*
I soldati seguono il **loro** comandante.

Quando il possessivo di terza persona **non** ha **valore riflessivo**, si utilizza il genitivo del determinativo *is*, *ea*, *id*: ***eius*** ("di lui", "di lei", "di esso") per il singolare ed ***eorum***, ***earum*** ("di loro") per il plurale.

▶ *Vidi Marcum et **eius** patrem.*
Ho visto Marco e **suo** padre (ossia di Marco).

4. I pronomi e gli aggettivi determinativi

I **pronomi** e gli **aggettivi determinativi** svolgono la funzione di **determinare** e di **precisare** un elemento **già menzionato** in precedenza. Essi sono tre:
- ***is***, ***ea***, ***id***: "egli", "ella", "esso", "ciò", "quello", "quella";
- ***idem***, ***eadem***, ***idem***: "lo stesso", "la stessa", "il medesimo";
- ***ipse***, ***ipsa***, ***ipsum***: "egli stesso", "ella stessa", "esso stesso", "proprio lui".

4.1 *Is, ea, id*

Di seguito, la declinazione di ***is***, ***ea***, ***id***, "egli", "ella", "ciò".

	Singolare			Plurale		
	Maschile	Femminile	Neutro	Maschile	Femminile	Neutro
NOMINATIVO	*ĭs*	*eă*	*ĭd*	*iī (eī)*	*eae*	*eă*
GENITIVO	*eiŭs*	*eiŭs*	*eiŭs*	*eōrum*	*eārum*	*eōrum*
DATIVO	*eī*	*eī*	*eī*	*iīs (eīs)*	*iīs (eīs)*	*iīs (eīs)*
ACCUSATIVO	*eŭm*	*eăm*	*ĭd*	*eōs*	*eās*	*eă*
ABLATIVO	*eō*	*eā*	*eō*	*iīs (eīs)*	*iīs (eīs)*	*iīs (eīs)*

Osservazioni

Il determinativo ***is***, ***ea***, ***id*** può avere diversi valori:
- corrisponde al **pronome di terza persona singolare** non riflessivo: "egli", "lui", "ella", "lei", "esso", "ciò"; al genitivo singolare e plurale esprime il possessivo di terza persona (singolare e plurale) non riflessivo, ossia che non si riferisce al soggetto della frase ▶ *Lucius et Fabia pila ludunt. **Eorum** voces Corneliae animum laetant*. Lucio e Fabia giocano con la palla. Le **loro** voci rallegrano l'animo di Cornelia.
- come aggettivo si traduce con il dimostrativo "**questo**" o "**quello**" ▶ *Felix cum puero in foro deambulat. **Is** puer filius Felicis est*. Felice passeggia nel foro con un ragazzo. **Quel** ragazzo è figlio di Felice.
- può essere adoperato come **antecedente** di un **pronome relativo** ▶ *Cornelia **eam** stolam induit, quae ab ancilla parata est.* Cornelia indossa **quella** stola che è stata preparata dalla domestica.

MORFOLOGIA

4.2 *Idem, eădem, idem*

Il determinativo ***idem***, ***eădem***, ***idem*** indica l'**identità** di una cosa o di una persona e corrisponde all'italiano "lo stesso", rispetto a ciò di cui si è già parlato o che è in comune a più persone o cose. Deriva da *is*, *ea*, *id* a cui si aggiunge il suffisso -***dem*** che resta sempre identico.

Di seguito, la declinazione di ***idem***, ***eădem***, ***idem***, "lo stesso", "il medesimo".

	Singolare			Plurale		
	Maschile	Femminile	Neutro	Maschile	Femminile	Neutro
NOMINATIVO	*idem*	*eădem*	*idem*	*iīdem*	*eaedem*	*eădem*
GENITIVO	*eiusdem*	*eiusdem*	*eiusdem*	*eōrundem*	*eārundem*	*eōrundem*
DATIVO	*eīdem*	*eīdem*	*eīdem*	*iisdem*	*iisdem*	*iisdem*
ACCUSATIVO	*eundem*	*eandem*	*idem*	*eosdem*	*easdem*	*eădem*
ABLATIVO	*eōdem*	*eādem*	*eōdem*	*iisdem*	*iisdem*	*iisdem*

Le forme del nominativo plurale maschile e del dativo e ablativo plurale di tutti e tre i generi possono presentarsi anche con una sola -*i*-: *idem*, *isdem*.

Osservazioni

Il determinativo *idem*, *eadem*, *idem* può avere diversi valori:

- con ***idem***, ***eădem***, ***idem*** si vuole specificare che la persona o la cosa designata è **la stessa** in assoluto o rispetto a un'altra, già menzionata o da menzionare, come nella seguente frase ▶ *Amicus est tamquam alter* ***idem***. L'amico è per così dire un altro **identico** (a se stessi).
- il significato di identità può essere accompagnato dall'idea di **paragone** nel senso di "lo stesso che". In questo caso insieme a *idem* si troverà anche ***ac***, ***atque***, ***et***, ***ut***, ***quasi***, ***cum*** o un pronome relativo che introduce la seconda parte della comparazione. ▶ *Caesar* ***idem*** *propositum habebat ac Pompeius*. Cesare aveva **lo stesso** intento di Pompeo.
- *idem* può avere anche **valore intensivo**, quando corrisponde all'italiano "e anche", "per di più parimenti" ▶ *Cum Academico* ***et eodem rhetore*** *congressus sum.* (da Cicerone) Lottai con un Accademico **che è anche retore**.

4.3 *Ipse, ipsa, ipsum*

Il determinativo ***ipse***, ***ipsa***, ***ipsum*** sottolinea la **rilevanza** di un elemento rispetto agli altri. È possibile renderlo in italiano con espressioni del tipo "egli stesso", "lui in persona", "perfino lui", "proprio lui".

Di seguito, la declinazione di ***ipse***, ***ipsa***, ***ipsum***, "lo stesso", "in persona".

	Singolare			Plurale		
	Maschile	Femminile	Neutro	Maschile	Femminile	Neutro
NOMINATIVO	*ipse*	*ipsă*	*ipsum*	*ipsi*	*ipsae*	*ipsă*
GENITIVO	*ipsīus*	*ipsīus*	*ipsīus*	*ipsōrum*	*ipsārum*	*ipsōrum*
DATIVO	*ipsī*	*ipsī*	*ipsī*	*ipsis*	*ipsis*	*ipsis*
ACCUSATIVO	*ipsum*	*ipsam*	*ipsum*	*ipsos*	*ipsas*	*ipsă*
ABLATIVO	*ipso*	*ipsā*	*ipso*	*ipsis*	*ipsis*	*ipsis*

MORFOLOGIA

Osservazioni

Il determinativo *ipse*, *ipsa*, *ipsum* può avere diversi valori:
- il determinativo ***ipse***, ***ipsa***, ***ipsum*** si usa generalmente per esprimere **rilevanza** ▶ ***Ipse*** *eorum opinionibus accedo.* **Io, per quanto mi riguarda (lett. "io stesso")**, sono d'accordo con la loro opinione
- in alcuni casi *ipse* può corrispondere all'italiano "**perfino**", "**in persona**", a voler sottolineare l'importanza del referente ▶ *A multis* ***ipsa virtus*** *contemnitur.* Da molti **perfino la virtù** è disprezzata.
- *ipse* può accompagnarsi anche ad **altri pronomi** per **rafforzarne il significato**. In questo caso la traduzione dipende dal contesto ▶ *In* ***eo ipso*** *mentiuntur.* (Cicerone) È **proprio in questo** che mentono.
- con il senso di "**precisamente**", "**per l'appunto**", "**proprio**" ricorre in espressioni di tempo, come *sub ipsa profectione*, proprio sul punto di partire", o *nunc ipsum*, "proprio in questo momento"
- *ipse*, infine, può avere il valore di "**in sé**", "**per se stesso**", "**da solo**" ▶ *Quod est ipsum miserabile.* Ciò che è di per sé increscioso.

5. I pronomi e gli aggettivi dimostrativi

In latino, come in italiano, i **pronomi** e gli **aggettivi dimostrativi** precisano la **posizione** nel tempo o nello spazio di una persona, di un oggetto o di un evento. Essi sono:
- ***hic***, ***haec***, ***hoc***, "questo";
- ***ille***, ***illa***, ***illud***, "quello";
- ***iste***, ***ista***, ***istud***, "codesto".

La loro declinazione è caratterizzata dalle desinenze tipiche dei pronomi:
- -***d*** per i casi diretti del neutro singolare;
- -***ius*** al genitivo singolare di tutti e tre i generi;
- -***i*** al dativo singolare di tutti e tre i generi.

5.1 *Hic, haec, hoc*

Hic, ***haec***, ***hoc*** corrisponde a "questo", ovvero qualcosa o qualcuno vicino, nello spazio e nel tempo, a chi parla; può avere anche una funzione deittica, quando si vuole indicare la presenza fisica, magari accompagnata dal gesto del dito che mostra. Il significato dimostrativo era rafforzato dalla particella *-ce*, di cui è rimasta traccia nella *-c* di alcune forme.

Di seguito, la declinazione di ***hic***, ***haec***, ***hoc***, "questo", "questa", "questa cosa".

	Singolare			Plurale		
	Maschile	Femminile	Neutro	Maschile	Femminile	Neutro
NOMINATIVO	*hĭc*	*haec*	*hŏc*	*hī*	*hae*	*haec*
GENITIVO	*huius*	*huius*	*huius*	*hōrum*	*hārum*	*hōrum*
DATIVO	*huic*	*huic*	*huic*	*hīs*	*hīs*	*hīs*
ACCUSATIVO	*hunc*	*hanc*	*hŏc*	*hōs*	*hās*	*haec*
ABLATIVO	*hōc*	*hāc*	*hōc*	*hīs*	*hīs*	*hīs*

MORFOLOGIA

5.2 *Ille, illa, illud*

Con ***ille***, ***illa***, ***illud*** si rende "quello", qualcosa o qualcuno lontano, nello spazio e nel tempo, da chi parla e da chi ascolta.

Di seguito, la declinazione di ***ille***, ***illa***, ***illud***, "quello", "quella", "quella cosa".

	Singolare			Plurale		
	Maschile	Femminile	Neutro	Maschile	Femminile	Neutro
NOMINATIVO	*illĕ*	*illă*	*illŭd*	*illī*	*illae*	*illă*
GENITIVO	*illīus*	*illīus*	*illīus*	*illōrum*	*illārum*	*illōrum*
DATIVO	*illī*	*illī*	*illī*	*illīs*	*illīs*	*illīs*
ACCUSATIVO	*illum*	*illam*	*illŭd*	*illōs*	*illās*	*illă*
ABLATIVO	*illō*	*illā*	*illō*	*illīs*	*illīs*	*illīs*

5.3 *Iste, ista, istud*

Iste, ***ista***, ***istud*** traduce l'italiano "codesto", "costui", qualcosa o qualcuno vicino, nello spazio e nel tempo, a chi ascolta.

Di seguito, la declinazione di ***iste***, ***ista***, ***istud***.

	Singolare			Plurale		
	Maschile	Femminile	Neutro	Maschile	Femminile	Neutro
NOMINATIVO	*istĕ*	*istă*	*istŭd*	*istī*	*istae*	*istă*
GENITIVO	*istīus*	*istīus*	*istīus*	*istōrum*	*istārum*	*istōrum*
DATIVO	*istī*	*istī*	*istī*	*istīs*	*istīs*	*istīs*
ACCUSATIVO	*istum*	*istam*	*istŭd*	*istōs*	*istās*	*istă*
ABLATIVO	*istō*	*istā*	*istō*	*istīs*	*istīs*	*istīs*

MORFOLOGIA

Osservazioni

- I dimostrativi ***hic***, ***haec***, ***hoc*** e ***ille***, ***illa***, ***illud*** si possono trovare anche come **anticipazione** (**prolessi**) di qualcosa di cui si parlerà immediatamente dopo.

  Loci natura erat ***haec***. (Cesare)
  Questa era la natura del luogo. [segue la descrizione].

- Come il dimostrativo "codesto" in italiano, anche in latino ***iste***, ***ista***, ***istud*** può assumere una **sfumatura dispregiativa**, soprattutto nelle orazioni giudiziarie quando è utilizzato per indicare l'accusato.

  Tu mihi ***istius*** *audaciam defendis?* (Cicerone)
  Tu mi difendi la sfrontatezza **di costui**?

- Quando ***ille***, ***illa***, ***illud***, utilizzato come aggettivo, accompagna un nome proprio, vuole evidenziarne la notorietà e viene generalmente tradotto con "quel famoso", "quel celebre"; se invece il neutro *illud*, in qualità di pronome, è seguito da un nome proprio in genitivo, ha il significato di "quel famoso detto di".

  Hic est ***ille*** *Demosthenes.* (Cicerone)
  Questo è **quel famoso** Demostene.

  Illud Catonis. (Cicerone)
  Quel famoso detto di Catone.

6. I pronomi relativi

I **pronomi relativi** hanno la funzione di **mettere in relazione** tra loro due proposizioni. Sostituiscono un elemento di una proposizione (antecedente) e ne introducono un'altra ad essa subordinata. In latino possono essere di due tipologie: **definiti** o **indefiniti**.

Uno solo è il pronome relativo definito:
- ***qui***, ***quoe***, ***quod***, "che", "il quale", "la quale", "la qual cosa".

Due sono i pronomi relativi indefiniti:
- ***quicumque***, ***quaecumque***, ***quodcumque***, "chiunque", "qualsiasi cosa";
- ***quisquis***, ***quidquid***, "chiunque", "qualsiasi cosa".

6.1 Il pronome relativo *qui, quae, quod*

In latino il **pronome relativo *qui*, *quae*, *quod*** presenta, come di consueto, le desinenze caratteristiche dei pronomi al genitivo e al dativo singolare (→ p. 53).

Di seguito, la declinazione di ***qui***, ***quae***, ***quod***, "il quale", "la quale", "la quale cosa".

	Singolare			Plurale		
	Maschile	Femminile	Neutro	Maschile	Femminile	Neutro
NOMINATIVO	*qui*	*quae*	*quod*	*qui*	*quae*	*quae*
GENITIVO	*cuius*	*cuius*	*cuius*	*quōrum*	*quārum*	*quōrum*
DATIVO	*cui*	*cui*	*cui*	*quibus*	*quibus*	*quibus*
ACCUSATIVO	*quem*	*quam*	*quod*	*quos*	*quas*	*quae*
ABLATIVO	*quo*	*qua*	*quo*	*quibus*	*quibus*	*quibus*

Osservazioni

Il pronome relativo **concorda** con il suo antecedente nel **genere** e nel **numero**; il caso, invece, è determinato dalla **funzione logica** che assume nella proposizione relativa che esso stesso introduce; se richieste, le preposizioni precedono il pronome relativo, tranne la preposizione *cum* che, posposta, si unisce all'ablativo: ***quocum***, ***quacum***, ***quibscum***.

6.2 I pronomi e gli aggettivi relativi-indefiniti

Nella lingua latina esistono anche dei **pronomi** e **aggettivi relativi-indefiniti**, che hanno valore di pronomi relativi, ma con una sfumatura indefinita. Essi sono:
- ***quicumque***, ***quaecumque***, ***quodcumque***, pronome e aggettivo, "chiunque", "qualsiasi cosa";
- ***quisquis***, ***quidquid***, pronome e aggettivo, "chiunque", "qualsiasi cosa".

Il primo è composto da *qui, quae, quod* + il suffisso indeclinabile *-cumque*; il secondo è costituito dal raddoppiamento di *quis* e *quid* e si declina in entrambe le sue parti. Di *quisquis* e *quidquid* esistono solo le forme del nominativo singolare maschile e femminile (*quisquis*), del nominativo e accusativo singolare neutro (*quidquid*) e dell'ablativo singolare (*quoquo*).

▶ ***Quaecumque*** *ad oppugnationem necessaria* ***sunt****, noctu comparantur.*
Di notte si prepara **qualsiasi cosa sia** necessaria per la difesa.

▶ ***Quidquid animo cernimus*** *incipit a sensibus.*
Qualsiasi cosa percepiamo nell'animo inizia dai sensi.

7. Pronomi e aggettivi interrogativi

I **pronomi** e gli **aggettivi interrogativi**, in latino come in italiano, introducono una domanda o una richiesta. Essi sono:
- il pronome ***quis?***, ***quid?***, "chi?", "che cosa?", e l'aggettivo corrispondente *qui?*, *quae?*, *quod?*, "quale?", "che?";
- i loro **composti**;
- il pronome ***uter?***, ***utra?***, ***utrum?***, "quale dei due?";
- **altri** pronomi e aggettivi interrogativi, per es. *quantus*, *-a*, *-um?*, "quanto?".

7.1 Il pronome *quis?, quid?* e l'aggettivo *qui?, quae?, quod?*

Il **pronome *quis?***, ***quid?***, "chi?", "che cosa?" e l'**aggettivo *qui?***, ***quae?***, ***quod?***, "chi?", "quale?", si usano rispettivamente per identificare o determinare una persona o una cosa **tra molte**.

Il pronome interrogativo ***quis?***, ***quid?*** si declina come il pronome indefinito *quis*, *quid* (→ p. 58); nei casi indiretti del neutro si accompagna al sostantivo *res* declinato nel caso corrispondente.

Di seguito, la declinazione di ***quis?***, ***quid?***

	Singolare		Plurale	
	M. / F.	Neutro	M. / F.	Neutro
NOMINATIVO	*quis?*	*quid?*	*qui?*	*quae?*
GENITIVO	*cuius?*	*cuius rei?*	*quorum?*	*quarum rerum?*
DATIVO	*cui?*	*cui rei?*	*quibus?*	*quibus rebus?*
ACCUSATIVO	*quem?*	*quid?*	*quos?*	*quae?*
ABLATIVO	*quo?*	*quare?*	*quibus?*	*quibus rebus?*

Osservazioni

Osserva i seguenti usi:
- *quis?*, *quid?*, se seguito dal pronome *nos* o *vos*, si costruisce con il **genitivo partitivo *nostrum*** e ***vestrum*** ▶ ***Quis vestrum****?*, **Chi di voi**?
- la forma neutra *quid?* può essere impiegata in funzione avverbiale con il significato di "perché?" ▶ ***Quid*** *fles?* **Perché** piangi?

7.2 Il pronome e aggettivo *uter?, utra?, utrum?*

L'**aggettivo e pronome *uter?***, ***utra?***, ***utrum?***, "chi dei due?", "quale delle due cose?", si declina come gli **aggettivi pronominali** (→ p. 32).

Esso è generalmente usato al singolare e più raramente al plurale, quando si riferisce a gruppi di persone e di cose o quando è unito ai *pluralia tantum*. In **funzione**

di pronome, è generalmente accompagnato da un altro pronome, personale o dimostrativo, in caso genitivo (partitivo → p. 144); in **funzione di aggettivo**, concorda in genere, numero e caso con il sostantivo a cui si riferisce.

▶ ***Uter nostrum*** *est eloquentior?*
Chi di noi due è più eloquente?

▶ ***Utrius populi*** *Horatii,* ***utrius*** *Curiatii fuerunt?* (da Cicerone)
Di quale dei due popoli furono gli Orazi, **di quale** i Curiazi?

7.3 Pronomi e aggettivi composti di *quis?, quid?* e *qui?, quae?, quod?*

Esistono pronomi e aggettivi interrogativi **composti** da *quis?, quid?* o *qui?, quae?, quod?* con l'aggiunta di prefissi o suffissi:

- il pronome ***quisnam?, quidnam?***, "chi mai?", "che cosa mai?", e l'**aggettivo *quinam?, quaenam?, quodnam?***, "quale mai?", "quale cosa mai?", sono costituiti rispettivamente dal pronome *quis?, quid?* e dall'aggettivo *qui?, quae?, quod?* + il suffisso indeclinabile *-nam*;
- il pronome ***ecquis?, ecquid?***, "chi mai?", "forse qualcuno?", "che cosa mai?", "forse qualcosa?", e l'aggettivo ***ecqui?, ecqua?*** (o ***ecquae?***), ***ecquod?***, "forse alcuno?", "forse alcuna cosa?", sono costituiti rispettivamente dal pronome, *quis?, quid?* e dall'aggettivo *qui?, quae?, quod?* + il prefisso indeclinabile *ec-*.

7.4 Altri pronomi e aggettivi interrogativi

Altri pronomi e aggettivi interrogativi sono:

- ***quantus?, quanta?, quantum?***, aggettivo, "quanto grande?";
- ***qualis?, quale?***, aggettivo, "quale?";
- ***quot?***, aggettivo indeclinabile, "quanti?";
- ***quam multi?, quam multae?, quam multa?***, pronome, "quanti?", "quante?", "quante cose?".

8. I pronomi e gli aggettivi indefiniti

I **pronomi** e gli **aggettivi indefiniti** indicano **qualcuno** o **qualcosa in senso generico**. In latino, come in italiano, esistono diversi pronomi e aggettivi indefiniti, che si differenziano tra loro per il grado di **indeterminatezza**: si passa, infatti, ossia si passa dalla assoluta impossibilità di attestare con certezza anche l'esistenza di qualcuno o qualcosa a un livello di minore incertezza. L'aggettivo accompagna un nome, il pronome lo sostituisce.

8.1 *Quis, quid* e *qui, quae, quod*

Il **pronome *quis, quid***, "qualcuno", "qualcosa", e l'**aggettivo *qui, quae, quod***, "qualche", esprimono il **massimo grado** di **indeterminatezza** e indicano qualcuno o qualcosa di cui non è sicura neanche l'esistenza. Entrambi si usano dopo le congiunzioni *si*, "se", *nisi*, "se non", e le particelle interrogative *-ne, num* e *an*, "forse?", "forse che?".

▶ *Si* ***quis*** *id negat, errat.*
Se **qualcuno** nega ciò, sbaglia.

▶ *Num* ***quod periculum*** *est?*
Forse c'è **qualche pericolo**?

MORFOLOGIA

Di seguito, la declinazione del pronome ***quis***, ***quid***, "qualcuno", "qualcosa". L'aggettivo ***qui***, ***quae***, ***quod***, "uno", "qualche", si declina, invece, come il pronome relativo *qui, quae, quod* (→ p. 55).

	Singolare		Plurale	
	M. / F.	Neutro	M. / F.	Neutro
NOMINATIVO	*quis*	*quid*	*qui*	*quă / quae*
GENITIVO	*cuius*	*cuius rei*	*quorum*	*quarum rerum*
DATIVO	*cui*	*cui rei*	*quibus*	*quibus rebus*
ACCUSATIVO	*quem*	*quid*	*quos*	*quă / quae*
ABLATIVO	*quo*	*qua re*	*quibus*	*quibus rebus*

8.2 I composti di *quis, quid* e *qui, quae, quod*

Alcuni pronomi e aggettivi indefiniti si formano a partire da *quis, quid* o *qui, quae, quod* con l'aggiunta di prefissi o suffissi.

- Il **pronome *alĭquis***, ***alĭquid***, "qualcuno", "uno", "qualcosa", e l'**aggettivo *alĭqui***, ***alĭqua***, ***alĭquod***, "uno", "qualche", hanno, rispetto a *quis, quid* e a *qui, quae, quod*, un minore livello di indeterminatezza e indicano qualcuno o qualcosa di cui è sicura l'esistenza, ma che non si possono identificare con certezza.

▸ *Caesar **aliquem** mittebat.*
Cesare mandava **qualcuno**.

▸ ***Aliquis deus** tibi propitius erit.*
Un qualche dio ti sarà propizio.

Di seguito, la declinazione di ***alĭquis***, ***alĭquid*** e ***alĭqui***, ***alĭqua***, ***alĭquod***.

	Singolare		Plurale	
	M. / F.	Neutro	M. / F.	Neutro
NOMINATIVO	*alĭquis*	*alĭquid*	*alĭqui*	*alĭqua*
GENITIVO	*alicuius*	*alicuius rei*	*aliquōrum*	*aliquārum rerum*
DATIVO	*alĭcui*	*alĭcui rei*	*aliquĭbus*	*aliquĭbus rebus*
ACCUSATIVO	*alĭquem*	*alĭquid*	*alĭquos*	*alĭqua*
ABLATIVO	*alĭquo*	*alĭqua re*	*aliquĭbus*	*aliquĭbus rebus*

	Singolare			Plurale		
	Maschile	Femminile	Neutro	Maschile	Femminile	Neutro
NOMINATIVO	*alĭqui*	*alĭqua*	*alĭquod*	*alĭqui*	*alĭquae*	*alĭqua*
GENITIVO	*alicuius*	*alicuius*	*alicuius*	*aliquōrum*	*aliquārum*	*aliquōrum*
DATIVO	*alĭcui*	*alĭcui*	*alĭcui*	*aliquĭbus*	*aliquĭbus*	*aliquĭbus*
ACCUSATIVO	*alĭquem*	*alĭquam*	*alĭquod*	*alĭquos*	*alĭquas*	*alĭqua*
ABLATIVO	*alĭquo*	*alĭqua*	*alĭquo*	*aliquĭbus*	*aliquĭbus*	*aliquĭbus*

- Il **pronome *quidam***, ***quaedam***, ***quiddam*** e l'**aggettivo *quidam***, ***quaedam***, ***quoddam*** sono utilizzati per indicare qualcuno o qualcosa di cui è sicura l'esistenza, ma che non si vogliono o che non è necessario nominare e significano "un certo", "un tale".

MORFOLOGIA

▶ *Quidam ad Nervios pervenerat.*
Qualcuno era giunto presso i Nervi.

▶ *Quidam viri non tolerant dolores.*
Alcuni uomini non sopportano le sofferenze.

Di seguito, la declinazione di ***quidam***, ***quaedam***, ***quiddam***. L'aggettivo ***quidam***, ***quaedam***, ***quoddam*** se ne differenzia solo poi i casi diretti del neutro singolare.

	Singolare			Plurale		
	Maschile	Femminile	Neutro	Maschile	Femminile	Neutro
NOMINATIVO	*quidam*	*quaedam*	*quiddam*	*quidam*	*quaedam*	*quaedam*
GENITIVO	*cuiūsdam*	*cuiūsdam*	*cuiūsdam*	*quorundam*	*quarundam*	*quorundam*
DATIVO	*cuidam*	*cuidam*	*cuidam*	*quibusdam*	*quibusdam*	*quibusdam*
ACCUSATIVO	*quendam*	*quandam*	*quiddam*	*quosdam*	*quasdam*	*quaedam*
ABLATIVO	*quodam*	*quadam*	*quodam*	*quibusdam*	*quibusdam*	*quibusdam*

- Il **pronome *quisquam*, *quidquam*** significa "alcuno" e indica una persona o una cosa che non c'è o è improbabile che ci sia e si usa **solo in espressioni di senso negativo** in sostituzione di *aliquis*.

  ▶ *Non senatorum cuiquam credebat.*
  Non credeva ad alcuno dei senatori.

8.3 Gli indefiniti che significano "ciascuno", "ogni"

Esistono anche altri pronomi e aggettivi indefiniti, anch'essi composti di *quis*, *quid* e *qui*, *quae*, *quod*:
- ***quisque***, ***quidque***, **pronome**; ***quisque***, ***quaeque***, ***quodque***, **aggettivo**, "ciascuno", "ogni cosa";
- ***unusquisque***, ***unaquaeque***, ***unumquodque***, **aggettivo**, "ciascuno", "ogni", che presenta solo il singolare.

Questi pronomi e aggettivi hanno **valore distributivo**, ossia vengono utilizzati per indicare alcuni elementi di una totalità. Il pronome ***quisque***, ***quidque*** e l'aggettivo ***quisque***, ***quaeque***, ***quodque*** si usano:
- dopo un pronome interrogativo (→ p. 56) o relativo (→ p. 55);
- dopo un pronome riflessivo o possessivo di terza persona (→ pp. 50-51);
- dopo un superlativo (→ p. 38);
- dopo un numerale (→ p. 41).

▶ *Suum quisque noscat ingenium.* (Cicerone)
Ciascuno conosca la propria indole.

▶ *Ipse unumquemque militem nominat.*
Egli stesso chiama per nome ogni soldato.

8.4 I composti di *uter*

Tra i pronomi e gli aggettivi indefiniti rientrano anche i composti del pronome interrogativo *uter?*, *utra?*, *utrum?*, "quale dei due"?, che si declina come gli aggettivi pronominali (→ p. 32). Sono composti di *uter*:
- ***uterque***, ***utrăque***, ***utrumque***, "entrambi", "l'uno e l'altro (dei due)", composto da *uter* + *-que* indeclinabile.

– ***neuter*, *neutra*, *neutrum***, "né l'uno né l'altro (dei due)", composto da *ne* + *uter*.

▶ ***Uterque** cum illo graves inimicitias exercebat.* (Sallustio)
Entrambi nutrivano per quello grandi ostilità.

▶ ***Neuter** auxilia mittebat.*
Nessuno dei due mandava aiuti.

Di seguito la declinazione di ***uterque*, *utrăque*, *utrumque***, "entrambi", "l'uno e l'altro (dei due)".

	Singolare			Plurale		
	Maschile	Femminile	Neutro	Maschile	Femminile	Neutro
NOMINATIVO	*uterque*	*utrăque*	*utrumque*	*utrique*	*utraeque*	*utrăque*
GENITIVO	*utrīusque*	*utrīusque*	*utrīusque*	*utrorumque*	*utrarumque*	*utrorumque*
DATIVO	*utrīque*	*utrīque*	*utrīque*	*utrisque*	*utrisque*	*utrisque*
ACCUSATIVO	*utrumque*	*utramque*	*utrumque*	*utrosque*	*utrasque*	*utrăque*
ABLATIVO	*utrōque*	*utrāque*	*utrōque*	*utrisque*	*utrisque*	*utrisque*

8.5 I pronomi e gli aggettivi indefiniti per dire "altro"/ "altri"

In latino esistono diversi modi per indicare "un altro". Sono riepilogati nello schema seguente.

Pronome/Aggettivo	Significato	Caratteristiche	Declinazione
alter*, *altera*, *alterum	"altro (fra due)"	Presenta declinazione al singolare e al plurale	Si declina come gli aggettivi pronominali.
alius*, *alia*, *aliud	"altro (fra molti)"	Presenta declinazione al singolare e al plurale	Si declina come gli aggettivi pronominali.
cetĕri*, *cetĕrae*, *cetĕra	"tutti gli altri", "tutte le altre cose"	Presenta solo declinazione al plurale	Si declina come gli aggettivi di prima classe.
relĭqui*, *relĭquae*, *relĭqua	"gli altri restanti", "le altre cose restanti"	Presenta solo declinazione al plurale	Si declina come gli aggettivi di prima classe.

8.6 Gli indefiniti negativi

Tra i pronomi e gli aggettivi indefiniti ne esistono alcuni **negativi**, ossia quelli che significano "nessuno", "niente", "nessuna cosa".

▶ ***Nemo** est fortis.*
Nessuno *è forte.*

▶ ***Nihil** mihi scripsisti in illa epistula.*
Non mi scrivesti **niente** in quella lettera.

Di seguito la declinazione di ***nemo***, "nessuno" e ***nihil***, "niente".

	Nemo
NOMINATIVO	*nemo*
GENITIVO	*nullīus*
DATIVO	*nemini*
ACCUSATIVO	*neminem*
ABLATIVO	*nullo*

	Nihil
NOMINATIVO	*nihil*
GENITIVO	*nullīus rei*
DATIVO	*nulli rei*
ACCUSATIVO	*nihil*
ABLATIVO	*nulla re*

Osservazioni

- *Nemo* e *nihil* hanno **solo il singolare** e sono **difettivi** di alcune forme, per le quali si ricorre alle voci corrispondenti di *nullus*, *nulla*, *nullum*.
- Possono essere considerati indefiniti negativi anche:
  - l'aggettivo ***nullus***, ***nulla***, ***nullum*** (→ p. 32);
  - il pronome e aggettivo ***neuter***, ***neutra***, ***neutrum*** (composto di *uter*).

MORFOLOGIA

Lezione 6

Il verbo

1. Le caratteristiche fondamentali del verbo

Il **verbo** è la **parte fondamentale del discorso**, senza la quale nessuna espressione avrebbe senso compiuto.

Esprime l'**azione** che il soggetto compie o subisce, ma anche un **modo di essere** o la **condizione** in cui viene a trovarsi. Può subire vari cambiamenti nella parte finale, dando luogo alla **coniugazione**.

Gli elementi importanti della coniugazione verbale sono:
- il **modo**;
- il **tempo**;
- l'**aspetto**;
- la **persona** e il **numero**;
- la **forma**.

1.1 Il modo

Il **modo** definisce il **punto di vista** di chi parla o scrive: l'azione può, infatti, essere presentata come reale, oppure concepita come possibile, desiderata o supposta; essa, inoltre, può essere una semplice constatazione, un ordine o una preghiera.

I modi si distinguono in **finiti** e **indefiniti**.

I **modi finiti** hanno desinenza propria per ogni persona nel singolare e nel plurale. Essi sono:
- **indicativo**, che esprime la sfera della realtà, dell'oggettività: *lego*, "leggo";
- **congiuntivo**, che è il modo della soggettività ed esprime l'azione pensata o supposta, il desiderio, l'eventualità, la possibilità: *legam*, "che io legga", "potrei leggere" (in latino non esiste il condizionale, le cui funzioni sono assunte dal congiuntivo);
- **imperativo**, che non ha tutte le persone ed esprime un comando: *lege!*, "leggi!".

I **modi indefiniti** non hanno desinenze personali, ma presentano un'unica forma per tutte le persone. Questi modi vengono anche chiamati **forme nominali** del verbo, perché hanno la flessione propria dei nomi o degli aggettivi.

Sono **nomi verbali**:
- l'**infinito**: *laudare*, "lodare"; *laudavisse*, "aver lodato" ecc.
- il **gerundio**: *laudandi*, "di lodare"; *laudando*, "attraverso il lodare" ecc.;
- il **supino**: *laudatum*, "a lodare"; *laudatu*, "a essere lodato".

Sono **aggettivi verbali**:
- il **participio**: *laudans*, "che loda"; *laudaturus*, "che loderà"; *laudatus*, "lodato";
- il **gerundivo**: *laudandus*, "che deve essere lodato".

1.2 Il tempo

Il **tempo** indica **quando** l'azione si svolge, sia in termini assoluti (nel presente, nel passato o nel futuro), sia in termini relativi (contemporaneamente, anteriormente o posteriormente a un'altra azione). I tempi in latino sono sei:
- **presente**;
- **imperfetto**;
- **futuro semplice**;
- **perfetto**;
- **piuccheperfetto**;
- **futuro anteriore**.

1.3 L'aspetto

Per **aspetto** di un'azione o aspetto verbale si intende il punto di vista in base al quale il soggetto considera l'azione rispetto alla sua **compiutezza** o **durata**. Relativamente all'aspetto, il processo verbale può essere:
- **incompiuto**, detto dai grammatici latini *infectum* ("non compiuto"), se l'azione è in corso di svolgimento, come quella espressa dall'indicativo presente, imperfetto e futuro semplice;
- **compiuto**, in latino *perfectum* ("compiuto"), se l'azione è compiuta, come quella espressa dall'indicativo perfetto, piuccheperfetto e futuro anteriore.

1.4 La persona e il numero

Il verbo, in latino come in italiano, ha **due numeri**, **singolare** e **plurale**, e **tre persone**: **prima**, **seconda** e **terza**. L'imperativo presente ha soltanto la seconda persona singolare e plurale; l'imperativo futuro ha soltanto la seconda e terza persona singolare e plurale.

In latino, come in italiano, il verbo nei modi finiti si flette con **terminazioni** che definiscono la persona e il numero e che, quindi, sono sei.

La voce verbale può anche presentarsi senza riferimento a una persona singolare o plurale: in questo caso si parla di forma **impersonale**, che è espressa dalla terza persona singolare passiva: *dicitur*, "si dice" (lett. "è detto"). Anche i verbi intransitivi ammettono un uso impersonale, quindi assumono forma passiva: per es. *curritur*, "si corre"; *venitur*, "si giunge".

Alcuni verbi, come quelli che indicano **fenomeni atmosferici**, possiedono solo la **forma impersonale** per es. *pluit*, "piove"; *ningit*, "nevica") espressa in terza persona, ma non in forma passiva: anticamente, infatti, si credeva che a ogni fenomeno naturale presiedesse una potenza divina.

1.5 La forma

Dal punto di vista morfologico, due sono le **forme** (o **diatesi**) con cui si presenta un verbo latino:
- **attiva**, quando la voce verbale esprime un'azione compiuta dal soggetto o una condizione in cui esso si trova: per es. *laudo*, "lodo";

– **passiva**, quando la voce verbale indica un'azione subita dal soggetto: per es. *laudor*, "sono lodato".

Dagli esempi emerge una differenza tra latino e italiano: in latino, il **passivo** è costituito da una **forma organica** con desinenze specifiche, mentre in italiano si usa una forma perifrastica, costituita dal participio passato e dal verbo "essere".

Come in italiano, anche in latino sono solo i verbi transitivi ad avere entrambe le forme; i verbi intransitivi hanno solo la forma attiva.

In latino, a differenza di quanto avviene in italiano, esiste una categoria di verbi, sia transitivi, sia intransitivi, che presentano una **forma passiva ma un significato attivo** o riflessivo: si tratta dei verbi **deponenti**. Per esempio, *hortor* si coniuga con le terminazioni proprie del passivo, ma significa "esorto" e non "sono esortato": è, quindi, un deponente transitivo; *proficiscor*, che significa "parto", è invece un deponente intransitivo.

Alcuni verbi, infine, nei tempi derivati dal **tema del presente** hanno **forma attiva**, in quelli derivati dal **tema del perfetto** hanno **forma passiva**: si tratta dei verbi **semideponenti**, tra cui *gaudeo, gaudes, gavisus sum, gaudere*, "provare piacere".

1.6 Verbi transitivi e verbi intransitivi

Come in italiano, anche i verbi latini possono essere **transitivi** (ossia possono reggere un complemento oggetto) o **intransitivi**.

▶ *Lucius et Fabia* ***dissipant*** *cibum.*
Lucio e Fabia **sprecano** il cibo.

▶ *Lucius et Fabia in culina* ***ludunt****.*
Lucio e Fabia **giocano** in cucina.

Solo i verbi transitivi possono essere coniugati nella forma passiva.

2. Le coniugazioni

In latino ci sono **quattro coniugazioni** che hanno rispettivamente l'infinito presente attivo in: ***-āre***, ***-ēre***, ***-ĕre***, ***-īre***. Ogni coniugazione ha una **vocale tematica**, ossia una vocale che la caratterizza. Le vocali tematiche sono:

– ***-ā-*** per la prima coniugazione (per es. *laudāre*, "lodare");
– ***-ē-*** per la seconda (per es. *monēre*, "ammonire");
– ***-ĕ-*** per la terza (per es. *legĕre*, "leggere");
– ***-ī-*** per la quarta (per es. *audīre*, "ascoltare").

La seconda e la terza coniugazione si differenziano per la quantità della vocale *-e-*, che è lunga nell'infinito della seconda coniugazione e breve in quello della terza. Oltre alle quattro coniugazioni, esiste una **coniugazione mista**, costituita dai cosiddetti **verbi in *-io***.

2.1 I verbi in *-io*

I verbi in ***-io*** presentano una **coniugazione mista**, in quanto seguono in parte la terza coniugazione e in parte la quarta. La loro difformità dipende dalla **vocale tematica**: hanno, a differenza dei verbi della quarta coniugazione, la ***-ĭ-*** al posto della *-ī-*. La presenza della *-ĭ* determina, tra i verbi in *-io* e quelli della quarta coniugazione, significative differenze in alcune voci verbali, perché la vocale si mantiene sempre

breve (per es. *capĭte* contro *audīte*); essa inoltre si tramuta in *-ĕ-* nei casi in cui è seguita dalla consonante *-r-* e quando si trova in fine di parola (per es. *capĭre* → *capĕre* e *capĭ* → *capĕ*). I verbi in *-io*, quindi, seguono di base la quarta coniugazione (con importanti differenze nell'accentazione), ma presentano uscite analoghe a quelle dei verbi della terza coniugazione nelle seguenti forme verbali:
- imperativo presente;
- infinito presente attivo e passivo;
- 2ª pers. sing. dell'indicativo presente passivo;
- congiuntivo imperfetto attivo e passivo.

3. Il paradigma verbale

Di ogni verbo latino il dizionario riporta il **paradigma**, ossia l'insieme delle voci fondamentali dalle quali derivano tutti i modi e i tempi:
- la prima e la seconda persona singolare dell'indicativo presente attivo;
- la prima persona singolare dell'indicativo perfetto attivo;
- il supino;
- l'infinito presente attivo.

  ▶ *laudo, laudas, laudavi, laudatum, laudare*

Da queste forme, infatti, si ricavano i vari temi che sono alla base della coniugazione completa del verbo.

4. I temi verbali, le desinenze e le terminazioni

Le forme verbali sono costituite da un **tema verbale** e da una **terminazione**: in quest'ultima si fondono insieme **suffissi temporali** o **modali** e **desinenze personali**.

4.1 I temi verbali

Tutte le forme del verbo latino derivano da **tre temi verbali**:
- il **tema del presente**, che si chiama anche tema dell'***infectum***, ossia "dell'incompiuto", e si ottiene togliendo la desinenza *-re* all'infinito presente attivo (per es. *laudare* → tema del presente: *lauda-*). Esso è costituito dalla **radice**, ossia la parte del verbo che ne indica il significato e che si mantiene inalterata (per es. *laudare* → radice *laud*), insieme alla **vocale tematica** (nel caso di *laudare*, *-a-*);
- il **tema del perfetto**, detto anche tema del ***perfectum***, ossia "del compiuto", che si ottiene togliendo la desinenza *-i* alla prima persona singolare dell'indicativo perfetto (per es. *laudavi* → tema del perfetto: *laudav-*);
- il **tema del supino**, che si ottiene togliendo al supino stesso la terminazione *-um* (per es. *laudatum*, tema del supino: *laudat-*).

I modi e i tempi dei verbi, in latino, si formano aggiungendo ai tre temi fondamentali le terminazioni (o uscite) proprie di ciascuna coniugazione.

4.2 Le desinenze e le terminazioni

La **desinenza** è la **parte finale** del verbo, che, nei modi finiti, indica le persone e, in alcuni modi indefiniti, marca il genere, il numero e il caso. Spesso, fra questi due elementi, è possibile trovare un **suffisso temporale** o **modale**, che è la parte che caratterizza i tempi e i modi.

Le **desinenze personali** sono proprie dei **modi finiti**. Le attive sono uguali per tutti i tempi dei modi finiti (eccetto l'indicativo perfetto e l'imperativo), le passive e deponenti sono uguali per i tempi derivati dal tema del presente.

	Desinenze personali dei modi finiti	
	Desinenze attive	Desinenze passive e deponenti
1ª SING.	*-o* / *-m*	*-or* / *-r*
2ª	*-s*	*-ris*
3ª	*-t*	*-tur*
1ª PLUR.	*-mus*	*-mur*
2ª	*-tis*	*-mĭni*
3ª	*-nt*	*-ntur*

	Desinenze del perfetto attive
	Desinenze
1ª SING.	*-ī*
2ª	*-ĭsti*
3ª	*-ĭt*
1ª PLUR.	*-ĭmus*
2ª	*-ĭstis*
3ª	*-ērunt* / *ēre*

Desinenze dell'imperativo		
Presente		Futuro
Attivo	Passivo	Attivo
2ª SING. (= puro tema)	2ª SING. *-re*	2ª SING. *-to*
		3ª SING. *-to*
2ª PLUR. *-te*	2ª PLUR. *-mini*	2ª PLUR. *-tote*
		3ª PLUR. *-nto*

La **terminazione** (o uscita) è costituita dall'unione degli eventuali suffissi temporali o modali con la desinenza: in *lauda-**ba-m***, "lodavo", la terminazione -***bam*** è costituita dal suffisso temporale -***ba***-, proprio dell'imperfetto, e dalla desinenza della prima persona singolare -***m***.

5. La formazione dei modi e dei tempi

I verbi latini formano modi e tempi secondo il seguente schema.
Dal **tema del presente** si formano:

PRESENTE	INDICATIVO	*laud-o*	lodo
	CONGIUNTIVO	*laud-em*	che io lodi
	IMPERATIVO	*laud-a*	loda!
	INFINITO	*laud-are*	lodare
	PARTICIPIO	*laud-ans*	lodando
	GERUNDIO	*laud-andi*	di lodare
	GERUNDIVO	*laud-andus, -a, -um*	da lodare
IMPERFETTO	INDICATIVO	*laud-abam*	lodavo
	CONGIUNTIVO	*laud-arem*	che io lodassi, loderei
FUTURO	INDICATIVO	*laud-abo*	loderò
	IMPERATIVO	*laud-ato*	loderai

Dal **tema del perfetto** si formano:

PERFETTO	INDICATIVO CONGIUNTIVO INFINITO	*laudav-i* *laudav-erim* *laudav-isse*	lodai che abbia lodato avere lodato
PIUCCHEPERFETTO	INDICATIVO CONGIUNTIVO	*laudav-eram* *laudav-issem*	avevo lodato che avessi lodato, avrei lodato
FUTURO ANTERIORE	INDICATIVO	*laudav-ero*	avrò lodato

Dal **tema del supino** si formano:

SUPINO	ATTIVO PASSIVO	*laudatum* *laudatu*	a lodare a lodarsi
PARTICIPIO	PERFETTO FUTURO	*laudatus,-a, -um* *laudaturus, -a, -um*	lodato che sta per lodare
INFINITO FUTURO	ATTIVO PASSIVO	*laudaturum, -a, -um esse* *laudatum iri*	stare per lodare stare per essere lodato
PASSIVO DEI TEMPI DEL *PERFECTUM*		*laudatus, -a, -um sum...* *laudatus, -a, -um eram...* *laudatus, -a, -um ero...* *laudatus, -a, -um sim...* *laudatus, -a, -um essem...*	fui lodato ero stato lodato sarò stato lodato che sia stato lodato che fossi stato lodato, sarei stato lodato

6. I modi finiti

6.1 L'indicativo

L'**indicativo** è il modo dell'**oggettività**. Esso comprende sei tempi:
– **presente**, **imperfetto** e **futuro semplice**, che si formano dal tema del presente;
– **perfetto**, **piuccheperfetto** e **futuro anteriore**, che si formano dal tema del perfetto (all'attivo) e dal tema del supino (al passivo).

6.2 L'indicativo presente

L'**indicativo presente attivo** e **passivo** delle quattro coniugazioni si forma aggiungendo le **desinenze personali** al **tema del presente**.

▶ *lauda-**s***, "lodi"

Tema del presente + **Desinenze personali**

6.3 L'indicativo imperfetto

L'**indicativo imperfetto attivo** e **passivo** delle quattro coniugazioni forma aggiungendo al tema del presente il **suffisso temporale** -***ba***- e le **desinenze personali**.

▶ *lauda-**ba-m***, "lodavo"

Tema del presente	+	Suffisso temporale *-ba-*	+	Desinenze personali

Le **terminazioni** dell'indicativo imperfetto attivo e passivo delle quattro coniugazioni sono, quindi, le seguenti.

Attivo	
1ª PERS. SING.	***-ba-m***
2ª	***-ba-s***
3ª	***-ba-t***
1ª PERS. PLUR.	***-ba-mus***
2ª	***-ba-tis***
3ª	***-ba-nt***

Passivo	
1ª PERS. SING.	***-ba-r***
2ª	***-bā-ris***
3ª	***-bā-tur***
1ª PERS. PLUR.	***-bā-mur***
2ª	***-ba-mĭni***
3ª	***-bā-ntur***

6.4 L'indicativo futuro semplice

L'**indicativo futuro semplice attivo e passivo** delle quattro coniugazioni nella **prima e seconda coniugazione** ha un **suffisso temporale** (*-b-*/*-bĭ-*/*-bŭ-*) a cui si aggiungono le **desinenze personali**; nella **terza e quarta** coniugazione presenta l'alternanza della **vocale** *-a-*/*-ē-* come suffisso temporale, seguita dalle desinenze personali.

▶ *lauda-**bĭ-mus***, "loderemo"
▶ *lauda-**bū-ntur***, "saranno lodati"
▶ *leg-**a-m***, "leggerò"
▶ *leg-**e-nt***, "leggeranno"

Prima e seconda coniugazione

Tema del presente	+	Suffisso temporale (*-b-*/*-bĭ-*/*-bŭ-*)	+	Desinenze personali

Terza e quarta coniugazione

Tema del presente	+	Vocale *-a-*/*-ē-*	+	Desinenze personali

Le **terminazioni** dell'indicativo futuro semplice attivo e passivo delle quattro coniugazioni sono, quindi, le seguenti:

Prima e seconda coniugazione

Attivo	
1ª PERS. SING.	***-bo***
2ª	***-bi-s***
3ª	***-bi-t***
1ª PERS. PLUR.	***-bĭ-mus***
2ª	***-bĭ-tis***
3ª	***-bu-nt***

Passivo	
1ª PERS. SING.	***-bo-r***
2ª	***-bĕ-ris***
3ª	***-bĭ-tur***
1ª PERS. PLUR.	***-bĭ-mur***
2ª	***-bi-mĭni***
3ª	***-bū-ntur***

Terza e quarta coniugazione

Attivo	
1ª PERS. SING.	*-a-m*
2ª	*-e-s*
3ª	*-e-t*
1ª PERS. PLUR.	*-e-mus*
2ª	*-e-tis*
3ª	*-e-nt*

Passivo	
1ª PERS. SING.	*-a-r*
2ª	*-ē-ris*
3ª	*-ē-tur*
1ª PERS. PLUR.	*-ē-mur*
2ª	*-ē-mĭni*
3ª	*-ē-ntur*

6.5 L'indicativo perfetto

L'**indicativo perfetto attivo** delle quattro coniugazioni e l'indicativo perfetto del verbo *sum* si formano aggiungendo al **tema del perfetto** le **desinenze** proprie del **perfetto**.

▶ *laudav-**isti***, "tu lodasti", "hai lodato", "avesti lodato"

Tema del perfetto + **Desinenze del perfetto**

Il perfetto ha un tema proprio, diverso dal tema del presente. Esistono cinque **tipologie differenti** di **tema del perfetto**, che si formano rispettivamente nei seguenti modi:

1. aggiungendo una **sillaba** alla radice del verbo (**perfetto con raddoppiamento**): è una formazione caratteristica della terza coniugazione. Solo quattro verbi della seconda (*mordeo, pendeo, spondeo, tendeo*) e due della prima (*do, sto*) presentano tale perfetto;

   ▶ *pello, -is, pepŭli, pulsum, -ĕre*; *mordeo, -es, momōrdi, morsum, -ēre*; *do, das, dedi, datum, -are*

2. allungando la **vocale interna** della radice; in qualche caso l'allungamento comporta anche il mutamento della vocale (**perfetto con vocale lunga**);

   ▶ *vĭdeo, -es, vīdi, visum, vidēre*; *ăgo, is, ēgi, actum, -ĕre*

3. aggiungendo una -***s***- alla radice (**perfetto sigmatico**);

   ▶ *augeo, -es, auxi* (*aug+s+i*), *auctum, -ēre*; *ardo, -is, arsi* (*ard+s+i*), *arsum, -ĕre*; *uro, -is, ussi* (*ur+s+i*), *ustum, -ĕre*

4. inserendo una -***v***- tra la vocale tematica e le desinenze del perfetto (**perfetto in -*vi*-**);

   ▶ *laudo, -as, laudavi, laudatum, -are*; *deleo, -es, delēvi, deletum, -ēre*

5. aggiungendo una -***u***- alla radice, prima delle desinenze del perfetto (**perfetto in -*ui*-**).

   ▶ *veto, -as, vetui, vetĭtum, -are*; *timeo, -es, timŭi, -ēre*

L'**indicativo perfetto passivo** presenta una forma perifrastica formata dal **participio perfetto** e dall'**indicativo presente** del **verbo** ***sum***.

▶ ***laudatus sum***, "fui lodato", "sono stato lodato", "fui stato lodato"

Participio perfetto + **Indicativo presente di *sum***

6.6 L'indicativo piuccheperfetto

L'**indicativo piuccheperfetto attivo** delle quattro coniugazioni e l'indicativo piuccheperfetto del verbo *sum* si formano a partire dal **tema del perfetto** al quale si aggiungono il **suffisso temporale** -*ĕra*- e le **desinenze personali**.

▶ *laudav*-***era-mus***, "noi avevamo lodato"

Tema del perfetto + **Suffisso temporale -*ĕra*-** + **Desinenze personali**

Le **terminazioni** dell'indicativo piuccheperfetto attivo delle quattro coniugazioni e dell'indicativo piuccheperfetto del verbo *sum* sono, quindi, le seguenti:

1ª PERS. SING.	*-ĕra-m*
2ª	*-ĕra-s*
3ª	*-ĕra-t*
1ª PERS. PLUR.	*-erā-mus*
2ª	*-erā-tis*
3ª	*-ĕra-nt*

L'**indicativo piuccheperfetto passivo** delle quattro coniugazioni presenta una forma perifrastica formata dal **participio perfetto** e dall'**indicativo imperfetto** del **verbo** ***sum***.

▶ ***laudatus eram***, "ero stato lodato"

Participio perfetto + **Indicativo imperfetto di *sum***

6.7 L'indicativo futuro anteriore

L'**indicativo futuro anteriore attivo** delle quattro coniugazioni e l'indicativo futuro anteriore del verbo *sum* si formano a partire dal tema del perfetto, a cui si aggiunge il **suffisso temporale** -*ĕri*- e le **desinenze personali**.

▶ *laudav*-***erĭ-tis***, "voi avrete lodato"

Tema del perfetto + **Suffisso temporale -*ĕri*-** + **Desinenze personali**

Le **terminazioni** dell'indicativo futuro anteriore attivo delle quattro coniugazioni e dell'indicativo futuro anteriore del verbo *sum* sono, quindi, le seguenti:

1ª PERS. SING.	***-ĕr-o***
2ª	***-ĕri-s***
3ª	***-ĕri-t***
1ª PERS. PLUR.	***-erĭ-mus***
2ª	***-erĭ-tis***
3ª	***-ĕru-nt***

L'**indicativo futuro anteriore passivo** delle quattro coniugazioni presenta una forma perifrastica formata dal **participio perfetto** e dal futuro semplice del **verbo *sum***.

- ***laudatus ero***, "sarò stato lodato"

Participio perfetto + **Futuro semplice di *sum***

6.8 Il congiuntivo

Il congiuntivo ha quattro tempi: **presente**, **imperfetto**, **perfetto** e **piuccheperfetto**, che corrispondono ai quattro tempi del congiuntivo italiano; nel presente, nell'imperfetto e talvolta nel perfetto può equivalere anche al condizionale presente dell'italiano, mentre nel piuccheperfetto (e talvolta nell'imperfetto) può equivalere al condizionale passato.
Il congiuntivo comprende quattro tempi:
- **presente** e **imperfetto**, che si formano dal tema del presente;
- **perfetto** e **piuccheperfetto**, che si formano dal tema del perfetto (all'attivo) e dal tema del supino (al passivo).

6.9 Il congiuntivo presente

Il **congiuntivo presente attivo** e **passivo** delle quattro coniugazioni si forma aggiungendo al **tema del presente** il **suffisso temporale-modale** -*ā*- per la seconda, terza e quarta coniugazione, -*ē*- per la prima coniugazione, seguito dalle **desinenze personali**.

- *monĕ-**ā-s***, "che tu ammonisca"
- *leg-**ā-t***, "che egli legga"
- *laud-**ē-mus***, "che noi lodiamo"

A causa dell'incontro col suffisso la vocale tematica viene meno nella prima e nella terza coniugazione.

Tema del presente + **Suffisso temporale-modale -*ā*-/-*ē*-** + **Desinenze personali**

Le **terminazioni** del congiuntivo presente attivo e passivo delle quattro coniugazioni sono, quindi, le seguenti:

MORFOLOGIA

Prima coniugazione

Attivo	
1ª PERS. SING.	*-e-m*
2ª	*-e-s*
3ª	*-e-t*
1ª PERS. PLUR.	*-ē-mus*
2ª	*-ē-tis*
3ª	*-e-nt*

Passivo	
1ª PERS. SING.	*-e-r*
2ª	*-ē-ris*
3ª	*-ē-tur*
1ª PERS. PLUR.	*-ē-mur*
2ª	*-ē-mĭni*
3ª	*-ē-ntur*

Terza e quarta coniugazione

Attivo	
1ª PERS. SING.	*-a-m*
2ª	*-a-s*
3ª	*-a-t*
1ª PERS. PLUR.	*-ā-mus*
2ª	*-ā-tis*
3ª	*-a-nt*

Passivo	
1ª PERS. SING.	*-a-r*
2ª	*-ā-ris*
3ª	*-ā-tur*
1ª PERS. PLUR.	*-ā-mur*
2ª	*-a-mĭni*
3ª	*-ā-ntur*

6.10 Il congiuntivo imperfetto

Il **congiuntivo imperfetto attivo** e **passivo** delle quattro coniugazioni si forma aggiungendo al **tema del presente** il **suffisso temporale-modale** *-rē-* (che deriva da *-se-*) e le **desinenze personali.**

▶ *mitt-ĕ-**re-m***, "che mandassi", "manderei"

Tema del presente + **Suffisso temporale -modale *-rē-*** + **Desinenze personali**

Le **terminazioni** del congiuntivo imperfetto delle quattro coniugazioni sono, quindi, le seguenti:

Attivo	
1ª PERS. SING.	*-re-m*
2ª	*-re-s*
3ª	*-re-t*
1ª PERS. PLUR.	*-rē-mus*
2ª	*-rē-tis*
3ª	*-re-nt*

Passivo	
1ª PERS. SING.	*-re-r*
2ª	*-rē-ris*
3ª	*-rē-tur*
1ª PERS. PLUR.	*-rē-mur*
2ª	*-re-mĭni*
3ª	*-rē-ntur*

6.11 Il congiuntivo perfetto

Il **congiuntivo perfetto attivo** delle quattro coniugazioni e il congiuntivo perfetto del verbo *sum* si formano aggiungendo al **tema del perfetto** il **suffisso temporale-modale** *-ĕri-* e le **desinenze personali.**

▶ *mis-**ĕri-m***, "che io abbia mandato"

Tema del perfetto	+	**Suffisso temporale -modale -*ĕri*-**	+	**Desinenze personali**

Le **terminazioni** del congiuntivo perfetto attivo delle quattro coniugazioni e del congiuntivo perfetto del verbo *sum* sono, quindi, le seguenti:

1ª PERS. SING.	*-**ĕri-m***
2ª	*-**ĕri-s***
3ª	*-**ĕri-t***
1ª PERS. PLUR.	*-**erĭ-mus***
2ª	*-**erĭ-tis***
3ª	*-**ĕri-nt***

Il **congiuntivo perfetto passivo** delle quattro coniugazioni presenta una **forma perifrastica** costituita dal **participio perfetto** e dal **congiuntivo presente** del verbo ***sum***.

▶ ***missus sim***, "che io sia stato mandato"

Participio perfetto	+	**Congiuntivo presente di *sum***

6.12 Il congiuntivo piuccheperfetto

Il **congiuntivo piuccheperfetto attivo** delle quattro coniugazioni e il congiuntivo piuccheperfetto del verbo *sum* si formano aggiungendo al **tema del perfetto** il **suffisso temporale-modale** -*īsse*- e le **desinenze personali**.

▶ *audiv-**īsse-m***, "che avessi udito", "avrei udito"

Tema del perfetto	+	**Suffisso -*īsse*-**	+	**Desinenze personali**

Le **terminazioni** del congiuntivo piuccheperfetto attivo delle quattro coniugazioni e del congiuntivo piuccheperfetto del verbo *sum* sono, quindi, le seguenti:

1ª PERS. SING.	*-**īsse-m***
2ª	*-**īsse-s***
3ª	*-**īsse-t***
1ª PERS. PLUR.	*-**issē-mus***
2ª	*-**issē-tis***
3ª	*-**īsse-nt***

Il **congiuntivo piuccheperfetto passivo** presenta una **forma perifrastica** costituita dal **participio perfetto** e dal **congiuntivo imperfetto** del verbo ***sum***.

▶ ***auditus essem***, “che fossi stato udito”, “sarei stato udito”

Participio perfetto + **Congiuntivo imperfetto di *sum***

6.13 L’imperativo

L’**imperativo** ha due tempi: **presente** e **futuro**. L’imperativo presente ha soltanto la seconda persona singolare e plurale, mentre l’imperativo futuro ha la seconda e terza persona singolare e plurale.

L’imperativo presente e futuro attivo si forma aggiungendo al **tema del presente** le **desinenze dell’imperativo**.

▶ *monē-**te***, “ammonite!”
▶ *monē-**nto***, “ammoniranno!”

Tema del presente + **Desinenze dell’imperativo**

L’imperativo presente e futuro passivo è inutilizzato.

7. I modi indefiniti

7.1 Il participio

Il **participio** ha tre tempi:

– **presente**, che si forma dal **tema del presente** con l’aggiunta del **suffisso** *-**nt**-* e delle **desinenze della terza declinazione** (con ablativo singolare in *-e* e genitivo plurale in *-ium*);

▶ *legens*, nom., “che legge / leggeva”, “leggendo”
▶ *legē-**nt**-**is***, gen., “di colui che legge / leggeva

Tema del presente + **Suffisso *-nt-*** + **Desinenze della terza declinazione**

– **perfetto**, che si forma dal **tema del supino**, a cui si aggiungono le **desinenze degli aggettivi di prima classe** *-**us**, -**a**, -**um***;

▶ *lect-**us**, -**a**, -**um***, “letto”, “che è stato letto”

Tema del supino + **Desinenze *-us, -a, -um***

– **futuro**, che si forma dal **tema del supino**, a cui si aggiungono il **suffisso** *-**ūr**-* e le desinenze **degli aggettivi di prima classe** *-**us**, -**a**, -**um***.

▶ *lect-**ūr**-**us**, -**a**, -**um***, “che leggerà”

Tema del supino + **Suffisso *-ūr-*** + **Desinenze *-us, -a, -um***

7.2 L'infinito

L'**infinito** ha tre tempi:

- **presente**, che si forma dal **tema del presente**:
  - la forma attiva, con l'aggiunta della desinenza *-**re**;*
    - ▶ *legĕ-**re***, "leggere"
  - la **forma passiva**, con l'aggiunta della desinenza *-**ri***, tranne che per la terza coniugazione, la cui desinenza è *-**i*** e si aggiunge direttamente alla radice.
    - ▶ *amā-**ri***, "essere amato"
    - ▶ *leg-**i***, "essere letto"

Forma attiva

Tema del presente + Desinenza *-re*

Forma passiva

Tema del presente + Desinenza *-ri*

Radice + Desinenza *-i-*

- **perfetto**, che si forma da due temi diversi:
  - all'**attivo** dal **tema del perfetto**, con l'aggiunta della desinenza *-**īsse***;
    - ▶ *laudav-**īsse***, "avere lodato"
  - al **passivo** dal **tema del supino**, con l'aggiunta delle desinenze *-**um***; *-**am***, *-**um*** al singolare e *-**os***, *-**as***, *-**a*** al plurale (si tratta delle forme dell'accusativo del participio perfetto) + ***esse***.
    - ▶ *laudat-**um***, *-**am***, *-**um** **esse***, "essere stato lodato"

Forma attiva

Tema del perfetto + Desinenza *-īsse*

Forma passiva

Tema del supino + Desinenze *-um, -am, -um* e *-os, -as, -a* + *esse*

- **futuro**, che si forma, anch'esso, da due temi diversi:
  - all'attivo dal **tema del supino**, con l'aggiunta delle terminazioni *-**ūrum***, *-**ūram***, *-**ūrum*** al singolare e *-**ūros***, *-**ūras***, *-**ūra*** al plurale (accusativo del participio futuro) + ***esse***;

▶ *laudat-**ūrum***, -***ūram***, -***ūrum esse***, “stare per lodare”

– nella **forma passiva** è costituito dal **supino** seguito da ***iri***.

▶ ***laudātum iri***, “stare per essere lodato”

Forma attiva

Tema del supino	+	Terminazioni -*ūrum*, -*ūram*, -*ūrum* e -*ūros*, -*ūras*, -*ūra*	+	*esse*

Forma passiva

Supino	+	*iri*

7.3 Il gerundio

Il gerundio latino è un **sostantivo verbale** che permette di **declinare** l'**infinito** nei casi obliqui e nell'accusativo con preposizione. Ha solo **valore attivo** ed è proprio di tutti i verbi, transitivi e intransitivi, attivi e deponenti. Si forma dal **tema del presente** con l'aggiunta del **suffisso** -***nd***- e delle desinenze della **seconda declinazione:**

▶ *laudā-**nd-i***, gen., “di lodare”

▶ *laudā-**nd-o***, dat., “al / per il lodare”

▶ (*ad*) *laudā-**nd-um***, acc., “a / per il lodare”

▶ *laudā-**nd-o***, abl., “col lodare”

Tema del presente	+	Suffisso -*nd*-	+	Desinenze di seconda declinazione al neutro singolare

7.4 Il gerundivo

Il gerundivo è un **aggettivo verbale** che ha **valore passivo**; per cui è proprio dei verbi transitivi attivi e deponenti. Si forma dal **tema del presente** a cui si aggiungono il **suffisso** -***nd***- e le desinenze degli **aggettivi di prima classe** -*us*, -*a*, -*um*.

▶ *laudā-**nd-us***, -***a***, -***um***, “che deve essere lodato”

Tema del presente	+	Suffisso -*nd*-	+	Desinenze -*us*, -*a*, -*um*

7.5 Il supino

Il supino è un **antico sostantivo verbale** della quarta declinazione, di cui sono rimaste solo le **due forme** dell'**accusativo singolare** in -***um*** (**supino** in -***um*** o **attivo**) e dell'**ablativo singolare** in -***u*** (**supino** in -***u*** o **passivo**). Togliendo dal supino attivo l'uscita -*um* si ricava il **tema del supino**, da cui si formano molti modi indefiniti.

▶ ***petitum***, “a chiedere” ▶ ***visu***, “a vedersi”

La formazione del supino presenta numerose eccezioni: basterà qui ricordare che il supino in -*um* dei verbi attivi è indicato nel dizionario come penultima voce del paradigma verbale.

■ Le coniugazioni attive e passive

La 1ª coniugazione: *laudo, -as, -āvi, -ātum, -āre*, “lodare”

Attivo

Indicativo		Congiuntivo		Imperativo	
Presente		**Presente**		**Presente**	
laudo	lodo	*laudem*	che lodi		
laudas		*laudes*		*laudā*	loda!
laudat		*laudet*			
laudāmus		*laudēmus*			
laudātis		*laudētis*		*laudāte*	
laudant		*laudent*			
Imperfetto		**Imperfetto**		**Futuro**	
laudābam	lodavo	*laudārem*	che lodassi*		
laudābas		*laudāres*		*laudāto*	loderai!
laudābat		*laudāret*		*laudāto*	
laudabāmus		*laudarēmus*			
laudabātis		*laudarētis*		*laudatōte*	
laudābant		*laudārent*		*laudānto*	

Indicativo		Infinito	
Futuro semplice			
laudābo	loderò	PRESENTE	*laudāre* lodare
laudābis		PERFETTO	*laudavīsse* avere lodato
laudābit		FUTURO	*laudatūrum, -am,- um esse*
laudābĭmus			*laudatūros, -as, -a esse*
laudābĭtis			stare per lodare
laudābunt			

Indicativo		Congiuntivo		Participio	
Perfetto		**Perfetto**			
laudāvi	lodai / ho lodato	*laudavĕrim*	che abbia lodato	PRESENTE	*laudans, -āntis*
laudavīsti		*laudavĕris*			lodando / che loda (lodava)
laudāvit		*laudavĕrit*			
laudavĭmus		*laudaverĭmus*		FUTURO	*laudatūrus, -a, -um*
laudavīstis		*laudaverĭtis*			che sta (stava) per lodare
laudavērunt (*laudavēre*)		*laudavĕrint*			

Indicativo		Congiuntivo		Gerundio	
Piuccheperfetto		**Piuccheperfetto**			
laudavĕram	avevo lodato	*laudavīssem*	che avessi lodato*	GEN. *laudāndi*	del lodare
laudavĕras		*laudavīsses*		DAT. *laudāndo*	a lodare
laudavĕrat		*laudavīsset*		ACC. (*ad*) *laudāndum*	per lodare
laudaverāmus		*laudavissēmus*		ABL. *laudāndo*	col lodare
laudaverātis		*laudavissētis*			
laudavĕrant		*laudavīssent*			

Indicativo		Supino	
Futuro anteriore			
laudavĕro	avrò lodato	*laudātum*	a / per lodare
laudavĕris			
laudavĕrit			
laudaverĭmus			
laudaverĭtis			
laudavĕrint			

* Il congiuntivo imperfetto e piuccheperfetto possono corrispondere anche al condizionale presente e passato italiani.

▶ *laudarem*, “loderei”
▶ *laudavissem*, “avrei lodato”

MORFOLOGIA

Passivo

Indicativo

Presente	
*laud**or***	sono lodato
*laud**āris***	
*laud**ātur***	
*laud**āmur***	
*laud**amĭni***	
*laud**āntur***	

Imperfetto	
*laud**ābar***	ero lodato
*laud**abāris***	
*laud**abātur***	
*laud**abāmur***	
*laud**abāmĭni***	
*laud**ābantur***	

Futuro semplice	
*laud**ābor***	sarò lodato
*laud**abĕris***	
*laud**abĭtur***	
*laud**abĭmur***	
*laud**abimĭni***	
*laud**abūntur***	

Perfetto		
*laudāt**us**, -**a**, -**um***	*sum*	fui / sono stato lodato
	es	
	est	
*laudāt**i**, -**ae**, -**a***	*sumus*	
	estis	
	sunt	

Piuccheperfetto		
*laudāt**us**, -**a**, -**um***	*eram*	ero stato lodato
	eras	
	erat	
*laudāt**i**, -**ae**, -**a***	*erāmus*	
	erātis	
	erant	

Futuro anteriore		
*laudāt**us**, -**a**, -**um***	*ero*	sarò stato lodato
	eris	
	erit	
*laudāt**i**, -**ae**, -**a***	*erĭmus*	
	erĭtis	
	erunt	

Congiuntivo

Presente	
*laud**er***	che sia lodato
*laud**ēris***	
*laud**ētur***	
*laud**ēmur***	
*laud**emĭni***	
*laud**ēntur***	

Imperfetto	
*laud**ārer***	che fossi lodato*
*laud**arēris***	
*laud**arētur***	
*laud**arēmur***	
*laud**arēmĭni***	
*laud**arēntur***	

Perfetto		
*laudāt**us**, -**a**, -**um***	*sim*	che sia stato lodato
	sis	
	sit	
*laudāt**i**, -**ae**, -**a***	*simus*	
	sitis	
	sint	

Piuccheperfetto		
*laudāt**us**, -**a**, -**um***	*essem*	che fossi stato lodato*
	esses	
	esset	
*laudāt**i**, -**ae**, -**a***	*essēmus*	
	essētis	
	essent	

* Il congiuntivo imperfetto e piuccheperfetto possono corrispondere anche al condizionale presente e passato italiani.

- *laudarer*, "sarei lodato"
- *laudatus essem*, "sarei stato lodato"

Imperativo

Presente	
*laud**āre***	sii lodato! (non usato)
*laud**amĭni***	(non usato)

Infinito

PRESENTE	*laud**āri***	essere lodato
PERFETTO	*laudāt**um**, -**am**, -**um** esse* *laudāt**os**, -**as**, -**a** esse*	essere stato lodato
FUTURO	*laudātum iri*	stare per essere lodato

Participio

PERFETTO	*laudāt**us**, -**a**, -**um***	essendo stato lodato, che è / era stato lodato

Gerundivo

*laud**āndus**, -**a**, -**um***
che deve essere lodato

Supino

*laud**ātu*** a lodarsi

La 2ª coniugazione: *moneo, -es, -ŭi, -ĭtum, -ēre*, “ammonire”

Attivo

Indicativo

Presente	
monĕo	ammonisco
mones	
monet	
monēmus	
monētis	
monent	

Imperfetto	
monēbam	ammonivo
monēbas	
monēbat	
monebāmus	
monebātis	
monēbant	

Futuro semplice	
monēbo	ammonirò
monēbis	
monēbit	
monebĭmus	
monebĭtis	
monēbunt	

Perfetto	
monŭi	ammonii / ho ammonito
monīsti	
monŭit	
monuĭmus	
monuīstis	
monuērunt (*monuēre*)	

Piuccheperfetto	
monuĕram	avevo ammonito
monuĕras	
monuĕrat	
monuerāmus	
monuerātis	
monuĕrant	

Futuro anteriore	
monuĕro	avrò ammonito
monuĕris	
monuĕrit	
monuerĭmus	
monuerĭtis	
monuĕrint	

Congiuntivo

Presente	
monĕam	che ammonisca
monĕas	
monĕat	
moneāmus	
moneātis	
monĕant	

Imperfetto	
monērem	che ammonissi*
monēres	
monēret	
monerēmus	
monerētis	
monērent	

Perfetto	
monuĕrim	che abbia ammonito
monuĕris	
monuĕrit	
monuerĭmus	
monuerĭtis	
monuĕrint	

Piuccheperfetto	
monuīssem	che avessi ammonito*
monuīsses	
monuīsset	
monuissēmus	
monuissētis	
monuīssent	

* Il congiuntivo imperfetto e piuccheperfetto possono corrispondere anche al condizionale presente e passato italiani.

- *monerem*, “ammonirei”
- *monuissem*, “avrei ammonito”

Imperativo

Presente	
monē	ammonisci!
monēte	

Futuro	
monēto	ammonirai!
monēto	
monetōte	
monento	

Infinito		
PRESENTE	*monēre*	ammonire
PERFETTO	*monuisse*	avere ammonito
FUTURO	*monitūrum, -am, -um esse*	stare per ammonire

Participio		
PRESENTE	*monens, -entis*	ammonendo / che ammonisce (ammoniva)
FUTURO	*monitūrus, -a, um*	che sta (stava) per ammonire

Gerundio		
GEN.	*monēndi*	di ammonire
DAT.	*monēndo*	ad ammonire
ACC.	(*ad*) *monēndum*	per ammonire
ABL.	*monēndo*	con l’ammonire

Supino	
monĭtum	a / per ammonire

MORFOLOGIA

Passivo

Indicativo

Presente

monĕor	sono ammonito
monēris	
monētur	
monēmur	
monemĭni	
monēntur	

Imperfetto

monēbar	ero ammonito
monebāris	
monebātur	
monebāmur	
monebamĭni	
monebāntur	

Futuro semplice

monēbor	sarò ammonito
monebĕris	
monebĭtur	
monebĭmur	
monebimĭni	
monebŭntur	

Perfetto

monĭtus, -a, -um	*sum*	fui / sono stato ammonito
	es	
	est	
monĭti, -ae, -a	*sumus*	
	estis	
	sunt	

Piuccheperfetto

monĭtus, -a, -um	*eram*	ero stato ammonito
	eras	
	erat	
monĭti, -ae, -a	*erāmus*	
	erātis	
	erant	

Futuro anteriore

monĭtus, -a, -um	*ero*	sarò stato ammonito
	eris	
	erit	
monĭti, -ae, -a	*erĭmus*	
	erĭtis	
	erunt	

Congiuntivo

Presente

monĕar	che sia ammonito
moneāris	
moneātur	
moneāmur	
moneamĭni	
moneāntur	

Imperfetto

monērer	che fossi ammonito*
monerēris	
monerētur	
monerēmur	
moneremĭni	
monerēntur	

Perfetto

monĭtus, -a, -um	*sim*	che sia stato ammonito
	sis	
	sit	
monĭti, -ae, -a	*simus*	
	sitis	
	sint	

Piuccheperfetto

monĭtus, -a, -um	*essem*	che fossi stato ammonito*
	esses	
	esset	
monĭti,-ae, -a	*essēmus*	
	essētis	
	essent	

* Il congiuntivo imperfetto e piuccheperfetto possono corrispondere anche al condizionale presente e passato italiani.

- ▶ *monerer*, “sarei ammonito”
- ▶ *monitus essem*, “sarei stato ammonito”

Imperativo

Presente

monēre	sii ammonito! (non usato)
monemĭni	(non usato)

Infinito

PRESENTE	***monēri*** essere ammonito
PERFETTO	***monĭtum, -am, -um*** *esse* / ***monĭtos, -as, -a*** *esse* essere stato ammonito
FUTURO	***monĭtum*** *iri* stare per essere ammonito

Participio

PERFETTO	***monĭtus, -a, -um*** essendo stato ammonito, che è / era stato ammonito

Gerundivo

monēndus, -a, -um
che deve essere ammonito

Supino

monĭtu ad ammonirsi

MORFOLOGIA

La 3ª coniugazione: *lego, -is, lēgi, lectum, -ĕre*, “leggere”

Attivo

Indicativo

Presente	
lego	leggo
legis	
legit	
legĭmus	
legĭtis	
legunt	

Imperfetto	
legēbam	leggevo
legēbas	
legēbat	
legebāmus	
legebātis	
legēbant	

Futuro semplice	
legam	leggerò
leges	
leget	
legēmus	
legētis	
legent	

Perfetto	
legi	lessi / ho letto
legisti	
legit	
legĭmus	
legistis	
legērunt (*legēre*)	

Piuccheperfetto	
legĕram	avevo letto
legĕras	
legĕrat	
legerāmus	
legerātis	
legĕrant	

Futuro anteriore	
legĕro	avrò letto
legĕris	
legĕrit	
legerĭmus	
legerĭtis	
legĕrint	

Congiuntivo

Presente	
legam	che legga
legas	
legat	
legāmus	
legātis	
legant	

Imperfetto	
legĕrem	che leggessi*
legĕres	
legĕret	
legerēmus	
legerētis	
legĕrent	

Perfetto	
legĕrim	che abbia letto
legĕris	
legĕrit	
legerĭmus	
legerĭtis	
legĕrint	

Piuccheperfetto	
legĭssem	che avessi letto*
legĭsses	
legĭsset	
legissēmus	
legissētis	
legĭssent	

* Il congiuntivo imperfetto e piuccheperfetto possono corrispondere anche al condizionale presente e passato italiani.

▸ *legerem*, “leggerei”
▸ *legissem*, “avrei letto”

Imperativo

Presente	
legĕ	leggi!
legĭte	

Futuro	
legĭto	leggerai!
legĭto	
legitōte	
legūnto	

Infinito		
PRESENTE	*legĕre*	leggere
PERFETTO	*legĭsse*	avere letto
FUTURO	*lectūrum, -am, -um esse* *lectūros -as, -a esse* stare per leggere	

Participio	
PRESENTE	*legens, -ĕntis* leggendo / che legge (leggeva)
FUTURO	*lectūrus, -a, -um* che sta (stava) per leggere

Gerundio		
GEN.	*legĕndi*	del leggere
DAT.	*legĕndo*	a leggere
ACC.	(*ad*) *legĕndum*	per leggere
ABL.	*legĕndo*	con il leggere

Supino	
lectum	a / per leggere

MORFOLOGIA

Passivo

Indicativo

Presente	
*leg***or**	sono letto
*leg***ĕris**	
*leg***ĭtur**	
*leg***ĭmur**	
*leg***imĭni**	
*leg***ūntur**	

Imperfetto	
*leg***ēbar**	ero letto
*leg***ebāris**	
*leg***ebātur**	
*leg***ebāmur**	
*leg***ebāmĭni**	
*leg***ebāntur**	

Futuro semplice	
*leg***ar**	sarò letto
*leg***ēris**	
*leg***ētur**	
*leg***ēmur**	
*leg***emĭni**	
*leg***ēntur**	

Perfetto		
lectus, **-a**, **-um**	*sum*	fui / sono stato letto
	es	
	est	
lecti, **-ae**, **-a**	*sumus*	
	estis	
	sunt	

Piuccheperfetto		
lectus, **-a**, **-um**	*eram*	ero stato letto
	eras	
	erat	
lecti, **-ae**, **-a**	*erāmus*	
	erātis	
	erant	

Futuro anteriore		
lectus, **-a**, **-um**	*ero*	sarò stato letto
	eris	
	erit	
lecti, **-ae**, **-a**	*erĭmus*	
	erĭtis	
	erunt	

Congiuntivo

Presente	
*leg***ar**	che sia letto
*leg***āris**	
*leg***ātur**	
*leg***āmur**	
*leg***amĭni**	
*leg***āntur**	

Imperfetto	
*leg***ĕrer**	che fossi letto*
*leg***erēris**	
*leg***erētur**	
*leg***erēmur**	
*leg***eremĭni**	
*leg***erēntur**	

Perfetto		
lectus, **-a**, **-um**	*sim*	che sia stato letto
	sis	
	sit	
lecti, **-ae**, **-a**	*simus*	
	sitis	
	sint	

Piuccheperfetto		
lectus, **-a**, **-um**	*essem*	che fossi stato letto*
	esses	
	esset	
lecti, **-ae**, **-a**	*essēmus*	
	essētis	
	essent	

* Il congiuntivo imperfetto e piuccheperfetto possono corrispondere anche al condizionale presente e passato italiani.

▶ *legerer*, "sarei letto"
▶ *lectus essem*, "sarei stato letto"

Imperativo

Presente	
*leg***ĕre**	sii letto! (non usato)
*leg***imĭni**	(non usato)

Infinito

PRESENTE	*leg***i**	essere letto
PERFETTO	*lect***um**, **-am**, **-um** *esse* / *lect***os**, **-as**, **-a** *esse*	essere stato letto
FUTURO	*lectum iri*	stare per essere letto

Participio

PERFETTO	*lect***us**, **-a**, **-um**	essendo stato letto, che è / era stato letto

Gerundivo

*leg***ēndus**, **-a**, **-um**
che deve essere letto

Supino

lectu	a leggersi

La 4ª coniugazione: *audio, -is, -īvi, ītum, -īre*, "udire"

Attivo

Indicativo

Presente	
audĭo	odo
audis	
audit	
audīmus	
audītis	
audĭunt	

Imperfetto	
audiēbam	udivo
audiēbas	
audiēbat	
audiebāmus	
audiebātis	
audiēbant	

Futuro semplice	
audĭam	udirò
audĭes	
audĭet	
audiēmus	
audiētis	
audĭent	

Perfetto	
audīvi	udii / ho udito
audivīsti	
audīvit	
audivĭmus	
audivistis	
audivērunt (*audivēre*)	

Piuccheperfetto	
audivĕram	avevo udito
audivĕras	
audivĕrat	
audiverāmus	
audiverātis	
audivĕrant	

Futuro anteriore	
audivĕro	avrò udito
audivĕris	
audivĕrit	
audiverĭmus	
audiverĭtis	
audivĕrint	

Congiuntivo

Presente	
audĭam	che oda
audĭas	
audĭat	
audiāmus	
audiātis	
audĭant	

Imperfetto	
audīrem	che udissi*
audīres	
audīret	
audirēmus	
audirētis	
audīrent	

Perfetto	
audivĕrim	che abbia udito
audivĕris	
audivĕrit	
audiverĭmus	
audiverĭtis	
audivĕrint	

Piuccheperfetto	
audivīssem	che avessi udito*
audivīsses	
audivīsset	
audivissēmus	
audivissētis	
audivīssent	

* Il congiuntivo imperfetto e piuccheperfetto possono corrispondere anche al condizionale presente e passato italiani.
- *audirem*, "udirei"
- *audivissem*, "avrei udito"

Imperativo

Presente	
audī	odi!
audīte	

Futuro	
audīto	udirai!
audīto	
auditōte	
audiunto	

Infinito

PRESENTE	*audīre*	udire
PERFETTO	*audīvisse*	avere udito
FUTURO	*auditūrum, -am, -um esse* / *auditūros, -as, -a esse*	stare per udire

Participio

PRESENTE	*audiens, -iĕntis*	udendo / che ode (udiva)
FUTURO	*auditūrus, -a, -um*	che sta (stava) per udire

Gerundio

GEN.	*audiĕndi*	dell'udire
DAT.	*audiĕndo*	ad udire
ACC.	(*ad*) *audiĕndum*	per udire
ABL.	*audiĕndo*	con l'udire

Supino

audītum	a / per udire

MORFOLOGIA

Passivo

Indicativo

Presente

audĭor	sono udito
audīris	
audītur	
audīmur	
audimĭni	
audiūntur	

Imperfetto

audiēbar	ero udito
audiebāris	
audiebātur	
audiebāmur	
audiebāmĭni	
audiebāntur	

Futuro semplice

audĭar	sarò udito
audiēris	
audiētur	
audiēmur	
audiemĭni	
audiēntur	

Perfetto

audītus, -a, -um	*sum*	fui / sono stato udito
	es	
	est	
audīti, -ae, -a	*sumus*	
	estis	
	sunt	

Piuccheperfetto

audītus, -a, -um	*eram*	ero stato udito
	eras	
	erat	
audīti, -ae, -a	*erāmus*	
	erātis	
	erant	

Futuro anteriore

audītus, -a, -um	*ero*	sarò stato udito
	eris	
	erit	
audīti, -ae, -a	*erĭmus*	
	erĭtis	
	erunt	

Congiuntivo

Presente

audĭar	che sia udito
audiāris	
audiātur	
audiāmur	
audiamĭni	
audiāntur	

Imperfetto

audīrer	che fossi udito*
audirēris	
audirētur	
audirēmur	
audirēmĭni	
audirēntur	

Perfetto

audītus, -a, -um	*sim*	che sia stato udito
	sis	
	sit	
audīti, -ae, -a	*simus*	
	sitis	
	sint	

Piuccheperfetto

audītus, -a, -um	*essem*	che fossi stato udito*
	esses	
	esset	
audīti, -ae, -a	*essēmus*	
	essētis	
	essent	

* Il congiuntivo imperfetto e piuccheperfetto possono corrispondere anche al condizionale presente e passato italiani.

▶ *audirer*, "sarei udito"
▶ *auditus essem*, "sarei stato udito"

Imperativo

Presente

audīre	sii udito! (non usato)
audimĭni	(non usato)

Infinito

PRESENTE	***audīri*** essere udito
PERFETTO	***audītum, -am, -um*** *esse* ***audītos, -as, -a*** *esse* essere stato udito
FUTURO	***audītum*** *iri* stare per essere udito

Participio

PERFETTO	***audītus, -a, -um*** essendo stato udito, che è / era stato udito

Gerundivo

audiendus, -a, -um
che deve essere udito

Supino

audītu a udirsi

I verbi in *-io*: *capio, -is, cepi, captum, -ĕre*, “prendere”

Attivo

Indicativo

Presente		Imperfetto		Futuro semplice	
capĭo	prendo	*capiēbam*	prendevo	*capĭam*	prenderò
capis		*capiēbas*		*capĭes*	
capit		*capiēbat*		*capĭet*	
capĭmus		*capiebāmus*		*capiēmus*	
capĭtis		*capiebātis*		*capiētis*	
capĭunt		*capiēbant*		*capĭent*	

Perfetto		Piuccheperfetto		Futuro anteriore	
cepi	presi / ho preso	*cepĕram*	avevo preso	*cepĕro*	avrò preso
cepīsti		*cepĕras*		*cepĕris*	
cepit		*cepĕrat*		*cepĕrit*	
cepĭmus		*ceperāmus*		*cepĕrimus*	
cepīstis		*ceperātis*		*cepĕritis*	
cepērunt		*cepĕrant*		*cepĕrint*	

Congiuntivo

Presente		Imperfetto	
capĭam	che prenda	*capĕrem*	che prendessi*
capĭas		*capĕres*	
capĭat		*capĕret*	
capiāmus		*caperēmus*	
capiātis		*caperētis*	
capĭant		*capĕrent*	

Perfetto		Piuccheperfetto	
cepĕrim	che abbia preso	*cepīssem*	che avessi preso*
cepĕris		*cepīsses*	
cepĕrit		*cepīsset*	
ceperĭmus		*cepissēmus*	
ceperĭtis		*cepissētis*	
cepĕrint		*cepīssent*	

* Il congiuntivo imperfetto e piuccheperfetto possono corrispondere anche al condizionale presente e passato italiani.

▶ *caperem*, “prenderei”
▶ *cepissem*, “avrei preso”

Imperativo

Presente		Futuro	
capĕ	prendi!	*capĭto*	prenderai!
		capĭto	
capĭte		*capitōte*	
		capiūnto	

Infinito

PRESENTE	*capĕre*	prendere
PERFETTO	*cepīsse*	avere preso
FUTURO	*captūrum, -am, -um esse*	stare per prendere

Participio

PRESENTE	*capiens, -ēntis*	prendendo / che prende (prendeva)
FUTURO	*captūrus, -a, -um*	stare per prendere

Gerundio

GEN. *capiēndi*	di prendere
DAT. *capiēndo*	a prendere
ACC. (*ad*) *capiēndum*	per prendere
ABL. *capiēndo*	con il prendere

Supino

captum	a / per prendere

MORFOLOGIA

Passivo

Indicativo

Presente	
capĭor	sono preso
capĕris	
capĭtur	
capĭmur	
capimĭni	
capiŭntur	

Imperfetto	
capiēbar	ero preso
capiebāris	
capiēbātur	
capiebāmur	
capiebamĭni	
capiēbāntur	

Futuro semplice	
capĭar	sarò preso
capiēris	
capiētur	
capiēmur	
capiemĭni	
capiēntur	

Perfetto		
captus, -a, -um	*sum*	fui / sono stato preso
	es	
	est	
capti, -ae, -a,	*sumus*	
	estis	
	sunt	

Piuccheperfetto		
captus, -a, -um	*eram*	ero stato preso
	eram	
	erat	
capti, -ae, -a,	*eramus*	
	eratis	
	erant	

Futuro anteriore		
captus, -a, -um	*ero*	sarò stato preso
	eris	
	erit	
capti, -ae, -a,	*erimus*	
	eritis	
	erunt	

Congiuntivo

Presente	
capĭar	che sia preso
capiāris	
capiātur	
capiāmur	
capiāmĭni	
capiāntur	

Imperfetto	
capĕrer	che fossi preso*
caperēris	
caperētur	
caperēmur	
caperemĭni	
caperēntur	

Perfetto		
captus, -a, -um	*sim*	che sia stato preso
	sis	
	sit	
capti, -ae, -a,	*simus*	
	sitis	
	sint	

Piuccheperfetto		
captus, -a, -um	*essem*	che fossi stato preso*
	esses	
	esset	
capti, -ae, -a,	*essemus*	
	essetis	
	essent	

* Il congiuntivo imperfetto e piuccheperfetto possono corrispondere anche al condizionale presente e passato italiani.

- *caperer*, "sarei preso"
- *captus essem*, "sarei stato preso"

Imperativo

Presente	
capĕre	sii preso! (non usato)
capimĭni	(non usato)

Infinito

PRESENTE	*capī*	essere preso
PERFETTO	*captum, -am, -um esse*	essere stato preso
FUTURO	*captum iri*	stare per essere preso

Participio

PERFETTO	*captus, -a, -um*	essendo stato preso, che è / era stato preso

Gerundivo

capiēndus, -a, -um che deve essere preso

Supino

captu a prendersi

8. Le coniugazioni perifrastiche

L'unione di un verbo e di un ausiliare è detta **coniugazione** o **forma perifrastica**. In latino esistono una coniugazione **perifrastica attiva** e una coniugazione **perifrastica passiva**.

8.1 La coniugazione perifrastica attiva

L'unione di un **participio futuro** con le voci dell'ausiliare ***sum*** dà origine in latino a una coniugazione verbale, chiamata **coniugazione perifrastica attiva**, che viene usata per indicare **imminenza, intenzionalità** o **predestinazione**. La coniugazione perifrastica attiva ha solo i tempi del modo **indicativo**, **congiuntivo** e **infinito** (presente e perfetto).

L'imminenza, l'intenzionalità o la predestinazione sono espresse in italiano con queste espressioni perifrastiche: "stare per...", "essere sul punto di...", "avere intenzione di...", "accingersi a...", "essere destinato a...".

- *Bellum scripturus sum.* (Sallustio)
  Mi accingo a narrare la guerra.

8.2 La coniugazione perifrastica passiva

L'unione di un **gerundivo** con le voci dell'ausiliare ***sum*** dà origine in latino alla coniugazione **perifrastica passiva**, che viene usata per esprimere il **dovere** o la **necessità** di un'azione.

La coniugazione perifrastica passiva ha solo i tempi del modo **indicativo**, **congiuntivo** e **infinito** (presente e perfetto). I verbi intransitivi ammettono la coniugazione perifrastica passiva solo nella forma impersonale. La persona per la quale sussiste l'obbligo (o la necessità) è posta in dativo (dativo d'agente).

- *Tibi vitia spernenda sunt.*
  I vizi devono essere disprezzati da te (tu devi disprezzare i vizi).
- *Veniendum est.*
  Si deve venire.

9. Le particolarità della coniugazione attiva e passiva

Alcune forme della coniugazione attiva e passiva presentano delle particolarità. Esistono, infatti, forme **verbali tronche** e **forme sincopate** e **contratte**.

9.1. Forme tronche

Un gruppo di verbi presenta una forma tronca alla **seconda persona singolare** dell'**imperativo presente attivo**:

- *dico*, "dico" → ***dic***, "di'";
- *duco*, "conduco" → ***duc***, "conduci";
- *facio*, "faccio" → ***fac***, "fa'";
- *fero*, "porto" → ***fer***, "porta".

I loro composti mantengono la stessa particolarità.

La **desinenza passiva** ***-ris*** della seconda persona singolare è frequentemente sosti-

MORFOLOGIA

tuita dalla desinenza accorciata -*re*: *laudabāris* o *laudabāre*,"eri lodato", *laudabĕris* o *laudabĕre*, "sarai lodato".

9.2 Forme sincopate e contratte

Nei perfetti in -*avi* o -*evi* può avvenire la **caduta** delle sillabe -*vi*- davanti a -*s* e -*ve*- davanti a -*r*:
- *amasti* (da *amavisti*); *laudasse* (da *laudavisse*);
- *delesti* (da *delevisti*); *deleram* (da *deleveram*);
- *delerim* (da *deleverim*).

Nei perfetti in -*ivi* cade soltanto la -*v*- e -*ii*- si **contrae** in -*i*- se è seguita una -*s*-:
- *audiit* (da *audivit*); *audisti* (da *audivisti*);
- *audieram* (da *audiveram*); *audisse* (da *audivisse*).

La terza persona plurale del perfetto indicativo, accanto alla forma regolare, presenta anche l'uscita in -*ēre* al posto di -*ērunt*: *fuēre* per *fuērunt* ecc.

10. I verbi deponenti

Si dicono **deponenti** i verbi che hanno **forma passiva e significato attivo**. Il termine "deponente", infatti, si riferisce al fatto che essi hanno 'deposto' la forma attiva per assumere quella passiva, mantenenedo però il significato attivo. I verbi deponenti si dividono, come gli altri verbi, in quattro coniugazioni in base alla loro vocale tematica:
- **prima coniugazione** (caratterizzata dalla vocale tematica -*ā*-): *hortor*, -*āris*, *hortātus sum*, -*āri*, "esortare";
- **seconda coniugazione** (caratterizzata dalla vocale tematica -*ē*-): *verĕor*, -*ēris*, *verĭtus sum*, -*ēri*, "temere";
- **terza coniugazione** (caratterizzata dalla vocale tematica -*ĕ*-): *sequŏr*, -*ĕris*, *secūtus sum*, *sequi*, "seguire";
- **quarta coniugazione** (caratterizzata dalla vocale tematica -*ī*-): *largĭor*, -*īris*, *largītus sum*, -*īri*, "donare".

Esistono anche dei verbi deponenti in -*ior*, che presentano le medesime caratteristiche dei corrispondenti verbi attivi in -*io*, *patior*, -*ĕris*, *passus sum*, *pati*, "sopportare".

Questi verbi possono essere **transitivi** e **intransitivi**.

La loro flessione è conforme a quella dei verbi passivi, ma con alcune differenze.

A differenza della regolare coniugazione passiva, i deponenti hanno l'imperativo presente. Tra i **modi indefiniti**, inoltre, cinque hanno **forma e significato attivi**:
- il **participio presente**: *hortans*, "che esorta";
- il **participio futuro**: *hortaturus*, -*a*, -*um*, "che sta per / che è sul punto di / che è destinato a esortare";
- l'**infinito futuro**: *hortaturum*, -*am*, -*um esse*, "stare per esortare";
- il **gerundio**: *hortandi*, *hortando*, (ad) hortandum, hortando, "di esortare", ecc.;
- il **supino attivo**: *hortatum*, "per / a esortare".

Due hanno invece forma e significato passivi:
- il **gerundivo**: *hortandus*, -*a*, -*um*, "che deve essere esortato";
- il **supino passivo**: *hortatu*, "a essere esortato", " a esortarsi".

L'infinito presente e il participio perfetto hanno, regolarmente, forma passiva e significato attivo.

Le coniugazioni deponenti

La 1ª coniugazione deponente: *hortor, -āris, hortatus sum, -ari*, "esortare"

Indicativo

Presente	
hortor	esorto
hortāris	
hortātur	
hortāmur	
hortamĭni	
hortāntur	

Imperfetto	
hortābar	esortavo
hortabāris	
hortabātur	
hortabāmur	
hortabāmĭni	
hortabāntur	

Futuro semplice	
hortābor	esorterò
hortabĕris	
hortabĭtur	
hortabĭmur	
hortabimĭni	
hortabūntur	

Perfetto		
hortātus, -a, -um	*sum*	esortai / ho / esortato
	es	
	est	
hortāti, -ae, -a	*sumus*	
	estis	
	sunt	

Piuccheperfetto		
hortātus, -a, -um	*eram*	avevo esortato
	eras	
	erat	
hortāti, -ae, -a	*erāmus*	
	erātis	
	erant	

Futuro anteriore		
hortātus, -a, -um	*ero*	avrò esortato
	eris	
	erit	
hortāti, -ae, -a	*erĭmus*	
	erĭtis	
	erunt	

Congiuntivo

Presente	
horter	che esorti
hortēris	
hortētur	
hortēmur	
hortemĭni	
hortēntur	

Imperfetto	
hortārer	che esortassi*
hortarēris	
hortarētur	
hortarēmur	
hortarēmĭni	
hortarēntur	

Perfetto		
hortātus, -a, -um	*sim*	che abbia esortato
	sis	
	sit	
hortāti, -ae, -a	*simus*	
	sitis	
	sint	

Piuccheperfetto		
hortātus, -a, -um	*essem*	che avessi esortato*
	esses	
	esset	
hortāti, -ae, -a	*essēmus*	
	essētis	
	essent	

* Il congiuntivo imperfetto e piuccheperfetto possono corrispondere anche al condizionale presente e passato italiani.

- *hortarer*, "esorterei"
- *hortatus essem*, "avrei esortato"

Imperativo

Presente	
hortāre	esorta!
hortamĭni	

Infinito

PRESENTE	*hortāri* esortare
PERFETTO	*hortātum, -am, -um esse* / *hortātos, -as, -a esse* avere esortato
FUTURO	*hortātum iri* stare per esortare

Participio

PRESENTE	*hortans, -āntis* esortando / che esorta (esortava)
PERFETTO	*hortātus, -a, -um* avendo esortato che ha / aveva esortato
FUTURO	*hortatūrus, -a, -um* che esorterà

Gerundio e Gerundivo

GEN. *hortāndi*	di esortare
DAT. *hortāndo*	a esortare
ACC. (*ad*) *hortāndum*	per esortare
ABL. *hortāndo*	con l'esortare

hortāndus, -a, -um che deve essere esortato

Supino

hortātum	a / per esortare
hortātu	a esortarsi

MORFOLOGIA

La 2ª coniugazione deponente: *verĕor, -ēris, verĭtus sum, -ēri*, “temere”

Indicativo

Presente

verĕor	temo
verēris	
verētur	
verēmur	
veremĭni	
verēntur	

Imperfetto

verēbar	temevo
verebāris	
verebātur	
verebāmur	
verebamĭni	
verebāntur	

Futuro semplice

verēbor	temerò
verebĕris	
verebĭtur	
verebĭmur	
verebimĭni	
verebŭntur	

Perfetto

verĭtus, -a, -um	*sum*	temetti / ho temuto
	es	
	est	
verĭti, -ae, -a	*sumus*	
	estis	
	sunt	

Piuccheperfetto

verĭtus, -a, -um	*eram*	avevo temuto
	eras	
	erat	
verĭti, -ae, -a	*erāmus*	
	erātis	
	erant	

Futuro anteriore

verĭtus, -a, -um	*ero*	avrò temuto
	eris	
	erit	
verĭti, -ae, -a	*erĭmus*	
	erĭtis	
	erunt	

Congiuntivo

Presente

verĕar	che tema
vereāris	
vereātur	
vereāmur	
vereamĭni	
vereāntur	

Imperfetto

verērer	che temessi*
vererēris	
vererētur	
vererēmur	
vereremĭni	
vererēntur	

Perfetto

verĭtus, -a, -um	*sim*	che abbia temuto
	sis	
	sit	
verĭti, -ae, -a	*simus*	
	sitis	
	sint	

Piuccheperfetto

verĭtus, -a, -um	*essem*	che avessi temuto*
	esses	
	esset	
verĭti,-ae, -a	*essēmus*	
	essētis	
	essent	

* Il congiuntivo imperfetto e piuccheperfetto possono corrispondere anche al condizionale presente e passato italiani.

- *vererer*, “temerei”
- *veritus essem*, “avrei temuto”

Imperativo

Presente

verēre	temi!
veremĭni	

Infinito

PRESENTE	***verēri*** temere
PERFETTO	***verĭtum, -am, -um** esse*
	***verĭtos, -as, -a** esse* avere temuto
FUTURO	***verĭtum** iri* stare per temere

Participio

PRESENTE	***verens, -ēntis*** temendo / che teme (temeva)
PERFETTO	***verĭtus, -a, -um*** avendo temuto che ha / aveva temuto
FUTURO	***veritūrus, -a, -um*** che temerà

Gerundio e Gerundivo

GEN. ***verēndi***	di temere
DAT. ***verēndo***	a temere
ACC. *(ad)* ***verēndum***	per temere
ABL. ***verēndo***	con il temere

verēndus, -a, -um che deve essere temuto

Supino

verĭtum a / per temere

verĭtu a temersi

La 3ª coniugazione deponente: *seqŭor, -ĕris, secūtus sum, sequi*, "seguire"

Indicativo

Presente

seqŭor	seguo
sequĕris	
sequĭtur	
sequĭmur	
sequimĭni	
sequūntur	

Imperfetto

sequēbar	seguivo
sequebāris	
sequebātur	
sequebāmur	
sequebāmĭni	
sequebāntur	

Futuro semplice

seqŭar	seguirò
sequēris	
sequētur	
sequēmur	
sequemĭni	
sequēntur	

Perfetto

secūtus, -a, -um	*sum*	seguii / ho seguito
	es	
	est	
secūti, -ae, -a	*sumus*	
	estis	
	sunt	

Piuccheperfetto

secūtus, -a, -um	*eram*	avevo seguito
	eras	
	erat	
secūti, -ae, -a	*erāmus*	
	erātis	
	erant	

Futuro anteriore

secūtus, -a, -um	*ero*	avrò seguito
	eris	
	erit	
secūti, -ae, -a	*erĭmus*	
	erĭtis	
	erunt	

Congiuntivo

Presente

seqŭar	che segua
sequāris	
sequātur	
sequāmur	
sequamĭni	
sequāntur	

Imperfetto

sequĕrer	che seguissi*
sequerēris	
sequerētur	
sequerēmur	
sequeremĭni	
sequerēntur	

Perfetto

secūtus, -a, -um	*sim*	che abbia seguito
	sis	
	sit	
secūti, -ae, -a	*simus*	
	sitis	
	sint	

Piuccheperfetto

secūtus, -a, -um	*essem*	che avessi seguito*
	esses	
	esset	
secūti, -ae,-a	*essēmus*	
	essētis	
	essent	

* Il congiuntivo imperfetto e piuccheperfetto possono corrispondere anche al condizionale presente e passato italiani.

- ▶ *sequerer*, "seguirei"
- ▶ *secutus essem*, "avrei seguito"

Imperativo

Presente

sequĕre	segui!
sequimĭni	

Infinito

PRESENTE	*sequi* seguire
PERFETTO	*secūtum, -am, -um esse* *secūtos, -as, -a esse* avere seguito
FUTURO	*secūtum iri* stare per seguire

Participio

PRESENTE	*sequens, -ēntis* seguendo / che segue (seguiva)
PERFETTO	*secūtus, -a, -um* avendo seguito / che ha (aveva) seguito
FUTURO	*secutūrus, -a, -um* che seguirà

Gerundio e Gerundivo

GEN. *sequēndi*	di seguire
DAT. *sequēndo*	a seguire
ACC. (*ad*) *sequēndum*	per seguire
ABL. *sequēndo*	con il seguire

sequēndus, -a, -um
che deve essere seguito

Supino

secūtum	a / per seguire
secūtu	a seguirsi

MORFOLOGIA

La 4ª coniugazione deponente: *largĭor, -īris, largītus sum, -īri*, “donare”

Indicativo

Presente	
largĭor	dono
largīris	
largītur	
largīmur	
largimĭni	
largiŭntur	

Imperfetto	
largiēbar	donavo
largiebāris	
largiebātur	
largiebāmur	
largiebāmĭni	
largiebāntur	

Futuro semplice	
largĭar	donerò
largiēris	
largiētur	
largiēmur	
largiemĭni	
largiēntur	

Perfetto		
largītus, -a, -um	*sum*	donai / ho donato
	es	
	est	
largīti, -ae, -a	*sumus*	
	estis	
	sunt	

Piuccheperfetto		
largītus, -a, -um	*eram*	avevo donato
	eras	
	erat	
largīti, -ae, -a	*erāmus*	
	erātis	
	erant	

Futuro anteriore		
largītus, -a, -um	*ero*	avrò donato
	eris	
	erit	
largīti, -ae, -a	*erĭmus*	
	erĭtis	
	erunt	

Congiuntivo

Presente	
largĭar	che doni
largiāris	
largiātur	
largiāmur	
largiamĭni	
largiāntur	

Imperfetto	
largīrer	che donassi*
largirēris	
largirētur	
largirēmur	
largirēmĭni	
largirēntur	

Perfetto		
largītus, -a, -um	*sim*	che abbia donato
	sis	
	sit	
largīti, -ae, -a	*simus*	
	sitis	
	sint	

Piuccheperfetto		
largītus, -a, -um	*essem*	che avessi donato*
	esses	
	esset	
largīti, -ae, -a	*essemus*	
	essētis	
	essent	

* Il congiuntivo imperfetto e piuccheperfetto possono corrispondere anche al condizionale presente e passato italiani.

- ▶ *largirer*, “donerei”
- ▶ *largitus essem*, “avrei donato”

Imperativo

Presente	
largīre	dona!
largimĭni	

Infinito

PRESENTE	*largīri*	donare
PERFETTO	*largītum, -am, -um esse* / *largītos, -as, -a esse*	avere donato
FUTURO	*largītum iri*	stare per donare

Participio

PRESENTE	*largiens, -ēntis*	donando / che dona (donava)
PERFETTO	*largītus, -a, -um*	avendo donato, che ha / aveva donato
FUTURO	*largitūrus, -a, -um*	che donerà

Gerundio e Gerundivo

GEN.	*largiēndi*	di donare
DAT.	*largiēndo*	a donare
ACC.	*(ad) largiēndum*	per donare
ABL.	*largiēndo*	con il donare

largiēndus, -a, -um che deve essere donato

Supino

largītum	a / per donare
largītu	a donarsi

I verbi in *-ior* della coniugazione deponente: *patior, -eris, passus sum, pati*, "sopportare"

Indicativo

Presente	
patĭor	sopporto
patĕris	
patĭtur	
patĭmur	
patimĭni	
patiūntur	

Imperfetto	
patiēbar	sopportavo
patiebāris	
patiebātur	
patiebāmur	
patiebāmĭni	
patiebāntur	

Futuro semplice	
patĭar	sopporterò
patiēris	
patiētur	
patiēmur	
patiemĭni	
patiēntur	

Perfetto		
passus, -a, -um	*sum*	sopportai / ho sopportato
	es	
	est	
passi, -ae, -a	*sumus*	
	estis	
	sunt	

Piuccheperfetto		
passus, -a, -um	*eram*	avevo sopportato
	eras	
	erat	
passi, -ae, -a	*erāmus*	
	erātis	
	erant	

Futuro anteriore		
passus, -a, -um	*ero*	avrò sopportato
	eris	
	erit	
passi, -ae, -a	*erĭmus*	
	erĭtis	
	erunt	

Congiuntivo

Presente	
patĭar	che sopporti
patiāris	
patiātur	
patiāmur	
patiamĭni	
patiāntur	

Imperfetto	
patĕrer	che sopportassi*
paterēris	
paterētur	
paterēmur	
paterēmĭni	
paterēntur	

Perfetto		
passus, -a, -um	*sim*	che abbia sopportato
	sis	
	sit	
passi, -ae, -a	*simus*	
	sitis	
	sint	

Piuccheperfetto		
passus, -a, -um	*essem*	che avessi sopportato*
	esses	
	esset	
passi, -ae, -a	*essēmus*	
	essētis	
	essent	

* Il congiuntivo imperfetto e piuccheperfetto possono corrispondere anche al condizionale presente e passato italiani.

▶ *paterer*, "sopporterei"
▶ *passus essem*, "avrei sopportato"

Imperativo

Presente	
patĕre	sopporta!
patimĭni	

Infinito

PRESENTE	*patī*	sopportare
PERFETTO	*passum, -am, -um esse* / *passos, -as, -a esse*	avere sopportato
FUTURO	*passum iri*	stare per sopportare

Participio

PRESENTE	*patiens, -ēntis*	sopportando / che sopporta (sopportava)
PERFETTO	*passus, -a, -um*	avendo sopportato, che ha / aveva sopportato
FUTURO	*passūrus, -a, -um*	che sopporterà

Gerundio e Gerundivo

GEN.	*patiēndi*	di sopportare
DAT.	*patiēndo*	a sopportare
ACC.	*(ad) patiēndum*	per sopportare
ABL.	*patiēndo*	con il sopportare

patiēndus, -a, -um
che deve essere sopportato

Supino

passum	a / per sopportare
passu	a sopportarsi

MORFOLOGIA

11. I verbi semideponenti

Si dicono **semideponenti** (ossia "deponenti a metà") alcuni verbi che, pur avendo regolarmente **forma attiva** nel **presente** e nei tempi da esso derivati, hanno, invece, **forma passiva** con **significato attivo** nei tempi del **perfetto**. Essi sono:

- *audĕo, -es, ausus sum, -ēre*, "osare";
- *gaudĕo, -es, gavīsus sum, -ēre*, "godere";
- *solĕo, -es, solĭtus sum, -ēre*, "essere solito";
- *fido, -is, fisus sum, -ĕre*, "fidarsi";
- *confīdo, -is, confīsus sum, -ĕre*, "confidare";
- *diffīdo, -is, diffīsus sum, -ĕre*, "diffidare".

12. I verbi atematici o anomali

Si chiamano **atematici** dei verbi che, in alcune persone del presente e dei tempi da esso derivati, uniscono le desinenze direttamente al tema, **senza la vocale tematica**.

I verbi atematici differiscono da quelli regolari solo nei tempi e nei modi derivati dal tema del presente, mentre la formazione dei tempi derivati dal tema del perfetto e dal tema del supino è regolare. Questi verbi possono presentare anche altre particolarità, come, per esempio, **radici diverse** che si alternano nel paradigma, **mutamenti vocalici** nella radice, **terminazioni arcaiche**, **mancanza** di **alcune forme**; pertanto, sono anche detti verbi **anomali**.

I verbi atematici o anomali sono:

- ***sum***, *es, fui, esse*, "essere", con i suoi composti;
- ***volo***, *vis, volui, velle*, "volere", con i suoi composti;
- ***edo***, *ēs* (*edis*), *esum, esse* (*edĕre*), "mangiare", con i suoi composti;
- ***eo***, *is, ivi, itum, ire*, "andare", con i suoi composti, compreso *queo*, "posso" e *nequeo*, "non posso";
- ***fero***, *fers, tuli, latum, ferre*, "portare", "sopportare", con i suoi composti;
- ***fio***, *fis, factus sum, fiĕri*, "accadere", "divenire", "essere fatto".

12.1 *Sum, es, fui, esse*

La coniugazione del verbo ***sum, es, fui, esse***, "essere", presenta le seguenti particolarità:

- nel **tema del presente** alterna le forme ***es***- e ***s***- (per es. *sum*, "sono"; *sim*, "che sia");
- ha il **tema del perfetto** *fu*-;
- **manca** del **tema del supino**, ma anche del **participio presente** e **perfetto**, del **gerundio** e del **gerundivo**;
- presenta **forme atematiche** (*es, est, estis*), che si alternano a forme tematiche (*sum, sumus, sunt*).

Nella pagina seguente, la tabella della coniugazione di *sum, es, fui, esse*, "essere".

La coniugazione di *sum, es, fui, esse*, “essere”

Indicativo

Presente	
sum	sono
es	
est	
sumus	
estis	
sunt	

Imperfetto	
eram	ero
eras	
erat	
erāmus	
erātis	
erant	

Futuro semplice	
ero	sarò
eris	
erit	
erĭmus	
erĭtis	
erunt	

Perfetto	
fui	fui / sono stato
fuīsti	
fuit	
fuĭmus	
fuīstis	
fuērunt	

Piuccheperfetto	
fuĕram	ero stato
fuĕras	
fuĕrat	
fuerāmus	
fuerātis	
fuĕrant	

Futuro anteriore	
fuĕro	sarò stato
fuĕris	
fuĕrit	
fuerĭmus	
fuerĭtis	
fuĕrint	

Congiuntivo

Presente	
sim	che sia
sis	
sit	
simus	
sitis	
sint	

Imperfetto	
essem	che fossi / sarei
esses	
esset	
essēmus	
essētis	
essent	

Perfetto	
fuĕrim	che sia stato
fuĕris	
fuĕrit	
fuerĭmus	
fuerĭtis	
fuĕrint	

Piuccheperfetto	
fuīssem	che fossi stato / sarei stato
fuīsses	
fuīsset	
fuissēmus	
fuīssētis	
fuīssent	

Imperativo

Presente	
es	sii!
este	

Futuro	
esto	sarai / sii!
esto	
estōte	
sunto	

Infinito

PRESENTE	***esse***	essere
PERFETTO	***fuīsse***	essere stato
FUTURO	***futūrum, -am, -um*** *esse*	
	futūros,-as, -a *esse*	
	(oppure: *fore*)	
	stare per essere	

Participio

PRESENTE	– – –
PERFETTO	– – –
FUTURO	***futūrus, -a, -um***
	che sarà

Osservazioni

L’infinito futuro di *sum*, oltre alla forma regolare *futūrum, -am, -um esse*, presenta anche la forma ***fore***.

12.2 I composti di *sum*

Dall'unione del verbo *sum* con preposizioni o preverbi si formano dei verbi composti, detti **composti di *sum***.

Essi sono:

- ***ab-sum***, *-es, afŭi, abēsse*, "esser lontano", "essere assente";
- ***ad-sum***, *-es, adfŭi, adēsse*, "essere presente", "assistere";
- ***de-sum***, *-es, defŭi, deēsse*, "mancare";
- ***in-sum***, *-es, fui in, inēsse*, "essere dentro";
- ***inter-sum***, *-es, interfŭi, interēsse*, "essere in mezzo", "partecipare";
- ***ob-sum***, *-es, obfŭi, obēsse*, "nuocere", "essere d'ostacolo";
- ***pos-sum***, *potes, potŭi, posse*, "potere";
- ***prae-sum***, *-es, praefŭi, praeēsse*, "essere a capo di";
- ***pro-sum***, *-des, profŭi, prodēsse*, "giovare";
- ***sub-sum***, *-es, fui sub, subēsse*, "essere sotto", "essere soggetto";
- ***super-sum***, *-es, superfŭi, superēsse*, "essere superstite", "sopravvivere".

Ad eccezione di *possum* e *praesum*, si coniugano tutti come *sum*.

I composti di *sum* sono difettivi dei modi e dei tempi che mancano al verbo *sum*. Fanno eccezione *absum*, *praesum* e *possum* che presentano il participio presente, rispettivamente *adsens*, *praesens* e *potens*. Nella coniugazione, la preposizione resta invariata.

MORFOLOGIA

Osservazioni

I composti di *sum*, in genere, si costruiscono con il **dativo**; *absum* regge *a/ab* e l'ablativo (complemento di separazione) e *insum* si può trovare anche con *in* e ablativo.

12.3 La coniugazione di *possum*

Il verbo ***possum*** deriva dall'unione di ***sum*** con la forma aggettivale neutra ***pote***, "potente": *pote-sum* → *potsum* → *possum*. La sua coniugazione è **regolare nei tempi del *perfectum***, che si costruiscono dal tema ***potu-***, a cui si aggiungono le desinenze o le terminazioni dei modi e dei tempi derivati dal tema del perfetto.

Nei tempi derivati dal **tema del presente**, la *-**t*** si assimila alla *-**s***, mentre si mantiene davanti a vocale. Rispetto a *sum*, manca dell'imperativo e dell'infinito futuro. Le forme dell'infinito presente *posse* e del congiuntivo imperfetto *possem* si sono formate per analogia con l'indicativo presente *possum* e con il congiuntivo presente *possim*.

12.4 La coniugazione di *prosum*

La coniugazione del verbo ***prosum***, composto da *prod* + *sum*, è **regolare nei tempi derivati dal *perfectum***, dove al tema ***profu-*** si aggiungono le desinenze o le terminazioni dei modi e dei tempi derivati dal tema del perfetto. In quelli derivati dal tema del presente, invece, presenta delle forme in cui la *-**d**-* si conserva davanti alle voci del verbo *sum* comincianti per **vocale**.

Nelle pagine seguenti, i prospetti delle coniugazioni di ***possum*** e ***prosum***.

La coniugazione di *possum, potes, potŭi, posse*, “potere”

Indicativo

Presente	
possum	posso
potes	
potest	
possŭmus	
potēstis	
possunt	

Imperfetto	
potĕram	potevo
potĕras	
potĕrat	
poterāmus	
poterātis	
potĕrant	

Futuro semplice	
potĕro	potrò
potĕris	
potĕrit	
poterĭmus	
poterĭtis	
potĕrunt	

Perfetto	
potŭi	potei, ho potuto
potuīsti	
potŭit	
potuĭmus	
potuīstis	
potuērunt	

Piuccheperfetto	
potuĕram	avevo potuto
potuĕras	
potuĕrat	
potuerāmus	
potuerātis	
potuĕrant	

Futuro anteriore	
potuĕro	avrò potuto
potuĕris	
potuĕrit	
potuerĭmus	
potuerĭtis	
potuĕrint	

Congiuntivo

Presente	
possim	che possa
possis	
possit	
possīmus	
possītis	
possint	

Imperfetto	
possem	che potessi*
posses	
posset	
possēmus	
possētis	
possent	

Perfetto	
potuĕrim	che abbia potuto
potuĕris	
potuĕrit	
potuerĭmus	
potuerĭtis	
potuĕrint	

Piuccheperfetto	
potuīssem	che avessi potuto*
potuīsses	
potuīsset	
potuissēmus	
potuissētis	
potuīssent	

* Il congiuntivo imperfetto e piuccheperfetto possono corrispondere anche al condizionale presente e passato italiani.

▶ *possem*, “potrei”
▶ *potuissem*, “avrei potuto”

Imperativo

Presente
—

Futuro
—

Infinito

PRESENTE	***posse***	potere
PERFETTO	***potuīsse***	avere potuto

Participio

PRESENTE	***potens, -ēntis***	potente

MORFOLOGIA

La coniugazione di *prosum, prodes, profŭi, prodēsse*, “giovare”

Indicativo	
Presente	
prosum	giovo
prodes	
prodest	
prosŭmus	
prodēstis	
prosunt	
Imperfetto	
prodĕram	giovavo
prodĕras	
prodĕrat	
proderāmus	
proderātis	
prodĕrant	
Futuro semplice	
prodĕro	gioverò
prodĕris	
prodĕrit	
proderĭmus	
proderĭtis	
prodĕrunt	
Perfetto	
profŭi	giovai / ho giovato
profuīsti	
profŭit	
profuĭmus	
profuīstis	
profuērunt	
Piuccheperfetto	
profuĕram	avevo giovato
profuĕras	
profuĕrat	
profuerāmus	
profuerātis	
profuĕrant	
Futuro anteriore	
profuĕro	avrò giovato
profuĕris	
profuĕrit	
profuerĭmus	
profuerĭtis	
profuĕrint	

Congiuntivo	
Presente	
prosim	che giovi
prosis	
prosit	
prosīmus	
prosītis	
prosint	
Imperfetto	
prodēssem	che giovassi*
prodēsses	
prodēsset	
prodessēmus	
prodessētis	
prodēssent	
Perfetto	
profuĕrim	che abbia giovato
profuĕris	
profuĕrit	
profuerĭmus	
profuerĭtis	
profuĕrint	
Piuccheperfetto	
profuīssem	che avessi giovato*
profuīsses	
profuīsset	
profuissēmus	
profuissētis	
profuīssent	

Imperativo	
Presente	
prodes	giova!
prodēste	
Futuro	
prodēsto	gioverai!
prodēsto	
prodestōte	
prosūnto	

Infinito		
PRESENTE	*prodēsse*	giovare
PERFETTO	*profuīsse*	avere giovato
FUTURO	*profutūrum, -am, -um esse* *profutūros, -as, -a esse*	stare per giovare

Participio		
FUTURO	*profutūrus, -a, -um*	che gioverà

* Il congiuntivo imperfetto e piuccheperfetto possono corrispondere anche al condizionale presente e passato italiani.

▶ *prodessem*, “gioverei”
▶ *profuissem*, “avrei giovato”

MORFOLOGIA

12.5 *Volo, vis, volŭi, velle*

Volo*, *vis*, *volŭi*, *velle, "volere", presenta le seguenti particolarità nei tempi derivati dal tema del presente:

- la sua radice è caratterizzata dall'**alternanza vocalica** tra le forme ***vol-*** davanti a vocale (per es. *volo*), ***vel-*** prima di *-i-* o *-l-* (per es. *velle*) e ***vul-*** prima di *-t-* (per es. *vult*); la radice, inoltre, presenta la forma *vī-* nella seconda persona singolare dell'indicativo presente (*vis*);
- alcune forme sono **prive di vocale tematica** (*vis*, *vult* ecc.);
- manca di imperativo, gerundio, gerundivo e supino;
- è privo di passivo.

È **regolare** nelle forme derivanti dal **tema del perfetto** (*volŭi*).

12.6 *Nolo, non vis, nolŭi, nolle*

Nolo*, *non vis*, *nolŭi*, *nolle, "non volere", è formato da ***ne*** + ***volo***.

Presenta le stesse particolarità di *volo* ed è **regolare** nei tempi derivati dal **tema del perfetto** (*nolŭi*).

A differenza di *volo*, è dotato di imperativo presente e futuro.

12.7 *Malo, mavis, malŭi, malle*

Malo*, *mavis*, *malŭi*, *malle, "preferire", è formato da ***magis***, "più", + ***volo***.

Presenta le stesse particolarità di *volo* e è regolare e nei tempi derivati dal tema del perfetto (*malŭi*).

La coniugazione di *volo, vis, volŭi, velle*, "volere"

Indicativo

Presente		Perfetto	
volo	voglio	***volŭi***	volli / ho voluto
vis		***voluīsti***	
vult		***volŭit***	
volŭmus		***voluĭmus***	
vultis		***voluīstis***	
volunt		***voluērunt***	

Imperfetto		Piuccheperfetto	
volēbam	volevo	***voluĕram***	avevo voluto
volēbas		***voluĕras***	
volēbat		***voluĕrat***	
volebāmus		***voluerāmus***	
volebātis		***voluerātis***	
volēbant		***voluĕrant***	

Futuro semplice		Futuro anteriore	
volam	vorrò	***voluĕro***	avrò voluto
voles		***voluĕris***	
volet		***voluĕrit***	
volēmus		***voluerĭmus***	
volētis		***voluerĭtis***	
volent		***voluĕrint***	

Congiuntivo

Presente		Piuccheperfetto	
velim	che voglia	***voluīssem***	che avessi voluto / avrei voluto
velis		***voluīsses***	
velit		***voluīsset***	
velīmus		***voluissēmus***	
velītis		***voluissētis***	
velint		***voluīssent***	

Imperfetto	
vellem	che volessi / vorrei
velles	
vellet	
vellēmus	
vellētis	
vellent	

Perfetto	
voluĕrim	che abbia voluto
voluĕris	
voluĕrit	
voluerĭmus	
voluerĭtis	
voluĕrint	

Infinito

Presente	
velle	volere

Perfetto	
voluīsse	avere voluto

Participio

Presente	
volens*, *-ēntis	che vuole

MORFOLOGIA

La coniugazione di *nolo, non vis, nolŭi, nolle*, “non volere”

Indicativo

Presente		Perfetto	
nolo	non voglio	*nolŭi*	non volli
non vis		*noluīsti*	
non vult		*nolŭit*	
nolŭmus		*noluĭmus*	
non vultis		*noluīstis*	
nolunt		*noluērunt*	

Imperfetto		Piuccheperfetto	
nolēbam	non volevo	*noluĕram*	avevo voluto
nolēbas		*noluĕras*	
nolēbat		*noluĕrat*	
nolebāmus		*noluerāmus*	
nolebātis		*noluerātis*	
nolēbant		*noluĕrant*	

Futuro semplice		Futuro anteriore	
nolam	non vorrò	*noluĕro*	non avrò voluto
noles		*noluĕris*	
nolet		*noluĕrit*	
nolēmus		*noluerĭmus*	
nolētis		*noluerĭtis*	
nolent		*noluĕrint*	

Congiuntivo

Presente		Piuccheperfetto	
nolim	che non voglia	*noluīssem*	che non avessi voluto / non avrei voluto
nolis		*noluīsses*	
nolit		*noluīsset*	
nolīmus		*noluissēmus*	
nolītis		*noluissētis*	
nolint		*noluīssent*	

Imperfetto	
nollem	che non volessi / non vorrei
nolles	
nollet	
nollēmus	
nollētis	
nollent	

Perfetto	
noluĕrim	che non abbia voluto
noluĕris	
noluĕrit	
noluerĭmus	
noluerĭtis	
noluĕrint	

Imperativo

Presente	Futuro
noli	*nolīto*
nolīte	*nolitōte*

Infinito

Presente
nolle non volere

Perfetto
noluīsse non avere voluto

Participio

Presente
nolens, -ēntis che non vuole

La coniugazione di *malo, mavis, malŭi, malle*, “preferire”

Indicativo

Presente		Perfetto	
malo	preferisco	*malŭi*	preferii
mavis		*maluīsti*	
mavult		*malŭit*	
malŭmus		*maluĭmus*	
mavultis		*maluīstis*	
malunt		*maluērunt*	

Imperfetto		Piuccheperfetto	
malēbam	preferivo	*maluĕram*	avevo preferito
malēbas		*maluĕras*	
malēbat		*maluĕrat*	
malebāmus		*maluerāmus*	
malebātis		*maluerātis*	
malēbant		*maluĕrant*	

Futuro semplice		Futuro anteriore	
malam	preferirò	*maluĕro*	avrò preferito
males		*maluĕris*	
malet		*maluĕrit*	
malēmus		*maluerĭmus*	
malētis		*maluerĭtis*	
malent		*maluĕrint*	

Congiuntivo

Presente		Piuccheperfetto	
malim	che preferisca	*maluīssem*	che avessi preferito / avrei preferito
malis		*maluīsses*	
malit		*maluīsset*	
malīmus		*maluissēmus*	
malītis		*maluissētis*	
malint		*maluīssent*	

Imperfetto	
mallem	che preferissi / preferirei
malles	
mallet	
mallēmus	
mallētis	
mallent	

Perfetto	
maluĕrim	che abbia preferito
maluĕris	
maluĕrit	
maluerĭmus	
maluerĭtis	
maluĕrint	

Infinito

Presente
malle preferire

Perfetto
maluīsse avere preferito

Participio

Presente
malens, -ēntis che preferisce

12.8 *Edo, ēs (edis), esum, esse (edĕre)*

Il verbo ***edo***, *ēs* (*edis*), *esum*, *esse* (*edĕre*), "mangiare", segue regolarmente la terza coniugazione, ma presenta, accanto alle voci regolari, **alcune forme atematiche**. In queste la -***d*** finale del tema subisce dei **mutamenti fonetici**, per cui alcune voci possono confondersi con quelle del verbo *sum*.

Attivo

Indicativo

Presente	
edo	mangio
edis / ēs	
edit / est	
edĭmus	
edĭtis / estis	
edunt	

Imperfetto	
edēbam	mangiavo
edēbas	
edēbat	
edebāmus	
edebātis	
edēbant	

Futuro semplice	
edam	mangerò
edes	
edet	
edēmus	
edētis	
edent	

Perfetto	
edi	mangiai / ho mangiato
edīsti	
edit	
edĭmus	
edīstis	
edērunt (*edēre*)	

Piuccheperfetto	
edĕram	avevo mangiato
edĕras	
edĕrat	
ederāmus	
ederātis	
edĕrant	

Futuro anteriore	
edĕro	avrò mangiato
edĕris	
edĕrit	
ederĭmus	
ederĭtis	
edĕrint	

Congiuntivo

Presente	
edam / edim	che mangi
edas / edis	
edat / edit	
edāmus / edīmus	
edātis / edītis	
edant / edint	

Imperfetto	
edĕrem / essem	che mangiassi*
edĕres / esses	
edĕret / esset	
ederēmus / essēmus	
ederētis / essētis	
edĕrent / essent	

Perfetto	
edĕrim	che abbia mangiato
edĕris	
edĕrit	
ederĭmus	
ederĭtis	
edĕrint	

Piuccheperfetto	
edīssem	che avessi mangiato*
edīsses	
edīsset	
edissēmus	
edissētis	
edīssent	

* Il congiuntivo imperfetto e piuccheperfetto possono corrispondere anche al condizionale presente e passato italiani.

▶ *ederem*, "mangerei"

▶ *edissem*, "avrei mangiato"

Imperativo

Presente	
ede / ēs	mangia!
edĭte / este	

Futuro	
edĭto / esto	mangerai!
edĭto / esto	
editōte	
edūnto	

Infinito

PRESENTE	*edĕre*	mangiare
PERFETTO	*edīsse*	avere mangiato
FUTURO	*esūrum, -am, -um esse* *esūros, -as, -a esse*	stare per mangiare

Participio

PRESENTE	*edens, -ēntis*	mangiando / che mangia (mangiava)
FUTURO	*esūrus, -a, -um*	che sta (stava) per mangiare

Gerundio

GEN.	*edēndi*	del mangiare
DAT.	*edēndo*	a mangiare
ACC.	(*ad*) *edēndum*	per mangiare
ABL.	*edēndo*	con il mangiare

Supino

esum	a / per mangiare

MORFOLOGIA

Passivo

Indicativo

Presente

edor	sono mangiato
edĕris	
edĭtur / estur	
edĭmur	
edimĭni	
edūntur	

Imperfetto

edēbar	ero mangiato
edebāris	
edebātur	
edebāmur	
edebāmĭni	
edebāntur	

Futuro semplice

edar	sarò mangiato
edēris	
edētur	
edēmur	
edemĭni	
edēntur	

Perfetto

esus, -a, -um	*sum*	fui / sono stato / mangiato
	es	
	est	
esi, -ae, -a	*sumus*	
	estis	
	sunt	

Piuccheperfetto

esus, -a, -um	*eram*	ero stato mangiato
	eras	
	erat	
esi, -ae, -a	*erāmus*	
	erātis	
	erant	

Futuro anteriore

esus, -a, -um	*ero*	sarò stato mangiato
	eris	
	erit	
esi, -ae, -a	*erĭmus*	
	erĭtis	
	erunt	

Congiuntivo

Presente

edar	che sia mangiato
edāris	
edātur	
edāmur	
edamĭni	
edāntur	

Imperfetto

edĕrer	che fossi mangiato*
ederēris	
ederētur / essētur	
ederēmur	
ederemĭni	
ederēntur	

Perfetto

esus, -a, -um	*sim*	che sia stato mangiato
	sis	
	sit	
esi, -ae, -a	*simus*	
	sitis	
	sint	

Piuccheperfetto

esus, -a, -um	*essem*	che fossi stato mangiato*
	esses	
	esset	
esi, -ae,-a	*essēmus*	
	essētis	
	essent	

* Il congiuntivo imperfetto e piuccheperfetto possono corrispondere anche al condizionale presente e passato italiani.

▶ *ederer*, "sarei mangiato"
▶ *esus essem*, "sarei stato mangiato"

Imperativo

Presente

edĕre	sii mangiato! (non usato)
edimĭni	(non usato)

Infinito

PRESENTE	***edi*** essere mangiato
PERFETTO	***esum, -am, -um*** *esse* ***esos, -as, -a*** *esse* essere stato mangiato
FUTURO	*esum iri* stare per essere mangiato

Participio

PERFETTO	***esus, -a, -um*** essendo stato mangiato, che è / era stato mangiato

Gerundivo

edēndus, -a, -um
che deve essere mangiato

Supino

esu a mangiarsi

Osservazioni

Il **passivo** di *edo* è **regolare**; tuttavia, accanto alle forme *editur* e *ederetur*, si trovano anche ***estur*** e ***essetur***. Come *edo* si comportano i suoi composti: ***comedo***, "divorare" ed ***exedo***, "consumare del tutto".

12.9 *Eo, is, ivi (ii), itum, ire*

Eo, ***is***, ***ivi*** o ***ii***, ***itum***, ***ire***, “andare”, è quasi completamente **atematico** nei tempi derivati dal **tema del presente**, dove la sua radice alterna la forma ***e***- (davanti a -*a*-, -*o*-, e -*u*-, per es. *eam*, *eo*, *eunt*) alla forma ***i***- (in tutti gli altri casi, per es. *ibam*, *irem* ecc.). I tempi derivati dal **tema del perfetto** e **del supino** si coniugano **regolarmente**.

Indicativo

Presente	
eo	vado
is	
it	
imus	
itis	
eunt	

Imperfetto	
ibam	andavo
ibas	
ibat	
ibāmus	
ibātis	
ibant	

Futuro semplice	
ibo	andrò
ibis	
ibit	
ibĭmus	
ibĭtis	
ibunt	

Perfetto		
ivi	*ii*	andai / sono andato
ivīsti	*isti*	
ivit	*iit*	
ivĭmus	*iĭmus*	
ivīstis	*istis*	
ivērunt	*iērunt*	

Piuccheperfetto		
ivĕram	*iĕram*	ero andato
ivĕras	*iĕras*	
ivĕrat	*iĕrat*	
iverāmus	*ierāmus*	
iverātis	*ierātis*	
ivĕrant	*iĕrant*	

Futuro anteriore		
ivĕro	*iĕro*	sarò andato
ivĕris	*iĕris*	
ivĕrit	*iĕrit*	
iverĭmus	*ierĭmus*	
iverĭtis	*ierĭtis*	
ivĕrint	*iĕrint*	

Congiuntivo

Presente	
eam	che vada
eas	
eat	
eāmus	
eātis	
eant	

Imperfetto	
irem	che andassi*
ires	
iret	
irēmus	
irētis	
irent	

Perfetto		
ivĕrim	*iĕrim*	che sia andato
ivĕris	*iĕris*	
ivĕrit	*iĕrit*	
iverĭmus	*ierĭmus*	
iverĭtis	*ierĭtis*	
ivĕrint	*iĕrint*	

Piuccheperfetto		
ivīssem	*issem*	che fossi andato*
ivīsses	*isses*	
ivīsset	*isset*	
ivissēmus	*issēmus*	
ivissētis	*issētis*	
ivīssent	*issent*	

* Il congiuntivo imperfetto e piuccheperfetto possono corrispondere anche al condizionale presente e passato italiani.

- *irem*, “andrei”
- *ivissem / issem*, “sarei andato”

Imperativo

Presente	
i	va!
ite	

Futuro	
ito	andrai!
ito	
itōte	
eūnto	

Infinito

PRESENTE	*ire*	andare
PERFETTO	*ivīsse*	essere andato
FUTURO	*itūrum*, *-am*, *-um esse* *itūros*, *-as*, *-a esse*	stare per andare

Participio

PRESENTE	*iens*, *eūntis*	andando, che va
FUTURO	*itūrus*, *-a*, *-um*	che andrà

Gerundio

GEN.	*eūndi*	di andare
DAT.	*eūndo*	ad andare
ACC.	(*ad*) *eūndum*	per andare
ABL.	*eūndo*	con l’andare

Supino

itum a / per andare

MORFOLOGIA

Osservazioni

I tempi derivati dal tema del perfetto hanno due forme, in ***ivi*** e in ***ii***; ***ii***, se è seguita da *-s-*, spesso si trasforma in *ī-* (*ivi*, *iisti*, *īsti*)

12.10 Composti di *eo*

Dall'unione del verbo *eo* con delle **preposizioni** risultano vari composti, che si coniugano come *eo*.

I più frequenti sono:
- ***adĕo***, *-is*, *-īvi*, *(-ĭi)*, *-ĭtum*, *-īre*, "andare verso", "accostarsi";
- ***abĕo***, *-is*, *-īvi*, *(-ĭi)*, *-ĭtum*, *-īre*, "andare via", "allontanarsi";
- ***circumĕo***, *-is*, *-ivi*, *(-ĭi)*, *-ĭtum*, *-īre*, "circondare";
- ***exĕo***, *-is*, *-īvi*, *(-ĭi)*, *-ĭtum*, *-īre*, "uscire";
- ***inĕo***, *-is*, *-īvi*, *(-ĭi)*, *-ĭtum*, *-īre*, "entrare";
- ***interĕo***, *-is*, *-īvi*, *(-ĭi)*, *-ĭtum*, *-īre*, "perdersi","sparire", "andare in rovina";
- ***obĕo***, *-is*, *-īvi*, *(-ĭi)*, *-ĭtum*, *-īre*, "andare incontro", "andare contro";
- ***perĕo***, *-is*, *-ivi (-ĭi)*, *-īre*, "andare in rovina";
- ***transĕo***, *-is*, *-īvi*, (*-ĭi*), *-ĭtum*, *-īre*, "attraversare";
- ***venĕo***, *-is*, *-ĭi*, *-ire*, "essere in vendita".

MORFOLOGIA

Osservazioni

Sono considerati composti di *eo* anche i verbi ***queo***, *quis*, *quīvi*, *quire*, "potere", e ***nequeo***, *nequis*, *nequīvi*, *nequire*,"non potere", che, però, **mancano di molte forme**: imperativo, supino, participio futuro, gerundio, gerundivo.
Essi significano rispettivamente "posso" e "non posso" perché le circostanze lo consentono o lo impediscono a differenza di *possum* e *non possum* che indicano che ci sono, o mancano, le forze o le possibilità.

12.11 *Fero, fers, tuli, latum, ferre*

Il verbo ***fero***, ***fers***, ***tuli***, ***latum***, ***ferre***, "portare", "sopportare", "tollerare", "tramandare", "dire", presenta alcune forme **atematiche** e tre diversi temi verbali:
- tema del presente ***fer***-;
- tema del perfetto ***tul***-;
- tema del supino ***lat***-.

La coniugazione di *fero* è riportata nelle pagine seguenti.

Attivo

Indicativo	
Presente	
fero	porto
fers	
fert	
ferĭmus	
fertis	
ferunt	
Imperfetto	
ferēbam	portavo
ferēbas	
ferēbat	
ferebāmus	
ferebātis	
ferēbant	
Futuro semplice	
feram	porterò
feres	
feret	
ferēmus	
ferētis	
ferent	
Perfetto	
tuli	portai / ho portato
tulīsti	
tulit	
tulĭmus	
tulistis	
tulērunt (*tulēre*)	
Piuccheperfetto	
tulĕram	avevo portato
tulĕras	
tulĕrat	
tulerāmus	
tulerātis	
tulĕrant	
Futuro anteriore	
tulĕro	avrò portato
tulĕris	
tulĕrit	
tulerĭmus	
tulerĭtis	
tulĕrint	

Congiuntivo	
Presente	
feram	che porti
feras	
ferat	
ferāmus	
ferātis	
ferant	
Imperfetto	
ferrem	che portassi*
ferres	
ferret	
ferrēmus	
ferrētis	
ferrent	
Perfetto	
tulĕrim	che abbia portato
tulĕris	
tulĕrit	
tulerĭmus	
tulerĭtis	
tulĕrint	
Piuccheperfetto	
tulīssem	che avessi portato*
tulīsses	
tulīsset	
tulissēmus	
tulissētis	
tulīssent	

* Il congiuntivo imperfetto e piuccheperfetto possono corrispondere anche al condizionale presente e passato italiani.

▶ *ferrem*, "porterei"
▶ *tulissem*, "avrei portato"

Imperativo	
Presente	
fer	porta!
ferte	
Futuro	
ferto	porterai!
ferto	
fertōte	
ferūnto	

Infinito		
PRESENTE	*ferre*	portare
PERFETTO	*tulīsse*	avere portato
FUTURO	*latūrum, -am, -um esse* *latūros -as, -a esse*	stare per portare

Participio		
PRESENTE	*ferens, -ēntis*	portando / che porta (portava)
FUTURO	*latūrus, -a, -um*	che sta (stava) per portare

Gerundio		
GEN.	*ferēndi*	del portare
DAT.	*ferēndo*	a portare
ACC.	(*ad*) *ferēndum*	per portare
ABL.	*ferēndo*	con il portare

Supino	
latum	a / per portare

MORFOLOGIA

Passivo

Indicativo

Presente

feror	sono portato
ferris	
fertur	
ferĭmur	
ferimĭni	
ferūntur	

Imperfetto

ferēbar	ero portato
ferebāris	
ferebātur	
ferebāmur	
ferebāmĭni	
ferebāntur	

Futuro semplice

ferar	sarò portato
ferēris	
ferētur	
ferēmur	
feremĭni	
ferēntur	

Perfetto

latus, -a, -um	*sum*	fui / sono stato portato
	es	
	est	
lati, -ae, -a	*sumus*	
	estis	
	sunt	

Piuccheperfetto

latus, -a, -um	*eram*	ero stato portato
	eras	
	erat	
lati, -ae, -a	*erāmus*	
	erātis	
	erant	

Futuro anteriore

latus, -a, -um	*ero*	sarò stato portato
	eris	
	erit	
lati, -ae, -a	*erĭmus*	
	erĭtis	
	erunt	

Congiuntivo

Presente

ferar	che sia portato
ferāris	
ferātur	
ferāmur	
feramĭni	
ferāntur	

Imperfetto

ferrer	che fossi portato*
ferrēris	
ferrētur	
ferrēmur	
ferremĭni	
ferrēntur	

Perfetto

latus, -a, -um	*sim*	che sia stato portato
	sis	
	sit	
lati, -ae, -a	*simus*	
	sitis	
	sint	

Piuccheperfetto

latus, -a, -um	*essem*	che fossi stato portato*
	esses	
	esset	
lati, -ae,-a	*essēmus*	
	essētis	
	essent	

* Il congiuntivo imperfetto e piuccheperfetto possono corrispondere anche al condizionale presente e passato italiani.

▸ *ferrer*, "sarei portato"
▸ *latus essem*, "sarei stato portato"

Imperativo

Presente

ferre	sii portato! (non usato)
ferimĭni	(non usato)

Infinito

PRESENTE	*ferri*	essere portato
PERFETTO	*latum, -am, -um esse* *latos, -as, -a esse*	essere stato portato
FUTURO	*latum iri*	stare per essere portato

Participio

PERFETTO	*latus, -a, -um*	essendo stato portato, che è / era stato portato

Gerundivo

ferēndus, -a, -um
che deve essere portato

Supino

latu	a portarsi

Osservazioni

Le forme *fers*, *fert*, *fertis*, *ferris*, *fertur* ecc. sono **atematiche**.

12.12 Composti di *fero*

Allo stesso modo di *fero* si coniugano i suoi composti; i più frequenti sono:

- ***affĕro***, *affers*, *attŭli*, *allātum*, *afferre*, (da *ad* + *fero*), "apportare";
- ***aufĕro***, *aufers*, *abstŭli*, *ablātum*, *auferre*, (da *ab* + *fero*), "portare via";
- ***confĕro***, *confers*, *contŭli*, *collātum*, *conferre*, (da *con* + *fero*), "portare insieme", "radunare";
- ***diffĕro***, *differs*, *distŭli*, *dilātum*, *differre*, (da *dis* + *fero*), "differire";
- ***infĕro***, *infers*, *intŭli*, *illātum*, *inferre*, (da *in* + *fero*), "portare dentro";
- ***offĕro***, *offers*, *obtŭli*, *oblātum*, *offerre*, (da *ob* + *fero*), "offrire";
- ***refĕro***, *refers*, *rettŭli*, *relātum*, *referre*, (da *re* + *fero*), "riferire";
- ***suffĕro***, *suffers*, *sustŭli*, *sublātum*, *sufferre*, (da *sub* + *fero*), "sopportare";
- ***transfĕro***, *transfers*, *transtŭli*, *translātum*, *transferre*, (da *trans* + *fero*), "trasferire".

12.13 *Fio, fis, factus sum, fiĕri*

Fio, ***fis***, ***factus sum***, ***fieri*** ha tre significati:

- "divenire";
- "essere fatto", usato come passivo di *facio*;
- "accadere", "avvenire".

La coniugazione di *fio* è incompleta e pertanto è integrata da forme del verbo *facio* e del verbo *sum*.

Derivano da ***facio***:

- tutti i **modi** e i **tempi** derivati dal **tema del perfetto**, per i quali si usano le forme del passivo di *facio*;
- il **participio perfetto**;
- il **gerundivo** e l'**infinito futuro**, anch'essi usati come passivi di *facio*.

Derivano da ***sum***:

- il **participio futuro**;
- l'**infinito futuro**.

L'**infinito presente** *fieri* è di **forma passiva**.
La coniugazione di *fio* è riportata nella pagina seguente.

MORFOLOGIA

Indicativo

Presente

fio	divengo, sono fatto
fis	
fit	
fimus	
fitis	
fiunt	

Imperfetto

fiēbam	divenivo, ero fatto
fiēbas	
fiēbat	
fiebāmus	
fiebātis	
fiēbant	

Futuro semplice

fiam	diverrò, sarò fatto
fies	
fiet	
fiēmus	
fiētis	
fient	

Perfetto

*fact**us**, -**a**, -**um***	*sum*	io sono divenuto, sono stato fatto
	es	
	est	
*fact**i**, -**ae**, -**a***	*sumus*	
	estis	
	sunt	

Piuccheperfetto

*fact**us**, -**a**, -**um***	*eram*	io ero divenuto, sarò stato fatto
	eras	
	erat	
*fact**i**, -**ae**, -**a***	*eramus*	
	eratis	
	erant	

Futuro anteriore

*fact**us**, -**a**, **um***	*ero*	sarò divenuto, sarò stato fatto
	eris	
	erit	
*fact**i**, -**ae**, -**a***	*erimus*	
	eritis	
	erunt	

Congiuntivo

Presente

fiam	che io divenga, sia fatto
fias	
fiat	
fiāmus	
fiātis	
fiant	

Imperfetto

fiĕrem	che io divenissi, fossi fatto*
fiĕres	
fiĕret	
fierēmus	
fierētis	
fiĕrent	

Perfetto

*fact**us**, -**a**, -**um***	*sim*	che io sia divenuto, sia stato fatto
	sis	
	sit	
*fact**i**, -**ae**, -**a***	*simus*	
	sitis	
	sint	

Piuccheperfetto

*fact**us**, -**a**, -**um***	*essem*	che io fossi divenuto, fossi stato fatto*
	esses	
	esset	
*fact**i**, -**ae**, -**a***	*essemus*	
	essetis	
	essent	

* Il congiuntivo imperfetto e piuccheperfetto possono corrispondere anche al condizionale presente e passato italiani.

▶ *fierem*, "diverrei", "sarei fatto"

▶ *factus essem*, "sarei divenuto", "sarei stato fatto"

Imperativo

Presente

fi	divieni!
fite	

Futuro

fito	diverrai!
fito	
fitōte	

Infinito

PRESENTE	***fiĕri*** divenire, essere fatto
PERFETTO	*fact**um**, -**am**, -**um** esse*
	*fact**os**, -**as**, -**a** esse* essere divenuto, essere stato
FUTURO	*futūr**um**, -**am**, -**um** esse*
	*futūr**os** -**as**, -**a** esse* stare per essere
	factum iri stare per essere fatto

Participio

PRESENTE	---
PERFETTO	*fact**us**, -**a**, -**um*** essendo stato fatto / che è (era) stato fatto
FUTURO	*futūr**us**, -**a**, -**um*** che diverrà

Gerundivo

*faciēnd**us**, -**a**, -**um***
che deve essere fatto

12.14 Passivo dei composti di *facio*

Si è detto che *fio* può fungere da passivo del verbo *facio*, che non ha una sua forma passiva regolare.

I composti di *facio*, invece, formano il passivo in due modi diversi, a seconda della categoria a cui appartengono:

- se sono **composti da avverbi** o **radicali verbali** (in genere **bisillabici**), hanno il presente attivo in *-facio* e il **presente passivo in *-fio***; i tempi storici al passivo escono in *-factus*: per es. *benefacio*, "benefico", *calefacio*, "riscaldo", *patefacio*, "scopro", *malefacio*, "nuoccio";

  ▶ *assue-facio*, "abituo" → *assuefio* → *assuefactus sum*

- se sono **composti con preposizioni** (in genere **monosillabiche**) o dalla **particella *re-***, hanno il presente attivo in *-ficio* (invece che in *-facio*) e il **presente passivo in *-ficior***; i tempi storici al passivo escono in *-fectus*: per es. *afficio*, "rendo affetto da", "provvedo di", *perficio*, "effettuo", "conduco a termine".

  ▶ *con-ficio*, "compio" → *conficior* → *confectus sum*

13. I verbi difettivi

Sono chiamati **difettivi** i verbi che **non hanno coniugazione completa**. Si distinguono in due gruppi:

- verbi **mancanti di tutti i tempi derivati dal tema del presente**;
- verbi **mancanti di molte forme**.

13.1 Verbi mancanti dei tempi derivati dal tema del presente

A questa categoria appartengono:

- ***coepi***, *coeptum*, *coepīsse*, "incominciare";
- ***memĭni***, *meminīsse*, "ricordare";
- ***odi***, *odīsse*, "odiare".

Osservazioni

- ***Coepi*** viene usato prevalentemente con funzione di **verbo servile**: *Ad Lutetiam iter facere **coepit**.* (Cesare) **Iniziò** a marciare verso Parigi.
  Quando è unito a un verbo passivo, *coepi* assume anch'esso forma passiva: ▶ *Capua a consulibus obsideri **coepta est**.* (Livio) Capua **cominciò** a essere assediata dai consoli.
- ***Memini***, "ricordo", e ***odi***, "odio", si traducono con il presente e sono detti **perfetti logici**, in quanto indicano **azioni avvenute nel passato,** i cui **effetti si riscontrano nel presente**: *memini* significa "ho richiamato alla memoria", quindi "ricordo"; *odi* significa "ho preso in odio", quindi "odio"; di conseguenza, al piuccheperfetto (indicativo e congiuntivo) e al futuro anteriore si traducono rispettivamente con l'imperfetto e con il futuro semplice (per. es. *memineram*, "ricordavo", *odero*, "odierò").
- Valore di **perfetto logico** ha anche ***novi***, "conosco", che però, a differenza degli altri, ha tutte le forme verbali (*nosco*, *-is*, *novi*, *notum*, *-ere*). *Novi* può essere associato a questi verbi difettivi perché ha sempre valore di perfetto logico e si traduce anch'esso con il presente: "ho conosciuto" e quindi "so".

13.2 Verbi mancanti di molte forme

A questa categoria appartengono:
- ***aio***, "dico";
- ***inquam***, "dico";
- ***for***, *faris*, *fatus sum*, *fari*, "parlare".

Osservazioni

- Il verbo ***aio*** si usa in genere alla terza persona singolare e plurale, spesso in espressioni parentetiche come *ut ait* "come dice" ▶ *Senectus ipsa, ut **ait** Cicero, morbus est.* La vecchiaia, come **dice** Cicerone, è di per sé una malattia.
- ***Inquam*** si usa per introdurre il discorso diretto ed è collocato dopo una o più parole del discorso ▶ *"Pater meus", "**inquit**, Hamilcar, Iovi Optimo Maximo hostias immolavit"*. (da Nepote) "Mio padre", **disse**, "Amilcare, immolò delle vittime a Giove Ottimo Massimo".

Alcuni verbi hanno solo qualche forma isolata:
- ***quaeso***, "per favore";
- ***ave***, "salute";
- ***vale***, "sta' bene";
- ***salve***, "sta' bene";
- ***cedo***, "dammi".

Osservazioni

- Gli imperativi ***vale***, ***valete***, ***valeto*** del verbo di uso regolare *valeo*, "sto bene" si usano come formule di saluto, di chiusura di lettera e di commiato: "stammi bene", "addio" ecc.
- La locuzione ***iubeo aliquem valere*** (o ***salvere***) significa "auguro a qualcuno di star bene", "saluto qualcuno".
- Le forme ***quaeso***, letteralmente "prego", e ***quaesumus***, "preghiamo" si usano come formule di gentilezza durante la conversazione col significato di "prego", "di grazia", "per favore".
- ***Cedo*** si usa col doppio significato di "da' qua", "dammi" e "di'", "dimmi"; al plurale ha la forma ***cette***, "date qua".

14. I verbi impersonali

Si definiscono **verbi impersonali** dei verbi che **non** ammettono in genere un **soggetto** espresso in nominativo. Si usano, infatti, alla **terza persona singolare**. Si possono dividere in tre gruppi.

1. Verbi che indicano **fenomeni atmosferici**:
- *fulgurat*, *-avit*, *-are*, "lampeggiare";
- *grandinat*, *-avit*, *-are*, "grandinare";
- *lucescit*, *luxit*, *-ĕre*, "farsi giorno";
- *ningit*, *ninxit*, *-ĕre*, "nevicare";
- *pluit*, *pluit*, *-ĕre*, "piovere";
- *tonat*, *tonŭit*, *-are*, "tuonare".

2. Verbi di **sentimento**:
- *misĕret, miserŭit* o *miserĭtum est, -ēre*, "avere compassione";
- *paenitet, paenitŭit, -ēre*, "pentirsi";
- *piget, pigŭit* (*pigĭtum est*), *-ēre*, "rincrescere", "dispiacersi";
- *pudet, pudŭit o pudĭtum est, -ēre*, "vergognarsi";
- *taedet, pertaesum est, -ēre*, "annoiarsi".

3. Verbi che indicano **accadimento**, **convenienza**, **necessità**, **piacere** ecc.
- *accĭdit, accĭdit, -ĕre*, "accadere";
- *constat, constĭtit, -are*, "essere noto";
- *convĕnit, convēnit, -ire*, "convenire";
- *decet, decŭit, -ēre*, "addirsi";
- *dedecet, dedecŭit, -ēre*, "essere sconveniente";
- *fallit, fefĕllit, -ĕre*, "sfuggire";
- *fugit, fugit, -ĕre*, "sfuggire";
- *interest, interfŭit, interĕsse*, "importare";
- *latet, latŭit, -ēre*, "restare nascosto";
- *licet, licŭit* (*licitum est*), *-ēre*, "essere lecito";
- *libet, libŭit, -ēre*, "essere gradito";
- *patet, patŭit, -ēre*, "essere evidente";
- *placet, placŭit, -ēre*, "piacere";
- *refert, retŭlit, refĕrre*, "importare", ecc.

15. I verbi primitivi e i verbi derivati

I verbi possono essere distinti in:
- **primitivi** quando, togliendo la vocale tematica al tema del presente, si ottiene la radice, comune a più parole della stessa famiglia lessicale: per es. dal tema del presente *time-* di *timeo*, "temo", si ottiene la radice *tim-* che è comune anche al sostantivo *timor*, "timore";
- **derivati** quando al tema del presente viene aggiunto un suffisso che ne modifica il significato: per es. dal tema del presente *pave-* di *paveo*, "temo", con l'aggiunta del suffisso *-sco*, si ha il verbo *pavesco* che significa "mi spavento".

Il suffisso può essere:

1. **frequentativo-iterativo-intensivo**: *-to*, *-so*, *-ito*. I verbi formati dall'aggiunta di questi suffissi indicano un'azione abituale, ripetuta, tentata. Sono tutti della prima coniugazione;
   - ▶ *dico*, "dico" → *dicto*, "dico ripetutamente"
   - ▶ *curro*, "corro" → *curso*, "vado correndo"
   - ▶ *ago*, "spingo" → *agito*, "agito"
2. **incoativo**: *-sco*. I verbi in *-sco*, che appartengono alla terza coniugazione, indicano un'azione incipiente o graduale. Il suffisso si trova solo nei tempi derivati

MORFOLOGIA

dal tema del presente (es. *cresco*, *-is*, *crevi*, *cretum*, *-ere*, "crescere"). Questi verbi possono derivare:
- da una radice verbale: *cre-sco*, "cresco"; *pa-sco*, "pascolo";
- dal tema di verbi, sostantivi, aggettivi: *quies*, "quiete" → *quiesco*, "riposo"; *senex*, "vecchio" → *senesco*, "invecchio"; *mutus*, "muto" → *obmutesco*, "ammutolisco";

3. **desiderativo** -(*s*)*so*, -*urio*. I verbi formati dall'aggiunta di questi suffissi esprimono il desiderio o lo sforzo del soggetto proteso verso una determinata azione.
   - ▶ *video*, "vedo" → *viso*, "vado a far visita"
   - ▶ *capio*, "prendo" → *capesso*, "cerco di prendere"
   - ▶ *emo*, "compero" → *empturio*, "ho voglia di comperare"

16. I verbi composti

Si chiamano **verbi composti** i verbi semplici a cui è stato aggiunto un preverbo, ossia un prefisso che muta il significato del verbo. I preverbi possono essere:
- **preposizioni** separabili, autonome, normalmente usate in unione ai sostantivi, come *ab*, *ad*, *ante*, *cum*, *de*, *ex*, *post*, *pro*, *sub* (per es. *ad* + *do* = *addo*, "aggiungo"; *cum* + *pello* = *compello*, "spingo");
- **prefissi inseparabili**, usati unicamente come preverbi, come *dis-*, *re-*, *red-*, *se-* (per es. *red* + *eo* = "ritorno");
- **avverbi**, come *bene*, *male*, *satis*: *bene-dico*, "dico bene"; *satis-facio*, "soddisfo";
- **temi nominali** o verbali, come *animadverto*, "scorgo" (*animus* + *adverto*), *patefacio*, "spalanco" (*pateo* + *facio*).

La consonante finale del preverbo, nell'unirsi alla consonante iniziale del verbo, si adegua a quest'ultima: questo fenomeno, chiamato **assimilazione**, può essere totale in casi come *accedo*, "mi avvicino" (da *ad-cedo*), oppure parziale, come *impello*, "spingo verso" (da *in-pello*).

Possono verificarsi anche fenomeni di semplificazione, per caduta di consonanti: *dimitto*, "lascio andare" (da *dis-mitto*).

Lezione 7

Gli avverbi

1. Gli avverbi

L'**avverbio**, *adverbium* in latino, è una **parte invariabile del discorso** e si **unisce** ad altri elementi della frase; in genere si accompagna al verbo e per questo motivo si chiama avverbio, da *ad* + *verbum*.

Gli avverbi possono essere primitivi o derivati: sono **primitivi** gli avverbi che non derivano da altre parole; **derivati** quelli che, invece, presentano la stessa radice di aggettivi o anche di forme verbali.

Inoltre in latino, così come in italiano, gli avverbi si dividono in gruppi in base al loro significato. Si hanno dunque:
- avverbi **di modo** e **qualità**;
- avverbi **di quantità** e **stima**;
- avverbi **di luogo**;
- avverbi **di tempo**;
- avverbi **enunciativi**;
- avverbi **interrogativi**.

1.1 Formazione degli avverbi derivati

Gli avverbi **derivati da aggettivi** si formano aggiungendo un **suffisso** alla radice dell'aggettivo stesso. Agli **aggettivi della prima classe** si sostituisce la desinenza *-i* del genitivo singolare con la *-e*; agli aggettivi di **seconda classe** si sostituisce la desinenza *-is* del genitivo singolare con ***-ĭter***. Se si tratta, però, di aggettivi della seconda classe che al nominativo escono in *-ans* o in *-ens*, la desinenza *-is* del genitivo singolare si sostituisce con ***-er***.

Origine	Forma	Esempio
aggettivi di prima classe	*-e*	*verus, -a, -um* → *vere*
aggettivi di seconda classe	*-ĭter*	*acris, -e* → *acr**ĭter***
aggettivi di seconda classe in *-ans* o *-ens*	*-er*	*elegans, elegantis* → *elegant**er*** *sapiens, sapientis* → *sapient**er***

Esistono anche altri avverbi derivati da sostantivi, dalla combinazione di aggettivi + sostantivi o da voci verbali.

1.2 Avverbi di modo e qualità

Gli **avverbi di modo** e **qualità** indicano il **modo** in cui si compie l'azione espressa dal verbo e generalmente derivano da aggettivi di prima e di seconda classe.

Appartengono agli avverbi di modo e qualità anche avverbi che escono in *-im* o che presentano uscite varie.

Avverbi in *-im*	*certatim*, "a gara"
	furtim, "furtivamente"
	partim, "in parte"
	passim, "alla rinfusa"
	paulatim, "a poco a poco"
	praesertim, "soprattutto"
	viritim, "a testa"
Avverbi con uscite varie	*adeo*, "a tal punto"
	contra, "al contrario"
	fere, "quasi"
	forte, "per caso"
	gratis, "gratuitamente"
	ita, "così"
	male, "male"
	paene, "quasi"
	sic, "così"
	sponte, "spontaneamente"
	ut, "come"
	vix, "appena", "a fatica"

1.3 Avverbi di quantità e stima

Gli **avverbi di quantità** e **stima** definiscono una **quantità** e derivano generalmente da accusativi neutri.

I principali sono i seguenti:

Avverbio	Traduzione
magis	"più"
minus	"meno"
multum	"molto"
nihil	"niente"
nimis	"troppo"
parum	"poco"
paulum	"poco"
plurimum	"moltissimo"
plus	"più"
quantum	"quanto"
satis	"abbastanza"
tantum	"tanto"

1.4 Avverbi di luogo

Gli **avverbi di luogo** determinano il **luogo** in cui si compie l'azione; si definiscono in base ai diversi complementi di luogo e derivano generalmente da pronomi.

Pronome	Avverbio			
	Stato in luogo	Moto a luogo	Moto da luogo	Moto per luogo
hic	*hīc*, "qui"	*huc*, "verso qui"	*hinc*, "da qua"	*hāc*, "per di qua"
ille	*illic*, "là"	*illuc*, "verso là"	*illinc*, "da là"	*illāc*, "per di là"
iste	*istic*, "costì"	*istuc*, "verso costì"	*istinc*, "da costì"	*istāc*, "per costà"
is	*ibi*, "là"	*eo*, "verso là"	*inde*, "da là"	*eā*, "per di là"
idem	*ibīdem*, "nel medesimo luogo"	*eodem*, "verso il medesimo luogo"	*indidem*, "dal medesimo luogo"	*eādem*, "per il medesimo luogo"
qui	*ubi*, "dove"	*quo*, "verso dove"	*unde*, "da dove"	*quā*, "per dove"
quicumque	*ubicumque*, "dovunque"	*quocumque*, "verso ovunque"	*undecumque*, "da dovunque"	*quācumque*, "per ovunque"
alius	*alĭbi*, "altrove"	*alio*, "verso altro luogo"	*aliunde*, "da un altro luogo"	*aliā*, "per un altro luogo"
aliquis	*alicŭbi*, "in qualche luogo"	*aliquo*, "verso qualche luogo"	*alicunde*, "da qualche luogo"	*aliquā*, "per qualche luogo"

Osservazioni

Appartengono agli avverbi di luogo anche avverbi di diversa origine:
- *foris*: "fuori" (stato in luogo);
- *foras*: "fuori" (moto a luogo);
- *intus*: "dentro" (stato in luogo);
- *intro*: "dentro" (moto a luogo);
- *nusquam*: "in nessun luogo";
- *prope*: "vicino";
- *procul*: "lontano";
- *usquam*: "in qualche luogo".

1.5 Avverbi di tempo

Gli avverbi di tempo definiscono il **tempo** in cui si svolge l'azione e si possono suddividere in diverse categorie: quelli che determinano un **tempo preciso** (e rispondono alla domanda: "quando?"); quelli che indicano **per quanto tempo** si protrae una azione (e rispondono alla domanda: "per quanto tempo?"); quelli che indicano **per quante volte** si ripete un'azione (e rispondono alla domanda: "quante volte?"). I principali sono i seguenti:

Quando?	*alias*, "altre volte" *antea*, "prima" *cito*, "presto" *cras*, "domani" *deinde*, "poi" *denĭque*, "infine" *heri*, "ieri" *hodie*, "oggi" *iam*, "già"	*interdĭu*, "di giorno" *mane*, "di mattina" *modo*, "or ora" *mox*, "subito" *nocte*, "di notte" *nunc*, "ora" *olim*, "una volta" *postea*, "poi"	*postridie*, "il giorno dopo" *pridie*, "il giorno prima" *statim*, "subito" *tum*, *tunc*, "allora" *vespĕre*, "di sera"

▶ Segue

MORFOLOGIA

Per quanto tempo?	*adhuc*, "finora" *diu*, "a lungo" *interĕa*, *intĕrim*, "frattanto" *quamdiu*, "quanto a lungo" *semper*, "sempre" *tamdiu*, "tanto a lungo"
Quante volte?	*cotidie*, quotidie, "ogni giorno" *interdum*, "talvolta" *numquam*, "mai" *quotiens*, "quante volte" *saepe*, "spesso" *umquam*, "qualche volta"

1.6 Avverbi enunciativi

Gli avverbi enunciativi occorrono nel discorso per **affermare** o **negare** un'asserzione o insinuare un dubbio.

I principali sono i seguenti:

Avverbi di affermazione	*certe*, "certamente" *equĭdem*, "in verità" *omnīno*, "assolutamente" *profecto*, "senza dubbio" *sane*, "davvero" *vere*, "veramente"
Avverbi di negazione	*haud*, "non" *minime*, "per nulla" *nec*, *neque*, "né" *ne... quidem*, "neppure" *non*, "non"
Avverbi di dubbio	*forsitan*, "forse" *fortasse*, "forse"

MORFOLOGIA

1.7 Avverbi interrogativi

Gli **avverbi interrogativi** occorrono nelle **domande** e servono per introdurre le proposizioni interrogative dirette e indirette.

I più comuni sono i seguenti:

Avverbio	Traduzione	Avverbio	Traduzione
ubi?	"dove?"	*cur?*	"perché?"
quo?	"verso dove?"	*quare?*	"perché?"
qua?	"per dove?"	*quando?*	"quando?"
unde?	"da dove?"	*quamdiu?*	"per quanto tempo?"
quomŏdo?	"in che modo?"	*quotiens?*	"quante volte?"
quantum?	"quanto?"	*quemădmodum?*	"in che modo?"

2. Il comparativo e il superlativo degli avverbi

Anche gli avverbi hanno i **gradi di comparazione**.

Il **comparativo di maggioranza** è uguale ai casi diretti del **comparativo neutro** dell'aggettivo corrispondente.

- *facile* → *facilius* (comp. neutro di *facilis*, *-e*), "più facilmente"
- *celeriter* → *celerius* (comp. neutro di *celer*, *-is*, *-e*), "più celermente"

Il **comparativo di uguaglianza** e di **minoranza** si forma allo stesso modo degli aggettivi.

Il **superlativo** si forma a partire da quello dell'aggettivo corrispondente, sostituendo ***-e*** alla desinenza *-i* del genitivo singolare.

- *facillimus*, *-a*, *-um* → *facillime*, "molto facilmente"
- *celerrimus*, *-a*, *-um* → *celerrime*, "velocissimamente"

Se l'aggettivo corrispondente non ha una forma propria di comparativo e superlativo, si ricorre anche per gli avverbi alla perifrasi con *magis* e *maxime*.

- *strenue* → *magis strenue* → *maxime strenue*

Lezione 8
Le preposizioni

1. Le preposizioni

La **preposizione**, *praepositio* in latino, è la **parte invariabile del discorso** che **si prepone** a un sostantivo o a un pronome per specificarne la funzione logico-sintattica, ossia il rapporto che lo lega al resto della frase.

In latino solo due casi possono essere introdotti da una preposizione: **accusativo** e **ablativo**. Le preposizioni possono reggere o un solo caso o entrambi i casi, con significati differenti.

MORFOLOGIA

1.1 Preposizioni che reggono l'accusativo

Preposizione	Significato	Funzione logica
ad	"a", "verso"	moto a luogo
	"presso"	vicinanza
	"fino a"	tempo
	"per"	fine
	"di fronte", "in rapporto a"	relazione
	"circa"	quantità
adversus o adversum	"di fronte a"	luogo
	"verso", "contro"	direzione o ostilità
	"in confronto"	relazione
ante	"davanti"	luogo
	"prima"	tempo
	"più di"	paragone
apud	"presso", "vicino"	stato in luogo
	"secondo", "a giudizio di"	relazione
circa, circum, circĭter	"intorno a", "presso", "vicino a"	luogo
	"all'incirca", "circa"	quantità
	"accanto a", "al seguito di"	luogo
	"a proposito di"	argomento
citra, cis	"al di qua"	luogo
	"entro"	tempo
contra	"di fronte"	luogo
	"verso"	direzione
	"contro"	ostilità
	"contrariamente a"	opposizione

Preposizione	Significato	Funzione logica
erga	"verso", "riguardo a"	relazione
extra	"fuori", "oltre", "al di là di"	luogo
	"tranne"	esclusione
	"senza"	privazione
infra	"sotto"	luogo
	"dopo"	tempo
intra, inter	"dentro", "tra", "in mezzo a"	luogo
	"entro", "prima di"	tempo
iuxta	"vicino", "presso"	luogo
ob	"verso"	direzione
	"di fronte", "davanti"	luogo
	"a causa di", "per"	causa
per	"per", "attraverso"	moto per luogo
	"durante", "per"	tempo
	"per mezzo di"	mezzo
post	"dietro", "al di là di"	luogo
	"dopo"	tempo
praeter	"davanti", "presso", "oltre"	luogo
	"tranne", "eccetto"	esclusione
prope	"vicino", "presso"	luogo
	"circa", "quasi"	tempo
propter	"vicino a", "presso", "di fronte a"	luogo
	"a causa di", "per"	causa
secundum	"presso", "vicino a"	luogo
	"dopo"	tempo
	"durante"	tempo
	"in conformità con", "secondo"	relazione
supra	"sopra"	luogo
	"al di là di"	luogo
	"prima di"	tempo
	"oltre"	misura
trans	"oltre", "al di là di"	luogo
ultra	"al di là", "oltre"	luogo
	"dopo"	tempo
	"più di", "al di là di"	paragone

MORFOLOGIA

1.2 Preposizioni che reggono l'ablativo

Preposizione	Significato	Funzione logica
a, ab	"da"	moto da luogo, allontanamento, separazione, distanza
	"fin da"	tempo
	"da"	agente
coram	"davanti a", "in presenza di"	luogo
cum	"con"	compagnia e unione
	"con"	modo
	"contemporaneamente a"	tempo
de	"da", "fuori da"	moto da luogo, provenienza, allontanamento, origine
	"fra", "di"	partitivo
	"a causa di"	causa
	"su", "a riguardo di"	argomento
	"durante", "in"	tempo
e, ex	"da"	moto da luogo, provenienza, origine
	"fin da"	tempo
	"fra", "tra"	partitivo
	"in conformità con"	relazione
	"di"	materia
prae	"davanti a"	luogo
	"in confronto a"	paragone
	"a causa di", "per"	causa impediente
pro	"davanti a"	luogo
	"a favore di", "per"	vantaggio
	"al posto di"	scambio
	"in confronto a", "in conformità con", "in rapporto a"	relazione
sine	"senza"	privazione

1.3 Preposizioni che reggono l'accusativo e l'ablativo

Preposizione	Significato	Funzione logica
in + accusativo	"in", "verso"	moto a luogo
	"per", "durante", "fino a"	tempo continuato
	"verso", "contro"	favore o ostilità
in + ablativo	"in", "dentro"	stato in luogo
	"durante", "in"	tempo determinato
	"riguardo a", "contro"	relazione
sub + accusativo	"sotto", "dietro", "presso", "a"	moto a luogo
	"durante", "subito prima", "subito dopo", "verso"	tempo
	"sotto"	dipendenza
sub + ablativo	"sotto", "dietro"	stato in luogo
	"durante"	tempo
	"sotto"	dipendenza
super + accusativo	"su", "sopra", "al di là di"	luogo
	"durante", "dopo"	tempo
	"oltre", "più"	misura
super + ablativo	"su", "sopra"	luogo
	"riguardo a", "intorno a"	argomento

Lezione 9
Le congiunzioni

1. Le congiunzioni

La **congiunzione**, *coniunctio* in latino, è la **parte invariabile del discorso** che ha la funzione di **legare** tra loro due o più elementi (nomi, aggettivi, pronomi, sintagmi, proposizioni) che fanno parte dello stesso periodo. Le congiunzioni si dividono in:
- **coordinanti**, se collegano due o più elementi della frase che si trovano sullo stesso piano sintattico;
- **subordinanti**, se pongono due o più proposizioni su piani sintattici diversi.

1.1 Congiunzioni coordinanti

Le congiunzioni coordinanti possono essere:
- **copulative**, se uniscono due elementi di una frase, accostandoli in modo affermativo o negativo;

et	"e"
ac	"e"
atque	"e"
-que (enclitica)	"e"
nec	"né", "e non"
neque	"né", "e non"
etiam	"anche"
quoque	"anche"

Osservazioni

La congiunzione coordinante -***que***, "e" è enclitica: si lega alla parola che la precede e non ha un accento proprio. Le parole seguite dal *-que* si leggono sempre con l'accento sull'ultima sillaba prima dell'enclitica, a prescindere dal loro accento naturale.
Le congiunzioni ***etiam*** e ***quoque*** significano entrambe "anche". *Quoque*, però, a differenza di *etiam*, segue sempre la parola a cui si riferisce.

- **avversative**, se mettono in contrapposizione due elementi di una frase;

at	"ma"
sed	"ma"
autem	"invece"
tamen	"tuttavia"
verum	"ma", "al contrario"

– **disgiuntive**, se indicano un'alternativa tra due elementi di una frase;

aut	"o"
vel	"o"

Osservazioni

Le congiunzioni disgiuntive ***aut*** e ***vel*** significano entrambe "o", con la differenza che *aut* viene usato per proporre una scelta tra due elementi che si escludono a vicenda, mentre *vel* introduce due alternative entrambe possibili. La congiunzione *vel* può essere anche enclitica (-*ve*), e in questo caso si collega alla parola che precede.

– **esplicative**, se introducono una spiegazione o un chiarimento su quanto detto in precedenza;

enim	"infatti"
nam	"infatti"

Osservazioni

Le congiunzioni esplicative ***enim*** e ***nam*** significano entrambe "infatti". *Enim*, però, a differenza di *nam*, non si usa a inizio periodo, ma dopo una o più parole.

– **correlative**, se uniscono due elementi di una frase mettendoli in un rapporto di corrispondenza;

et… et	"e… e"
aut… aut	"o… o"
nec… nec	"né… né"
seu… seu	"sia… sia"
vel… vel	"sia… sia"
non solum… sed etiam	"non solo... ma anche"
primum… tum	"dapprima… poi"
cum… tum	"sia… sia"
modo… modo	"ora… ora"

– **conclusive**, se indicano una conclusione rispetto a quanto detto in precedenza;

ergo	"dunque"
igĭtur	"dunque"
ităque	"dunque", "pertanto"
proinde	"perciò", "pertanto"
quāre	"per la qual cosa"
quamŏbrem	"per la qual cosa"

– **correttive**, se introducono una correzione a quanto detto in precedenza.

immo	"anzi"
quin	"anzi"
quamquam	"del resto", "per quanto"

MORFOLOGIA

1.2 Congiunzioni subordinanti

Le congiunzioni subordinanti sono le seguenti.

Congiunzione	Significato	Tipo di subordinata	Modo verbale
antĕquam, priusquam	"prima che", "prima di"	temporale	indicativo, congiuntivo
cum	"quando", "allorché"	temporale	indicativo
	"ogni volta che"	temporale	indicativo
	"quando", "poiché"	temporale, causale (*cum narrativum*)	congiuntivo
	"poiché", "dato che"	causale	congiuntivo
	"mentre"	avversativa	congiuntivo
	"sebbene", "anche se"	concessiva	congiuntivo
dum, donec	"mentre", "finché"	temporale	indicativo, congiuntivo
dummŏdo (*dum modo*)	"purché"	limitativa condizionale	congiuntivo
etiamsi	"anche se", "sebbene", "benché"	concessiva	congiuntivo
etsi, tametsi	"anche se", "sebbene", "benché"	concessiva	indicativo
licet	"anche se", "sebbene", "benché"	concessiva	congiuntivo
ne	"affinché non", "perché non", "di non"	finale negativa	congiuntivo
	"che non", "a non", "di non"	completiva volitiva	congiuntivo
	"che"	completiva (con i *verba timendi*)	congiuntivo
	"che", "di"	completiva (con i *verba impediendi* e *recusandi*)	congiuntivo
nisi, ni	"se non"	condizionale o ipotetica negativa	indicativo, congiuntivo
postquam	"dopo che", "dopo di"	temporale	indicativo
quamdĭu	"fintanto che (non)", "finché (non)"	temporale	indicativo, congiuntivo
quamquam	"anche se", "sebbene", "benché"	concessiva	indicativo
quamvis	"anche se", "sebbene", "benché"	concessiva	congiuntivo
quasi	"come se"	comparativa ipotetica	congiuntivo
quia	"poiché", "dato che"	causale	indicativo, congiuntivo
quin	"che"	completiva (con i *verba dubitandi*)	congiuntivo
	"che non", "da non"	consecutiva	congiuntivo
quo	"affinché"	finale (con i comparativi)	congiuntivo

MORFOLOGIA

Congiunzione	Significato	Tipo di subordinata	Modo verbale
quoad	"fintanto che (non)", "finché (non)"	temporale	indicativo, congiuntivo
quod	"poiché", "dato che"	causale oggettiva	indicativo
	"poiché", "dato che"	causale soggettiva	congiuntivo
	"che", "il fatto che"	completiva dichiarativa	indicativo
quomĭnus (*quo minus*)	"che"	completiva (con i *verba impediendi* e *recusandi*)	congiuntivo
quoniam	"poiché", "dato che"	causale	indicativo, congiuntivo
si	"se", "qualora"	condizionale o ipotetica	indicativo, congiuntivo
simul, simul ac, simul atque	"non appena", "quando"	temporale	indicativo
ubi, ubi primum	"non appena", "quando"	temporale	indicativo
ut	"quando", "non appena"	temporale	indicativo
	"affinché", "perché"	finale	congiuntivo
	"così... che", "tanto... da"	consecutiva	congiuntivo
	"che"	completiva dichiarativa	congiuntivo
	"che", "di"	completiva volitiva	congiuntivo
	"che non"	completiva (con i *verba timendi*)	congiuntivo
	"come"	comparativa	indicativo, congiuntivo
	"per quanto", "relativamente a quello che"	limitativa	indicativo, congiuntivo
	"purché" (*modo ut*)	limitativa	congiuntivo
	"sebbene", "anche se"	concessiva	congiuntivo
velut, velut si	"come", "come se"	comparativa, comparativa ipotetica	indicativo, congiuntivo

MORFOLOGIA

Lezione 10

Le interiezioni

1. Le interiezioni

L'**interiezione**, *interiectio* in latino, è la **parte invariabile del discorso** che esprime un **sentimento** e non ha rapporti sintattici con la frase in cui è inserita. Le interiezioni si distinguono in:
- **proprie**, se riproducono suoni onomatopeici;
- **improprie**, se sono costituite da sostantivi, vocativi, avverbi, voci verbali usati con valore esclamativo.

1.1 Interiezioni proprie

eheu!, heu!, ei!, hei!, io!	"ahi!" (dolore)
hui!, pro!, proh!	"oh!", "ohibò!" (sdegno)
hem!, ehem!, o!	"oh!" (meraviglia)
vae! + dativo	"guai a…!" (minaccia)
eia!, heia!	"suvvia!" (esortazione)
st!	"st! silenzio"

1.2 Interiezioni improprie

age!, agĕdum!, agĭte!	"suvvia!"
bene!, recte!	"bene!"
malum!	"orrore!"
ecce!	"ecco!"
hercŭle!, hercle!, mehercŭles!, mehercŭle!, mehercle!	"per Ercole!"
ecastor!, mecastor!	"per Castore!"
edĕpol!	"per Polluce!"
medius fidius!	"certamente!", "sulla mia parola!"

Sintassi dei casi

La sintassi (dal greco *sýntaxis*, "ordinamento", "sistema") studia le regole di combinazione delle parole all'interno della proposizione e delle proposizioni all'interno del periodo. La sintassi dei casi, in particolare, studia i diversi modi in cui i casi si articolano e si costruiscono nell'ambito di una frase.

In questa sezione

Lezione 11

Gli elementi della proposizione e le loro concordanze

1. Gli elementi della proposizione

Una **proposizione indipendente** è composta da due elementi fondamentali, quali il **predicato** e il **soggetto**, a cui possono accompagnarsi delle espansioni a completarne il significato, i **complementi**, gli **attributi** e le **apposizioni**.

La **frase minima** è quella formata soltanto da soggetto e predicato. È possibile, però, avere frasi composte dal solo verbo, come quelli impersonali indicanti fenomeni atmosferici, per es. *Pluit*, "Piove".

Si incontrano, infine, anche frasi ellittiche di verbo, come quelle costituite da esclamazioni o interiezioni (*Ecce!*, "Ecco!"), o come le frasi nominali (*Summum ius summa iniuria*, "Perfetta giustizia, perfetta ingiustizia").

2. Il soggetto

Il soggetto, all'interno di una frase, è l'elemento che può compiere o subire l'azione, trovarsi in una certa condizione, avere una particolare qualità.

Generalmente il soggetto è costituito da un **nome**, da un **aggettivo** o un **participio sostantivato** o da un **pronome**; ma qualsiasi parte del discorso può avere la funzione di soggetto, come un **avverbio**, un **verbo** all'infinito o un'**intera proposizione**.

- ***Gallia*** *est omnis divisa in partes tres.* (Cesare)
  Tutta **la Gallia** è divisa in tre parti.
- *Constat* ***Hannibalem in Italiam per Alpes venisse.***
  È noto **che Annibale sia giunto in Italia attraverso le Alpi**.

In latino, come in italiano, il soggetto è sottinteso quando è costituito da un pronome personale. Si esprime, invece, quando si vuole sottolinearlo per una qualche ragione.

Il soggetto, in latino, si esprime in genere con il caso **nominativo**; ma in costruzioni particolari (verbi e costruzioni impersonali, proposizioni infinitive) si può utilizzare anche un caso diverso.

3. Il predicato

Elemento essenziale di una proposizione è il **verbo** o **predicato**, a cui è associato un soggetto, che può essere espresso o sottinteso (fanno eccezione i verbi impersonali). Ogni proposizione si articola, quindi, intorno a un verbo, tranne la frase nominale, che ne è priva.

Il predicato può essere:

- **verbale**: è costituito da tutti i verbi (attivi, passivi, deponenti) che indicano un'azione compiuta o subita dal soggetto o un suo stato; i verbi servili formano un unico predicato con l'infinito che accompagnano ▶ *Marius librum* ***legit***. Mario **legge** un libro.
- **nominale**: è formato dal verbo *essere* (**copula**) più un aggettivo o un nome (parte nominale o **nome del predicato**) ▶ *Cicero* ***orator et consul fuit***. Cicerone **fu oratore e console**.

Bisogna, però, ricordare che il **verbo essere**, quando significa "esistere", "trovarsi", "stare", "rimanere", "abitare", "risiedere", "vivere", "appartenere" ecc., costituisce un **predicato verbale**.

▶ *Puer domi* ***est***.
Il ragazzo **si trova** a casa.

4. La concordanza tra soggetto e predicato

Il predicato concorda con il soggetto rispettando alcune regole.

Quando la frase ha un soggetto unico:

- il predicato verbale **concorda con il soggetto** nel **numero** e nella **persona**; se il predicato verbale è costituito da una voce verbale con il participio, quest'ultimo concorda anche nel **genere** ▶ ***Hostes interfecti sunt*** *a militibus Romanis*. **I nemici furono uccisi** dai soldati romani.
- la **copula** del predicato nominale concorda con il soggetto nel **numero** e nella **persona**; il **nome del predicato**, se è costituito da un **aggettivo**, concorda con il soggetto in **genere**, **numero** e **caso**; se è costituito da un sostantivo, concorda sempre nel **caso**, se è possibile anche nel **genere** e nel **numero** ▶ ***Cantium regio est*** *maritima omnis*. (da Cesare) **Il Canzio è una regione** completamente marittima.

Se il soggetto è rappresentato da un **infinito** o da un'**intera proposizione**, il nome del predicato è declinato al genere **neutro**.

Quando la frase ha **più soggetti** per un solo predicato:

- se si tratta di esseri animati di genere diverso, prevale il **maschile** sugli **altri generi**, il **femminile** sul **neutro** ▶ ***Mulieres*** *et* ***oppida captae sunt***. **Donne** e **città furono prese**.
- se si tratta di **esseri inanimati** di genere differente, prevale in genere il **neutro** ▶ *Secundae res, honores, imperia, victoriae* ***fortuita sunt***. (da Cicerone) Le situazioni favorevoli, le cariche pubbliche, i comandi militari e le vittorie **sono soggetti al caso**.

5. La concordanza a senso

La **concordanza a senso** (*constructio ad sententiam*) si ha quando il predicato non concorda con il soggetto grammaticale, ma con il **soggetto logico** della frase. Si verifica con:

- nomi **singolari collettivi**, come *turba*, "folla", *exercitus*, "esercito", *multitudo*, "moltitudine", *civitas*, "popolazione" ▶ *Orgetorix civitati pesuasit ut e finibus* ***exirent***. Orgetorige convinse la popolazione a **uscire** dai confini.

SINTASSI DEI CASI

- nomi **neutri** plurali usati in **senso figurato**, come *capita*, "capi", *milia*, "migliaia": ▶ *Capita coniurationis ab consulibus* ***caesi sunt***. (da Livio) I capi della congiura **furono uccisi** dai consoli.
- sostantivi uniti a un **complemento di compagnia** ▶ *Dux com suis militibus impetum* ***fecerunt***. Il comandante con i suoi soldati **attaccò** battaglia.
- pronomi che veicolano l'**idea di pluralità**, come *uter, uterque, quisque* seguiti dal genitivo partitivo ▶ *Uterque exercituum magnis itineribus* ***procedunt***. L'uno e l'altro degli eserciti **procedono** a marce forzate.

In caso di **più soggetti**, inoltre, il predicato può **concordare con uno solo**; ciò si verifica:

- quando i soggetti rappresentano un **unico concetto** ▶ *Dies tempusque sanitatem animis* ***adfert***. (da Livio) Il tempo e i casi della vita **riportano** il buon senso negli animi.
- quando i soggetti sono uniti dalle congiunzioni ***et... et, aut... aut, nec... nec*** ▶ *Mens et animus et consilium et sententia civitatis posita* ***est*** *in legibus*. (Cicerone) L'intelligenza, l'animo, il senno e la sapienza di una popolazione **sono** posti nelle leggi.
- quando, per attribuire **maggior rilievo** a uno dei soggetti, si concorda il verbo soltanto con esso ▶ *Impedimenta et omnis equitatus* ***secutus est***. (da Cesare) Le salmerie e tutta la cavalleria **seguirono**.

6. L'attributo

L'attributo è un **aggettivo** che **caratterizza** e **qualifica** il sostantivo al quale è direttamente unito. Esso **concorda** in **genere**, **numero** e **caso** con il nome a cui si riferisce.

▶ *Syracusis forum* ***maximum***, ***pulcherrimae*** *porticus*, ***amplissima*** *est curia*. (da Cicerone)
A Siracusa c'è un **grandissimo** foro, **bellissimi** porticati e una curia **molto ampia**.

Quando l'attributo accompagna **più sostantivi**, o concorda con uno solo di essi, in genere il più vicino, o si ripete per ciascuno di essi.

▶ *Omnes proelium* ***uno*** *animo*, ***una*** *voce poscunt*. (da Livio)
Tutti invocano la battaglia con **un solo** animo e **una sola** voce.

7. L'apposizione

L'apposizione è un **sostantivo** riferito a un **altro sostantivo**, spesso un nome proprio, per **determinarne la natura** o per **attribuire una qualità**. Può essere accompagnata da uno o più attributi oppure da complementi. Concorda col sostantivo al quale si riferisce sempre nel caso e, quando è possibile, nel genere e nel numero.

▶ *Nondum maturus imperio Ascanius, Aeneae* ***filius***, *erat*. (Livio)
Ascanio, **figlio** di Enea, non era ancora pronto per il potere.

8. Il complemento di denominazione

Il complemento di denominazione è costituito da un **nome proprio** che specifica il nome comune che lo accompagna. Generalmente il nome comune è di carattere geografico (*urbs, mons, flumen, insula* ecc.).

In latino il complemento di denominazione va nello stesso caso del nome a cui si riferisce.

▶ *Copiae relinquunt oppidum* **Romam**.
Le truppe lasciano la città **di Roma**.

9. Il complemento predicativo del soggetto e dell'oggetto

Il complemento **predicativo del soggetto** indica un aggettivo o un sostantivo, grammaticalmente **riferito al soggetto**, che completa il senso del predicato verbale. La funzione predicativa comporta uno stretto legame con il predicato e si ha con:

- i **verbi intransitivi**, che ricevono dal complemento predicativo un'aggiunta di significato, come *fio*, "divento", *vivo*, "vivo", *nascor*, "nasco", *morior*, "muoio";
- i verbi **copulativi** in **forma passiva** il cui significato è completato dal complemento predicativo: appellativi (*dicor*, "sono detto", *appellor*, "sono chiamato"), elettivi (*legor*, *eligor*, "sono eletto", *creor*, "sono creato"), estimativi (*ducor*, *putor*, "sono ritenuto"), ecc.

Il complemento **predicativo del soggetto** viene espresso in **nominativo**. Concorda col soggetto, se è un aggettivo, in genere, numero e caso; se è un sostantivo sempre nel caso, in genere e numero se è possibile.

▶ *Crassus* ***consul*** *creatur.*
Crasso è eletto **console**.

Il complemento **predicativo dell'oggetto** indica un aggettivo o un sostantivo, grammaticalmente **riferito al complemento oggetto**, che completa il senso del predicato verbale. È retto dagli stessi verbi copulativi (appellativi, elettivi, estimativi, effettivi) ma in **forma attiva**.

Viene espresso in **accusativo**.

▶ *Romani Crassum* ***consulem*** *creant.*
I Romani eleggono Crasso **console**.

Lezione 12

Il nominativo e il vocativo

1. Il nominativo

Il **nominativo** è il caso con cui viene nominato un nome, anche a prescindere dalla sua funzione sintattica. Si utilizza, infatti, anche nelle frasi nominali, in cui il verbo è assente, e nei titoli delle opere letterarie.

Nelle proposizioni con il verbo di modo finito, il nominativo è il **caso del soggetto** e di tutti gli elementi che al soggetto si riferiscono: l'attributo, l'apposizione, la parte nominale, il complemento predicativo.

2. Il doppio nominativo

Il verbo *sum* e i **verbi copulativi**, in latino, presentano il **doppio nominativo**: quello del **soggetto** e quello della **parte nominale** (nel caso di *sum*) o del **complemento predicativo del soggetto**.

Sono verbi copulativi:

- i verbi **intransitivi** che indicano **modo di essere**: *fio*, "divento", *exsisto*, "mi mostro", *evado*, "riesco", *appareo*, "appaio" ecc. ▶ ***Lepores** in Gallia transalpina et Macedonia fiunt **permagni**.* (Varrone) Nella Gallia translapina e in Macedonia **le lepri** diventano **grandissime**.
- i verbi **transitivi** in **forma passiva** quali:
  - **appellativi**: *appellor*, "sono chiamato", *dicor*, "sono detto", *salutor*, "sono salutato" ecc. ▶ *Post victoriam apud Zamam **Scipio Africanus** appellatus est.* Dopo la vittoria presso Zama **Scipione** fu chiamato **Africano**.
  - **elettivi**: *creor*, "sono creato", *eligor*, "sono eletto", *designor*, "sono designato" ecc. ▶ ***Cicero consul** creatus est.* **Cicerone** fu eletto **console**.
  - **estimativi**: *ducor*, "sono ritenuto", *habeor*, "sono considerato", *putor*, "sono stimato", *invenior*, "sono trovato" ecc. ▶ ***Fulcinius** domi suae **honestus** existimatus est.* **Fulcinio** nella sua casa fu ritenuto **onesto**.

SINTASSI DEI CASI

2.1 Doppio nominativo in dipendenza dai verbi servili

I verbi che si costruiscono con il doppio nominativo mantengono questa costruzione anche quando sono **retti da verbi servili**, come *possum*, "posso", *soleo*, "sono solito", *incipio*, "incomincio".

▶ *Dici **beatus** ante obitum **nemo** debet.* (da Ovidio)
Nessuno deve essere definito **beato** prima della morte.

Quando dipendono da **verbi servili di volontà**, come *volo*, "voglio", *nolo*, "non voglio", *malo,* "preferisco", *cupio,* "desidero" ecc. possono avere il **doppio nominativo** solo se c'è **identità di soggetto**.

▶ *Cato esse quam videri bonus malebat.* (Sallustio)
Catone preferiva essere piuttosto che sembrare buono.

Nel caso in cui il **soggetto** sia **differente**, si ricorre all'**accusativo** e l'**infinito**.

▶ *Volebant Marium consulem creari.*
Volevano che Mario fosse eletto console.

3. La costruzione di *videor*

Videor, oltre a essere il passivo del verbo *video,* "sono visto", può significare anche "**sembrare**"; in questa accezione, è un verbo **verbo copulativo** ed è costruito con il **nominativo** del **soggetto** e il **nominativo** del **complemento predicativo del soggetto**.

▶ *Puella sedula videtur.*
La fanciulla sembra diligente.

Nel significato di "sembrare", *videor* è spesso **accompagnato da un infinito**. In questo caso può essere costruito in due modi:

- in **forma personale**, concordato con il soggetto ▶ *Fabia et Domitilla puellae sedulae esse videntur.* Sembra che Fabia e Domitilla siano fanciulle diligenti. (= Fabia e Domitilla sembrano essere fanciulle diligenti).
- in **forma impersonale,** sempre alla terza persona singolare ▶ *Turpe videtur hoc facere.* Sembra vergognoso fare ciò.

In italiano, il verbo "sembrare" è costruito in forma personale quando è usato come verbo copulativo: "Mario sembra un ottimo comandante". È costruito in forma impersonale quando è alla terza persona singolare e da esso dipende una proposizione soggettiva: "Sembra che il viaggio sia stato faticoso e lungo".

3.1 Costruzione personale

La **costruzione personale** di *videor* prevede la presenza di un **soggetto grammaticale** in **nominativo**, con cui il verbo è concordato, e di un **infinito**. In nominativo vanno anche tutti gli altri elementi che si riferiscono al soggetto (complemento predicativo, participi, attributi e apposizioni).

Quanto al tempo dell'infinito, si usa il presente per indicare un'azione contemporanea, il perfetto per un'azione anteriore e il futuro per un'azione posteriore a quella della reggente (*videor*).

In **dativo** si esprime la **persona a cui sembra**.

▶ *Consules Romam venisse videntur.*
Sembra che i consoli siano venuti a Roma. (= I consoli sembrano essere venuti a Roma).

Quando *videor* è unito a un **verbo servile**, quest'ultimo **concorda** con il **soggetto** e il verbo ***videor*** è coniugato all'**infinito**.

▶ *Potes videri vir bonus.*
Puoi sembrare un uomo onesto.

SINTASSI DEI CASI

3.2 Costruzione impersonale

La **costruzione impersonale** di *videor* prevede che esso sia coniugato alla **terza persona singolare** (al neutro se si tratta di voci verbali composte, come nel passivo del perfetto e dei tempi da esso derivati) seguito o da un **infinito** o da una **proposizione infinitiva** che funge da soggetto nell'ambito del periodo.

Ciò si verifica in determinate circostanze, ossia quando *videor*:

- è accompagnato da un **aggettivo neutro** ▶ ***Visum est facile*** *Orgetorigi Helvetiis* ***persuadere***. **Sembrò facile** a Orgetorige **convincere** gli Elvezi.
- ha il significato di "**sembrar bene**" o "**sembrare opportuno**" (valore deliberativo) ▶ *Hannibali* ***visum est*** *Alpes cum exercitu* ***transire***. Ad Annibale **sembrò opportuno passare** le Alpi con l'esercito.
- regge un **verbo impersonale** (→ p. 110) all'infinito o una **perifrastica passiva impersonale** (→ p. 183) ▶ *Mihi* ***videtur*** *te* ***paenituisse*** *tuae insolentiae*. Mi **sembra** che **ti sia pentito** della tua arroganza.
- è inserito in una **proposizione incidentale**, con significato di "sembrare opportuno" ▶ *Responde, si tibi* ***videtur***. Rispondi, se ti **sembra opportuno**.
- è unito alla perifrasi ***fore/futurum esse ut*** + **congiuntivo**, che sostituisce l'infinito futuro di un verbo mancante di supino ▶ *Nobis* ***videtur fore ut*** *senatus Caesarem* ***timeat***. Ci **sembra** che il senato **temerà** Cesare.

Osservazioni

Nelle incidentali *videor* è costruito in forma impersonale quando significa "sembrare", "parere" (valore opinativo).

Sed, ***si videtur****, considamus hic in umbra.* (Cicerone)
Ma, **se ti sembra opportuno**, sediamoci qui all'ombra.

SINTASSI DEI CASI

4. La costruzione dei *verba declarandi, sentiendi, existimandi, iubendi*

Alcuni verbi, utilizzati al passivo, possono avere la stessa costruzione di *videor* quando corrispondono alla forma impersonale italiana, con il cosiddetto "si" passivante e la proposizione soggettiva: "**si racconta che/di**", "**si ritiene che/di**", "**si proibisce che/di**" ecc.

Questa costruzione è tipica di determinate categorie di verbi:

- ***verba dicendi*** e ***declarandi***, che significano "essere detto/tramandato/narrato", per es.: *dicor, feror, narror, trador*;
- ***verba sentiendi***, che significano "essere udito/percepito/conosciuto/compreso", per es.: *audior, cognoscor, sentior, intellegor*;
- ***verba existimandi***, che significano "essere stimato/ritenuto" per es.: *putor, ducor, habeor, existimor*;
- ***verba iubendi*** e ***impediendi***, che significano "essere costretto/comandato/vietato", per es.: *cogor, iubeor, sinor, prohibeor, vetor*.

Si aggiungono anche verbi che esprimono il significato di "essere trovato, scoperto" per es.: *invenior, reperior*.

In genere i ***verba declarandi***, ***sentiendi***, ***existimandi*** presentano:

– la **costruzione personale** (con il **nominativo** del soggetto e l'**infinito**), nelle forme del **presente** e in quelle derivate dal tema del presente ▶ ***Caesar*** *consulatum* ***petere censebatur***. **Si riteneva che Cesare aspirasse** al consolato.
– la **costruzione impersonale** (con il verbo alla **terza persona singolare** e la **proposizione infinitiva**) nelle forme del **perfetto** e in quelle derivate dal tema del perfetto, nonché nella coniugazione perifrastica passiva ▶ ***Traditum est Romulum et Remum filios*** *Rheae Silviae* ***esse***. **Si raccontò che Romolo e Remo erano figli** di Rea Silvia.

I ***verba iubendi*** e ***impediendi***, invece, presentano sempre la **costruzione personale**.

▶ ***Milites*** *pontem aedificare* ***iussi sunt***.
Si ordinò ai soldati di edificare il ponte.

5. Il vocativo

Il **vocativo** è il caso con cui si indica la **persona** o la **cosa a cui si indirizza il discorso** in forma diretta. Non presentando legami sintattici con il resto della frase, è spesso isolato tra due virgole o collocato all'inizio dell'enunciato, preceduto talvolta dalle interiezioni *o, heus, heu, eheu, io, pro* ecc.

▶ *Quo usque tandem abutere*, ***Catilina***, *patientia nostra?* (Cicerone)
Fino a che punto, **Catilina**, abuserai della nostra pazienza?

SINTASSI DEI CASI

Lezione 13
L'accusativo

1. L'accusativo

L'**accusativo** è il caso del **complemento oggetto**, l'elemento a cui si lega direttamente l'azione espressa dal verbo. In accusativo si rendono anche tutti gli altri elementi che si riferiscono al complemento oggetto: attributi, apposizioni e complementi predicativi.

Si utilizza anche per esprimere altre funzioni, quali, per esempio, l'estensione nello spazio o il complemento di età.

È possibile trovare l'accusativo:
- nei **complementi**;
- in **dipendenza** da **verbi**.

2. L'accusativo nei complementi

L'accusativo con e senza preposizioni ha i seguenti valori:
- accusativo **dell'oggetto**;
- accusativo **di età**;
- accusativo **di distanza**;
- accusativo **di estensione**;
- accusativo **avverbiale**;
- accusativo **esclamativo**.

2.1 Accusativo dell'oggetto

Tutti i verbi transitivi, sia attivi che deponenti, possono reggere il **complemento oggetto**.

▶ *Marcus* ***librum*** *legit.*
Marco legge **un libro**.

▶ *Milites* ***hostem*** *secuti sunt.*
I soldati inseguirono **il nemico**.

Alcuni verbi intransitivi possono essere costruiti con l'**accusativo dell'oggetto interno**. Si tratta di un nome che ha la stessa radice del verbo o che ha un significato affine. Questo tipo di accusativo è presente in espressioni come *vivere vitam*, "vivere la vita", *somniare somnium*, "sognare un sogno", *iusiurandum iurare*, "pronunciare un giuramento", *pugnare pugnam*, "combattere una battaglia".

2.2 Accusativo di età

L'**accusativo di età** indica l'**età** di qualcuno oppure precisa **a quale età** qualcuno ha compiuto una determinata azione o si è trovato in una certa condizione.

Il **complemento di età** può essere espresso in vari modi:

- il participio perfetto ***natus*** + l'**accusativo** del **numerale cardinale** ▶ *Marcus obiit* ***sexaginta duos annos natus.*** Marco morì **all'età di sessantadue anni**.
- il verbo ***ago*** (spesso al participio presente, ***agens***) + l'**accusativo** del **numerale ordinale aumentato di uno** rispetto al numero effettivo ▶ *Fabius* ***vigesimum sextum annum agens*** *consulatum petiit.* Fabio si candidò al consolato **a venticinque anni**.
- i sostantivi ***puer***, ***adulescens***, ***senex*** ecc. + il **genitivo del numerale cardinale** ▶ *Hamilcar secum duxit Hannibalem* ***puerum novem annorum.*** (Nepote) Amilcare condusse con sé Annibale, **fanciullo di nove anni**.

Le espressioni "il maggiore/il minore d'età" si rendono con *maior / minor natu.*

2.3 Accusativo di distanza

L'**accusativo di distanza** indica la **distanza** a cui qualcuno o qualcosa si trova.

Il **complemento di distanza** si esprime con i verbi *absum*, "sono lontano", e *disto*, "sono distante", seguiti dall'**accusativo** o dall'**ablativo** del **numerale cardinale** che indica la distanza.

▶ *Hadrumetum* ***abest*** *a Zama* ***milia trecenta.***
Adrumeto **dista trecento miglia** da Zama.

Il numerale che indica la distanza va in **genitivo**, se è preceduto dai sostantivi in ablativo *spatio* o *intervallo.*

▶ *Iugurtha* ***duorum milium intervallo*** *consedit.*
Giugurta si accampò **a due miglia di distanza**.

Il luogo da cui si calcola la distanza è espresso con ***a*** o ***ab*** e l'**ablativo**.

2.4 Accusativo di estensione

L'**accusativo di estensione** esprime le **dimensioni nello spazio** di qualcosa (altezza, lunghezza, larghezza, profondità).

Il **complemento di distanza** si esprime con:

- l'**accusativo**, se il numerale che indica la misura segue gli aggettivi *longus*, "lungo", *latus*, "largo", *altus*, "alto" ▶ *Dux quinque fossas* ***duodecim pedes latas*** *instruxit.* Il comandante fece costruire cinque fossati **larghi dodici piedi**.
- il **genitivo**, se il numerale che esprime la misura è retto direttamente da un sostantivo ▶ *Dux quinque fossas* ***duodecim pedum*** *instruxit.* Il comandante fece costruire cinque fossati **di dodici piedi**.

2.5 Accusativo avverbiale

Si definiscono **avverbiali** alcuni accusativi che **non dipendono da altri elementi** della frase.

Si tratta di:

- **pronomi** o **aggettivi neutri** indicanti **quantità**, come *nihil*, "per nulla", *aliquid*, "un po'", *minimum*, "al minimo", *plerumque*, "per lo più" ecc. ▶ ***Nihil*** *te accusavi.* (Cicerone) Non ti ho accusato **di nulla**.

SINTASSI DEI CASI

- **locuzioni avverbiali** come *partim*, "in parte", *maximam partem*, "per la maggior parte", *id aetatis*, "in quell'età", ecc. ▶ *Amici* ***partim*** *deseruerunt me,* ***partim*** *etiam prodiderunt.* (da Cicerone) Gli amici **in parte** mi abbandonarono, **in parte** mi tradirono anche.

2.6 Accusativo esclamativo

L'accusativo può essere anche utilizzato nelle **esclamazioni** di meraviglia, sdegno, gioia, dolore. In questo caso può essere preceduto da interiezioni come *o, ah, en, heu* e simili.

▶ *O* ***tempora****, o* ***mores****!* (Cicerone)
Che **tempi**, che **costumi**!

3. L'accusativo dipendente da verbi

L'accusativo è presente in alcune costruzioni sintattiche:
- con i **verbi assolutamente impersonali**;
- con i **verbi relativamente impersonali**;
- accusativo **di relazione**;
- **doppio accusativo**;
- in dipendenza dai verbi ***doceo*** e ***celo****;*
- in dipendenza dai ***verba rogandi****.*

4. L'accusativo con i verbi assolutamente impersonali

Si definiscono **verbi assolutamente impersonali** cinque verbi che indicano **stati d'animo** e che non ammettono in genere un soggetto espresso in nominativo. Si usano, infatti, alla **terza persona singolare**. Essi sono:
- *misĕret, miserŭit* (*miserĭtum est*) *-ēre*, "avere compassione";
- *paenitet, paenitŭit, -ēre*, "pentirsi";
- *piget, pigŭit* (*pigĭtum est*), *-ēre*, "rincrescere", "dispiacersi";
- *pudet, pudŭit* o *pudĭtum est, -ēre*, "vergognarsi";
- *taedet, pertaesum est, -ēre*, "annoiarsi".

Questi verbi richiedono l'**accusativo** per la **persona** che **prova** il sentimento.

▶ ***Lucium paenitet*** *suorum verborum.*
Lucio si pente delle sue parole.

Se la persona è rappresentata da un pronome di terza persona singolare, si usa in genere ***eum***, ***eam***, ***eos***, ***eas***; si ricorre al riflessivo ***se***, quando il verbo impersonale è inserito in una proposizione infinitiva e la persona che prova il sentimento coincide con il soggetto della reggente.

▶ *Lucius dicit* ***se paenituisse*** *suorum verborum.*
Lucio dice **di essersi pentito** delle sue parole.

▶ *Fabia dicit* ***eum paenituisse*** *suorum verborum.*
Fabia dice **che lui si è pentito** delle sue parole.

Nella perifrastica passiva la persona va in **dativo** (**dativo d'agente**).

▶ *In **nobis** miserendum est.*
Dobbiamo avere compassione di ciò.

Quanto alla **persona** o la **cosa** che **provoca** il sentimento, si può usare:

- il **genitivo**, se è rappresentata da un **sostantivo** ▶ *Marium piguit **sui erroris**.* Mario si è dispiaciuto **del suo errore**.
- il **nominativo**, se è rappresentata da un **pronome neutro** ▶ *Eum **id** paenitet.* Si pente **di ciò**.
- un **infinito**, se è rappresentata da un **verbo** ▶ *Virum **locutum esse** piget.* L'uomo si dispiace **di aver parlato**.
- una proposizione **completiva introdotta da *quod***, seguito da indicativo o congiuntivo, o una **proposizione interrogativa indiretta**, se ciò che provoca il sentimento è rappresentato da un'intera proposizione ▶ *Civem taedet **quod candidatus longiorem orationem habet**.* Il cittadino si annoia **perché il candidato fa un discorso piuttosto lungo**.

Osservazioni

Quando un verbo assolutamente impersonale è accompagnato da un **verbo servile**, **quest'ultimo diventa impersonale** (coniugato alla terza persona singolare con soggetto in accusativo) e il **verbo impersonale** è coniugato all'**infinito**.

*Eos **incipit** errorum **paenitere.***
Iniziano a pentirsi degli errori.

Se, però, si unisce a un **verbo servile di volontà** (*volo*, *nolo*, *malo*, *cupio*), il verbo servile mantiene la **costruzione personale** e il **verbo impersonale** si coniuga al **congiuntivo** presente o imperfetto **senza *ut***.

Nolis** te (ut) tui consilii **paeniteat.
Non vuoi pentirti della tua decisione.

5. L'accusativo con i verbi relativamente impersonali

Sono definiti **relativamente impersonali** alcuni verbi latini che si trovano alla terza persona singolare e plurale e hanno il **soggetto espresso**. I più frequenti sono:

- *decet*, "si addice";
- *dedĕcet*, "non si addice";
- *fugit* e *fallit*, "sfugge";
- *iuvat*, "piace";
- *latet*, "rimane nascosto";
- *praetĕrit*, "è ignoto", "sfugge".

Questi verbi si costruiscono con l'**accusativo della persona** e il **nominativo**, anche plurale, della **cosa** che si addice, sfugge ecc.

▶ *Non me fugit **tuus timor**.*
Non mi sfugge **il tuo timore**.

La **cosa** può essere espressa anche da:

- un **infinito** ▶ *Vos dedecet **imitari improbos**.* Non vi si addice **imitare i malvagi**.
- una **proposizione infinitiva** ▶ *Num me fefellit **hosce id struere**?* Mi è forse sfuggito **che questi tramavano ciò**?
- un'**interrogativa indiretta** ▶ *Non me fallit **quid responsuri sitis**.* (da Cicerone) Non mi sfugge **cosa state per rispondere**.

SINTASSI DEI CASI

6. L'accusativo di relazione

L'accusativo di relazione è un accusativo che specifica il **campo entro il quale è valida l'azione**. Viene definito anche "accusativo alla greca", in quanto tipico di questa lingua.

Può essere introdotto da un **participio perfetto**, come *indutus*, "vestito", *cinctus*, "cinto", *ictus* "colpito", *infusus*, "sparso" ecc., o da un **aggettivo**, come *nudus*, "nudo", *saucius*, "ferito", *similis*, "simile" ecc. Questo uso è molto frequente nella lingua poetica.

▶ *Miles* ***saucius pectus***.
Il soldato **ferito al petto**.

6.1 Accusativo di relazione con i *verba affectuum* e i verbi di percezione

Si può considerare accusativo di relazione anche l'accusativo retto dai ***verba affectuum***, ossia verbi che esprimono un sentimento, come:

- *doleo, maereo*, "mi dolgo", "mi affliggo";
- *fleo, lugeo*, "piango";
- *rideo*, "rido";
- *miror*, "mi meraviglio";
- *horreo*, "ho orrore";
- *fastidio*, "provo noia".

▶ *Naevius ridet* ***nostram amentiam***. (da Cicerone)
Nevio ride **della nostra follia**.

Anche i **verbi di percezione**, infine, come *oleo* e *redoleo*, "ho odore", *sapio* e *resipio*, "ho sapore", *sitio*, "ho sete", sia in senso reale che figurato, possono reggere un accusativo di relazione.

▶ ***Hominem*** *pagina nostra* ***sapit***. (Marziale)
La nostra pagina **sa di uomo**.

7. Il doppio accusativo

Alcuni verbi si costruiscono con **due accusativi** (**doppio accusativo**), che possono essere:

- accusativo **del complemento oggetto** e **del suo predicativo**;
- accusativo **dell'oggetto** e **del luogo** (con verbi composti con *circum* e *trans*);
- accusativo **della persona** e **della cosa** (con l'attivo dei verbi *doceo*, "insegno", e *celo*, "nascondo", e con alcuni *verba rogandi*).

7.1 Accusativo del complemento oggetto e del suo predicativo

Verbi come *invenio*,"trovo", *accipio*, "prendo", *praebeo*, "offro", *do*, "do", *facio*, "faccio" ecc. possono completare il loro significato con un aggettivo o sostantivo in funzione predicativa, riferiti al complemento oggetto (**complemento predicativo dell'oggetto**).

▶ *Pompeius* ***se*** *non solum* ***auctorem*** *meae salutis, sed etiam* ***supplicem*** *populo Romano* ***praebuit***. (da Cicerone)
Pompeo **si presentò** al popolo romano non solo **come artefice** della mia salvezza, ma anche **come supplice**.

I due accusativi del complemento oggetto e del suo predicativo sono presenti anche nelle espressioni idiomatiche:

- *certiorem facio aliquem de aliqua re*, "informo qualcuno di qualcosa"; la corrispondente forma passiva è *certior fio de aliqua re*, "sono informato di qualcosa", con due nominativi (soggetto e complemento predicativo del soggetto);
- *uxorem duco*, "prendo in moglie", con il nome della futura sposa in accusativo.

7.2 Accusativo dell'oggetto e del luogo

Alcuni verbi transitivi **composti** con le preposizioni ***trans***, "al di là di", e ***circum***, "intorno", che **reggono l'accusativo**, come *traduco*, *traicio*, *transporto*, "trasferisco", "faccio passare al di là", "trasporto", *circumduco*, "circondo", possono avere l'**accusativo del complemento oggetto** e quello **del luogo**, richiesto dalla preposizione. Questo secondo accusativo si trova anche in dipendenza dal verbo nella forma passiva.

▶ *Eodem die equitum* ***magnam partem flumen traiecit***. (Cesare)
In quello stesso giorno **fece passare il fiume a gran parte** dei cavalieri.

8. La costruzione di *doceo* e *celo*

Richiedono il **doppio accusativo** anche i verbi ***doceo***, "insegno", e ***celo***, "nascondo", nella forma attiva. Al passivo richiedono, invece, costruzioni diverse.

8.1 La costruzione di *doceo* e *celo* all'attivo: accusativo della persona e della cosa

I verbi *doceo*, "insegno" e *celo*, "nascondo", nella **forma attiva**, sono costruiti con l'**accusativo della persona** a cui si insegna o si nasconde qualcosa e l'**accusativo della cosa** che si insegna o si nasconde.

▶ *Potes* ***nos artem dicendi docere***.
Puoi **insegnarci l'arte del dire**.

▶ *Non* ***te celavi sermonem*** *T. Ampi*. (Cicerone)
Non **ti ho nascosto il discorso** di T. Ampio.

Doceo può reggere anche *de* e l'ablativo della cosa quando significa "informo".

8.2 La costruzione di *doceo* e *celo* al passivo

Le **forme passive** di *doceo* e di *edoceo* sono di **uso raro**; ricorrono solo i participi perfetti *doctus* ed *edoctus* adoperati come **aggettivi** e costruiti con l'**ablativo di limitazione** (→ p. 161) della cosa.

▶ *Sempronia* ***docta litteris Graecis et Latinis erat***. (da Sallustio)
Sempronia **era stata istruita nelle lettere greche e latine**.

Per le espressioni di senso passivo si ricorre:

- al passivo di **verbi di significato affine**, come *erudior*, *instituor*, *imbuor* + l'ablativo della cosa insegnata ▶ *Puer* ***diciplinis Graecis instituendus est***. (da Quintiliano) Il ragazzo **deve essere istruito nelle discipline greche**.
- al verbo ***disco***, "imparo", costruito con l'accusativo della cosa e *a/ab* e l'ablativo della persona da cui si impara ▶ *Puer* ***a magistro multa didicit***. Il ragazzo **ha imparato molte cose dal maestro**.

SINTASSI DEI CASI

Il verbo *celo* al passivo ha sempre la costruzione personale che prevede:
- il **nominativo della persona** a cui si nasconde qualcosa;
- ***de*** e l'**ablativo della cosa** nascosta; se è rappresentata da un pronome neutro, si usa l'accusativo di relazione.

▶ ***Civitas*** *de regis morte* ***celata est.***
Alla popolazione fu nascosta la morte del re.

9. Le costruzioni dei *verba rogandi*

Alcuni ***verba rogandi*** (verbi che significano "chiedere", "domandare") richiedono il **doppio accusativo**; altri, invece, vogliono costruzioni diverse.

9.1 *Posco, reposco, e flagito*

I verbi *posco*, "chiedo", *reposco* "richiedo", "reclamo", e *flagito* "reclamo", "chiedo con insistenza", si costruiscono con il **doppio accusativo** della persona e della cosa.

▶ ***Parentes pretium*** *pro sepultura liberum* ***poscit.*** (da Cicerone)
Chiede ai genitori il pagamento in cambio della sepoltura dei figli.

9.2 *Oro, rogo e interrogo*

I verbi *oro*, *rogo*, "chiedo con preghiera", e *interrogo*, "chiedo", "domando", si costruiscono con il **doppio accusativo** della persona e della cosa solo se la **cosa** è rappresentata da un **aggettivo o un pronome neutro** (accusativo di relazione).

▶ *Aeneas* ***multa deos orat.*** (da Virgilio)
Enea **prega gli dei riguardo a molte cose.**

▶ ***Id te rogo.***
Ti prego di ciò.

Un accusativo di relazione è presente anche nella formula tecnica *rogo aliquem sententiam*, "chiedo a qualcuno il suo parere (in senato)".

In tutti gli altri casi, si costruiscono con **l'accusativo della persona**, mentre, per rendere la **cosa**:
- con ***oro*** e ***rogo*** si ha una proposizione completiva con ***ut/ne*** e il **congiuntivo** ▶ ***Te oro ut possim*** *incolumis esse.* (da Cicerone) **Ti prego perché io possa** essere salvo.
- con ***interrogo***, ***de*** e l'**ablativo** ▶ ***Te de litteris*** *interrogavi.* (Cicerone) **Ti** ho chiesto **della lettera.**

9.3 *Peto e quaero*

Peto, "chiedo (per ottenere)", regge l'**accusativo della cosa** che si vuole ottenere e ***a/ab*** e l'**ablativo** per rendere la **persona** a cui si chiede. La cosa può essere anche espressa da una proposizione completiva al **congiuntivo** introdotta da ***ut/ne***.

▶ *Verres* ***auxilium a Chelidone petit.*** (da Cicerone)
Verre **chiede aiuto a Chelidone.**

La costruzione di *quaero*, "chiedo (per sapere)", prevede ***e/ex*** e **l'ablativo** per la **persona** a cui si chiede e un'**interrogativa indiretta** per la **cosa** che si vuole sapere. La cosa può essere resa anche all'accusativo.

▶ ***Ex me quid sit gestum*** *novi* ***quaeris.*** (da Cicerone)
Mi chiedi cosa sia avvenuto di nuovo.

Lezione 14

Il genitivo

1. Il genitivo

Il **genitivo** è il caso con cui si **specifica** e si **determina** un elemento della frase, quale un nome, un aggettivo, un participio, o l'azione espressa da un verbo. Si può trovare, quindi, in dipendenza da **nomi**, **aggettivi** o **verbi**.

2. Il genitivo dipendente da nomi

In dipendenza da nomi il genitivo può avere funzione di:
- genitivo **oggettivo** e **soggettivo**;
- genitivo **possessivo**;
- genitivo **dichiarativo** o **epesegetico**;
- genitivo **di pertinenza**;
- genitivo **partitivo**;
- genitivo **di qualità**.

2.1 Genitivo oggettivo e soggettivo

Il genitivo in dipendenza da un nome che indica un'azione o un sentimento può essere **oggettivo** o **soggettivo**.

Si definisce **soggettivo** il genitivo che indica il **soggetto** dell'azione veicolata dal nome.

▶ *Adventus* ***legionis***. (= *Legio advenit.*)
L'arrivo **della legione**.

Quando, invece, ne indica il **complemento oggetto** si ha il genitivo **oggettivo**.

▶ *Amor* ***patriae***. (= *Amare patriam.*)
L'amore **verso la patria**.

Il genitivo oggettivo si rende generalmente con espressioni come "nei confronti di", "verso", "per". In alternativa, il latino può avvalersi anche di ***erga/in/adversus*** e l'accusativo.

In alcuni casi non è possibile determinare se si è di fronte a un genitivo oggettivo o soggettivo: sarà il contesto a chiarire di quale funzione si tratti. Per esempio, nell'espressione *timor hostium* ("il timore dei nemici"), il genitivo può essere inteso sia come oggettivo ("temere i nemici"), sia come soggettivo ("i nemici hanno paura").

I genitivi dei pronomi personali *mei, tui, nostri, vestri* hanno valore oggettivo; per indicare il valore soggettivo si ricorre agli aggettivi possessivi e a *nostrum* e *vestrum*.

SINTASSI DEI CASI

2.2 Genitivo possessivo

Il **genitivo possessivo** indica la persona o la cosa a cui **appartiene** il sostantivo a cui si riferisce.

▶ *Castra **hostium** apud flumen posita erant.*
L'accampamento **dei nemici** era stato posto accanto al fiume.

Il sostantivo, specificato da un nome proprio in genitivo, quando indica un rapporto di parentela o un luogo di culto, può essere **sottinteso**.

▶ *Hannibal **Hamilcaris**.*
Annibale, figlio **di Amilcare**.

▶ *Ad **Iovis** venimus.*
Andammo al tempio **di Giove**.

2.3 Genitivo dichiarativo o epesegetico

Il genitivo che **specifica** un nome dal **significato generico** ha la funzione di genitivo **dichiarativo** o **epesegetico**.

▶ *Virtus **prudentiae**.*
La virtù della **saggezza**.

2.4 Genitivo di pertinenza

Il **genitivo di pertinenza** indica la persona cui spetta il **compito** o il **dovere** di fare qualcosa, o la persona o la cosa di cui è **tipica** una caratteristica. Si può tradurre con le espressioni "è proprio di", "è dovere di", "è compito di", "spetta a" seguite da un sostantivo.

▶ ***Est sapientis** mortem contemnere.*
È proprio del saggio disprezzare la morte.

SINTASSI DEI CASI

Osservazioni

- Per rendere "è mio/tuo/nostro/vostro/dovere" il latino usa ***meum***, ***tuum***, ***nostrum***, ***vestrum est***.

  ***Tuum est** iusiurandum conservare.*
  È tuo dovere osservare il giuramento.

- Per la **terza persona singolare** si ricorre ai genitivi ***eius***, ***eorum***, ***earum*** o ***illius***, ***illorum***, ***illarum*** seguiti da ***est*** come equivalenti di "è suo/loro dovere.

  ***Illius est** patriae consulere.*
  È suo dovere provvedere alla patria.

- Nelle proposizioni dipendenti, in riferimento al soggetto della reggente, si adopera la forma ***suum***.

  *Consul adfirmabat **suum esse** pro patria pugnare.*
  Il console affermava **che era suo dovere** combattere per la patria.

2.5 Genitivo partitivo

Il genitivo **partitivo** identifica il **tutto** di cui si prende in considerazione una **parte**. Esso si trova in dipendenza da:

- sostantivi indicanti **numero**, come *numerus*, "numero", *pars*, "parte", *turba*, "folla" ▶ ***Pars hostium** in silvam fugit.* **Parte dei nemici** fuggì nel bosco.

- **comparativi** e **superlativi** ▶ *Orgetorix* ***ditissimus Helvetiorum*** *fuit.* (da Cesare) Orgetorige fu **il più ricco degli Elvezi**.
- **pronomi indefiniti, numerali** e **avverbi di luogo** ▶ ***Ubinam gentium*** *sumus?* (Cicerone) **Tra quali genti** mai siamo?
- sostantivi indicanti **quantità**, come *acervus*, "mucchio", *modius*, "moggio", *vis*, "quantità" ▶ *Magna* ***vis auri*** *fertur.* (da Cicerone) È portata una grande **quantità d'oro**.
- **pronomi neutri**, **aggettivi sostantivati** e **avverbi**, come *nihil, aliquid, multum, quantum, satis, parum* ▶ *Hae sententiae* ***stabilitatis aliquid*** *habent.* Queste teorie hanno **una certa stabilità**.

Il **complemento partitivo** può essere espresso in tre modi, senza che vi siano differenze di significato:
- con il **genitivo** partitivo ▶ *Fabia diligentissima est* ***discipulorum***. Fabia è la più diligente **tra gli alunni**.
- con ***e*** o ***ex*** e l'**ablativo** ▶ *Fabia diligentissima est ex* ***discipulis***.
- con ***inter*** e l'**accusativo** ▶ *Fabia diligentissima est* ***inter discipulos***.

Osservazioni

I pronomi neutri ***aliquid*** e ***nihil*** sono spesso determinati da un **genitivo partitivo**. Quando *aliquid* e *nihil* sono seguiti da un aggettivo:
- l'aggettivo di **prima classe** si trova in genere in caso **genitivo** (talvolta anche concordato) ▶ ***Aliquid novi*** *Cicero dixit*. Cicerone disse **qualcosa di nuovo**.
- l'aggettivo di **seconda classe concorda** sempre con il pronome ▶ ***Nihil turpe*** *fecit.* Non fece **nulla di turpe**.
- se gli aggettivi appartengono a **classi diverse**, il **primo** determina anche la costruzione del secondo ▶ ***Aliquid turpe et novum*** *fecit.* Fece **qualcosa di turpe e di nuovo**.

2.6 Genitivo di qualità

Il **genitivo di qualità** indica le **caratteristiche fisiche** e **morali** di qualcuno o di qualcosa.

Il complemento di qualità si esprime con:
- l'**ablativo** per le **caratteristiche fisiche** ▶ *Fabia puella* ***colore candido*** *est.* Fabia è una ragazza **dalla carnagione chiara**.
- il **genitivo** per le **doti morali** ▶ *Lucius alumnus* ***acri ingenii*** *fuit.* Lucio fu un alunno **dall'ingegno vivace**.

Sempre in **genitivo** vanno le determinazioni relative a peso, misura e durata.

▶ *Caesar iter* ***multorum mensium*** *fecit.*
Cesare compì un viaggio **di molti mesi**.

Osservazioni

In latino il complemento di qualità non può essere costituito solo da un sostantivo, ma deve sempre essere presente anche un aggettivo. Per cui "Mario fu un uomo di coraggio" in latino diventa *Marius vir* ***magnae audaciae*** *fuit* (lett.: "Mario fu un uomo di grande coraggio").

3. Il genitivo dipendente da aggettivi e participi

Si costruiscono con il genitivo gli **aggettivi** che veicolano l'idea di:

- **desiderio** e **avversione**: *cupidus*, "desideroso", *amans*, "amante", *avidus*, "avido", *neglegens*, "indifferente" ▶ *Cato* ***cupidissimus litterarum*** *fuit.* (da Nepote) Catone fu **molto amante degli studi letterari**.
- **memoria**, **esperienza**, **pratica**, **conoscenza** e i loro contrari: *memor*, "memore", *immemor*, "dimentico", *peritus*, "esperto", *imperitus*, "inesperto", *gnarus*, "consapevole", *ignarus*, "all'oscuro", *insuetus*, "non avvezzo" ▶ *Caesar* ***peritus rei militaris*** *fuit.* Cesare fu **esperto dell'arte della guerra**.
- **partecipazione**, **padronanza**, **proprietà** e i loro contrari: *communis*, "comune", *alienus*, "estraneo", *particeps*, "partecipe", *compos*, "padrone", *proprius*, "proprio" ▶ *Semper* ***compos sui*** *fuit.* Fu sempre **padrone di sé**.
- **abbondanza** e **privazione**: *plenus*, "pieno", *capax*, "capace", *vacuus*, "vuoto", *refertus*, "zeppo", *inops*, "povero", *egens*, "bisognoso" ▶ *Dux* ***inops copiarum*** *est.* Il comandante è **povero di mezzi**.

Alcuni di questi aggettivi possono costruirsi anche con casi differenti: per esempio *refertus* regge il genitivo se si riferisce a una persona e l'ablativo se si riferisce a una cosa.

▶ *Castra referta* ***armis*** *sunt.*
L'accampamento è pieno **di armi**.

4. Il genitivo dipendente da verbi

In dipendenza da **verbi** possiamo trovare:

- il genitivo **di colpa**;
- il genitivo **di pena**;
- il genitivo **di stima**;
- il genitivo **di prezzo**;
- il genitivo in dipendenza da ***interest*** e ***refert***;
- il genitivo in dipendenza dai **verbi di memoria**.

4.1 Genitivo di colpa

Il **genitivo di colpa** esprime la **colpa**, anche morale, di cui è accusata o per cui è condannata una persona.

Il **complemento di colpa** dipende da verbi ed espressioni come *accuso, insimulo, arguo, reum facio*, "accuso", "incolpo", *postulo, arcesso*, "chiamo in giudizio", *damno, condemno*, "condanno", *absolvo, libero*, "assolvo" e simili. Si esprime in genere con il **genitivo** che può essere preceduto dagli ablativi *crimine* o *scelere*.

▶ *Fannius Verrem insimulat* ***avaritiae***. (da Cicerone)
Fannio accusa Verre **di avidità**.

In **espressioni giuridiche** ricorre, invece, ***de*** e l'**ablativo**.

▶ *L. Piso tribunus plebis legem primus* ***de pecuniis repetundis*** *tulit.* (da Cicerone)
L. Pisone, da tribuno della plebe, fu il primo a presentare una legge **sul reato di concussione**.

4.2 Genitivo di pena

Il **genitivo di pena** indica la **pena**, il **castigo** o la **multa** inflitti a qualcuno.

Il **complemento di pena**, sia essa il carcere, l'esilio, la morte o una multa, è espresso generalmente in **ablativo** in dipendenza da verbi come *damno*, *condemno*, *multo*, "condanno a", *libero*, *absolvo*, "assolvo".

▶ *Milo* ***exsilio damnatus est***.
Milone **fu condannato all'esilio**.

Se la pena è espressa in maniera **indeterminata** si ricorre invece al **genitivo**, soprattutto nelle forme avverbiali come *magni*, "a molto", *tanti*, "a tanto", *quanti*, "a quanto", *minoris*, "a meno" ecc.

▶ *Cupio* ***magni*** *eum damnari.*
Desiro infliggergli una **grande multa**. (= Desidero condannarlo **a tanto**.)

In ogni caso, la distinzione non è rigida: ne è un esempio l'espressione "condannare a morte" o "assolvere dalla pena di morte", che in latino si dice (*de*) *capite* oppure *capitis damnare / absolvere.*

▶ *Pausania domum revocatus* ***capitis absolvitur***. (da Nepote)
Pausania, richiamato in patria **fu assolto dalla pena di morte**.

Da ricordare anche le seguenti espressioni: *damnare ad bestias*, "condannare a essere sbranato dalle belve" e *damnare ad metallas*, "condannare alle miniere, ai lavori forzati".

4.3 Genitivo di stima

Il **genitivo di stima** indica il **valore** – sia in termini di considerazione morale che di valutazione commerciale – attribuito a qualcuno o a qualcosa.

Il **complemento di stima** dipende da verbi come *aestimo*, *duco*, *puto*, *habeo*, "stimo", "considero", "apprezzo", e si esprime con il **genitivo** per la **stima indeterminata**, con l'**ablativo semplice** per la **stima determinata**.

▶ *Lucius* ***magni*** *suum magistrum aestimabat.*
Lucio stimava **molto** il suo maestro.

▶ *Felicis domus* ***septingentis talentis*** *habetur.*
La casa di Felice è valutata **settecento talenti**.

4.4 Genitivo di prezzo

Il **genitivo di prezzo** indica il **costo** di qualcosa o di qualcuno. Esso dipende di solito da verbi come *sto*, *consto*, "costo", *vendo*, "vendo", *veneo*, "sono venduto", *loco*, "affitto", *emo*, "compro".

Per il **complemento di prezzo** si può ricorrere, in latino, a due casi differenti:

- il **genitivo** con le espressioni avverbiali *pluris*, "di più", *minoris*, "di meno", *maximi*, "moltissimo", *minimi*, "pochissimo", *tantīdem*, "altrettanto", *tanti*, "tanto", *quanti*, "quanto" (talvolta in correlazione, *tanti... quanti*, "tanto... quanto")
  ▶ *Agricola frumentum vendit* ***pluris***. L'agricoltore vende il frumento **a un prezzo maggiore**.
- l'**ablativo** negli altri casi ▶ *Bellum* ***multo sanguine*** *stat.* La guerra costa **molto sangue**.

SINTASSI DEI CASI

4.5 Genitivo con *interest* e *refert*

I **verbi impersonali** *interest* e *refert*, “importa”, “interessa”, “sta a cuore”, richiedono una costruzione che fa uso del genitivo. La **persona** a cui importa, se è costituita da un **sostantivo**, va in **genitivo**.

▶ ***Interest rei publicae*** *magistratus honestos esse.*
Interessa allo Stato che i magistrati siano onesti.

Nel caso in cui la persona sia un **pronome personale**, si possono avere diverse situazioni:

- per la **prima** o **seconda persona** singolare o plurale, si usano le forme dell'**ablativo femminile singolare** del possessivo corrispondente: ***meā***, ***tuā***, ***nostrā***, ***vestrā*** ▶ ***Hoc*** *ego et* ***meā*** *et* ***rei publicae*** *et maxime* ***tuā interesse*** *arbitror.* (da Cicerone) Ritengo che **ciò interessi a me**, **allo Stato** e soprattutto **a te**.
  Per rendere l'espressione “a noi/voi tutti importa” si usa ***nostrum/vestrum omnium*** ▶ ***Interest omnium nostrum*** *bene vivere.* **Interessa a tutti noi** vivere bene.
- per la **terza persona** si ricorre ai **genitivi** di *is* o di *ille* (***eius***, ***eorum/earum***, ***illius***, ***illorum/illarum***) ▶ *Quid sentias* ***illius*** *minime* ***interest.*** Non **gli interessa** cosa tu pensi.
- se il pronome di terza persona ha **valore riflessivo** (ossia quando *interest* o *refert* si trovano in una proposizione subordinata e il pronome si riferisce al soggetto della reggente), si usa la forma ***suā*** (ablativo femminile singolare del possessivo di terza persona) ▶ *Caesar dicebat non tam* ***suā*** *quam* ***rei publicae interesse****, uti salvus esset.* (da Svetonio) Cesare diceva che **era interesse** non tanto **suo** quanto dello stato che lui fosse salvo.

La **cosa** che importa **non** si esprime mai con un sostantivo, bensì con:

- un **pronome neutro** al nominativo ▶ ***Hoc*** *mea refert.* Mi importa **di ciò**.
- un **infinito** ▶ *Species numero* ***comprehendere*** *non refert.* (da Virgilio) Non importa **riunire** le specie in un numero.
- una proposizione **subordinata completiva** (**infinitiva**, con ***ut/ne*** e il **congiuntivo** o un'**interrogativa indiretta**) ▶ *Illud meā magni interest, te* ***ut videam.*** (Cicerone) Mi interessa molto **vederti**.

Per indicare il **fine** per cui una cosa importa, si usa ***ad*** e l'**accusativo**, mentre il **grado di interesse** si rende o con un **avverbio** (*multum, parum, maxime, minime, magnopĕre, nihil, tantum, plus*) o con un **genitivo di stima** (*magni, parvi, pluris, tanti, quanti*).

▶ ***Magni ad honorem nostrum*** *interest quam primum ad Urbem me venire.* (Cicerone)
Di grande interesse è per il nostro onore che io venga quanto prima a Roma.

Osservazioni

Nel caso di espressioni come “a me padre/a te maestro importa” si ricorre a una **proposizione relativa** per rendere l'apposizione.

Meā qui sum magister interest *ut pueri multa discant.*
A me, che sono un maestro, importa che i ragazzi imparino molte cose.

4.6 Genitivo con verbi di memoria

Il **genitivo** è spesso impiegato anche in dipendenza dai cosiddetti **verbi di memoria**, ossia verbi ed espressioni che indicano l'azione di ricordare o di dimenticare. Vengono suddivisi in base al modo in cui si costruiscono.

- ***Memĭni***, ***reminiscor***,"mi ricordo", e ***obliviscor***,"mi dimentico" richiedono:
  - il **genitivo** della **persona** che si ricorda ▶ *Memini* ***vivorum***. (da Cicerone) Mi ricordo **dei vivi**.
  - il **genitivo** o l'**accusativo** della **cosa**; sempre l'**accusativo** se si tratta di un **pronome neutro** ▶ *Non sum oblitus* ***officium meum***. (Plauto) Non mi sono dimenticato **del mio compito**.
- ***Recordor***, "mi ricordo", richiede ***de*** e l'ablativo per la **persona ricordata**; raramente il genitivo, più spesso l'**accusativo** per la **cosa**.

  ▶ *Recordor semper* ***tua praecepta***.
  Ricordo sempre **i tuoi insegnamenti**.

  ▶ ***Id*** *oblitus sum*.
  Mi sono dimenticato **di ciò**.
- ***Moneo***, ***admoneo***, ***commoneo*** e ***commonefacio***, "faccio ricordare", richiedono:
  - l'**accusativo** della **persona a cui si fa ricordare** ▶ ***Eum benefici sui*** *commonefecit*. (da Sallustio) **Gli** fece ricordare **i benefici fatti**.
  - il **genitivo** o ***de*** e l'**ablativo** per la **persona** o la **cosa ricordata**; se la cosa è rappresentata da un pronome neutro, va in accusativo ▶ ***De victoria me*** *admones*. **Mi** richiami alla memoria **la vittoria**. ▶ ***Hoc te*** *commonui*. **Ti** ho fatto ricordare **ciò**.
- Nell'epressione *mihi/tibi* ecc. *venit in mentem* si può avere il **genitivo** o il **nominativo** della cosa ricordata: nel primo caso avremo un costruzione impersonale, nel secondo una costruzione personale.

  ▶ ***Venit*** *enim* ***mihi Platonis in mentem***. (Cicerone)
  Mi infatti **viene in mente Platone**.

  ▶ ***Tua consilia mihi veniunt in mentem***.
  Mi vengono in mente i tuoi consigli.

  In caso di **pronome neutro** si usa sempre il **nominativo**.

  ▶ ***Quid*** *tibi in mentem venit?* (da Plauto)
  Che cosa ti viene in mente?

SINTASSI DEI CASI

- *praesto* richiede la persona in dativo ▸ *Maiores nostri prudentia* ***ceteris gentibus*** *praestiterunt.* I nostri antenati furono superiori in saggezza **a tutti gli altri popoli**.
- *excello* può avere il dativo o *inter* e l'accusativo della persona (sempre al plurale) ▸ *Catilina* ***inter omnes*** *multis vitiis excellit.* Catilina si distingue **tra tutti** per i molti vizi.
- *praecedo, praecurro, supero* e *vinco* richiedono l'accusativo della persona ▸ *Helvetii* ***reliquos Gallos*** *virtute praecedunt.* Gli Elvezi superano gli **altri Galli** in valore militare.

4.7 Doppio dativo

Alcuni verbi ammettono la costruzione con **due dativi**:
- il dativo della persona a **vantaggio** o **svantaggio** della quale avviene l'azione (**dativo di vantaggio** o **svantaggio**);
- il dativo della cosa che indica il **fine** o l'**effetto** dell'azione stessa (**dativo di fine**).

▸ *Dux* ***suis praesidio*** *profectus est.* (da Nepote)
Il comandante partì **in difesa dei suoi**.

È possibile trovare il doppio dativo con i verbi:
- *sum, fio* nel senso di "sono di", "sono causa di" in espressioni come *mihi laudi/dedecori/usui/saluti/damno/curae est/fit*, "mi è di lode/disonore/utilità/salvezza/danno", "mi è a cuore" e simili ▸ *Res et fortunae tuae* ***mihi maximae curae sunt***. La tua situazione e i tuoi interessi **mi stanno a cuore moltissimo**.
- *do, habeo, tribuo, verto* e simili nel senso di "ascrivo a", "attribuisco a", in espressioni come *tibi crimini/laudi/honori/iniuriae do/habeo/tribuo/verto*, "ti ascrivo, ti attribuisco a delitto/a lode/a onore/a offesa" ▸ ***Fabio laudi datum est****, quod pingeret.* **Fu riconosciuto di merito a Fabio** il fatto che dipingesse.
- *eo, venio, mitto, relinquo, arcesso, do* e simili in espressioni come *tibi auxilio / praesidio eo/venio/mitto/relinquo/arcesso*, "vengo/mando/lascio/chiamo in aiuto/in difesa a te", *tibi muneri/dono mitto/do*, "mando/do a te come dono" ▸ *Dux* ***suis praesidio profectus est***. Il comandante **partì in difesa dei suoi**.

Lezione 15

Il dativo

1. Il dativo

Il **dativo** è il caso con cui si designa la persona o la cosa su cui **è indirizzata** e **termina** l'azione del verbo. Esprime, quindi, il complemento di termine e altri complementi di valenza affine; si può trovare, poi, anche in dipendenza da aggettivi e da verbi.

2. Il dativo nei complementi

Il dativo con e senza preposizioni può avere le seguenti funzioni:
- dativo **di termine**;
- dativo **di vantaggio** o **svantaggio** (o di **interesse**);
- dativo **etico**;
- dativo **di possesso**;
- dativo **di fine**;
- dativo **di effetto**;
- dativo **d'agente**;
- dativo **di relazione**.

2.1 Dativo di termine

Il dativo di termine corrisponde al **complemento di termine** italiano. Si trova in dipendenza da verbi sia transitivi che intransitivi.

▶ ***Commageno Antiocho*** *magna Pompeius praemia tribuit.* (da Cesare)
Ad Antioco Commagene Pompeo assegnò grandi ricompense.

2.2 Dativo di vantaggio o svantaggio (o di interesse)

Il **dativo di vantaggio** o **svantaggio** (o di interesse) indica la **persona**, l'**animale** o la **cosa** che trae un **beneficio** o un **danno** da una determinata azione.

Di norma il **complemento di vantaggio** o **svantaggio** si rende con:
- il **dativo** (*dativus commodi*, "di vantaggio", o *incommodi*, "di svantaggio") ▶ *Lupus est homo* ***homini***. L'uomo è un lupo **per l'uomo**.
- con l'**ablativo** preceduto da ***pro***, quando si vuole esprimere un'azione "in difesa" di qualcuno o qualcosa, soprattutto con verbi come *pugno*, *decerto*,"combatto", *morior*, "muoio", *loquor*, "parlo" e simili ▶ *Dulce et decorum est* ***pro patria*** *mori.* È dolce e onorevole morire **per la patria**.
- con ***adversus*** (o ***adversum***) o ***in*** e **l'accusativo**, quando prevale il senso di "con-

tro" ▶ *Romani **adversus Punicos** pugnaverunt.* I Romani hanno combattuto **contro i Cartaginesi**.
- con ***erga*** seguito dall'**accusativo**, in relazione a sentimenti positivi e negativi ▶ *Fabia magnum amorem **erga fratrem** Lucium sentit.* Fabia prova un grande amore **per il fratello** Lucio.

2.3 Dativo etico

Per indicare **vivo interessamento** e **partecipazione emotiva** all'azione da parte di chi parla o scrive si utilizza il **dativo etico** (o di **affetto**). Si ritrova soprattutto con i pronomi personali di 1ª e 2ª persona.

▶ *Quid **mihi** Celsus agit?* (Orazio)
Che cosa **mi** combina Celso?

Il dativo etico in unione con il verbo *volo*, "voglio", equivale all'espressione "Che cosa vuoi fare?", "Che cosa intendi fare?".

▶ *Quid **tibi vis**, insane?* (Properzio)
Che cosa **vuoi fare**, pazzo?

2.4 Dativo di possesso

Il **dativo di possesso** è una particolare costruzione latina che indica l'**idea di possesso**. Il concetto di possesso, in italiano, viene espresso in genere con i verbi "avere" o "possedere". In latino, oltre al verbo *habeo*, "ho", è possibile usare il **verbo *sum*** accompagnato dal **dativo** della **persona** che possiede l'oggetto, mentre la **cosa** posseduta è **soggetto** del verbo *sum* e va in nominativo. È una costruzione che ricorre soprattutto quando la cosa posseduta è un nome astratto.

▶ ***Est homini** cum deo **similitudo**.* (da Cicerone)
L'uomo ha una somiglianza con la divinità.

Un caso particolare di dativo di possesso è rappresentato dall'espressione *mihi nomen est*, "mi chiamo". Essa può richiedere, per il nome proprio, indifferentemente il dativo accordato al sostantivo o il nominativo. Le due costruzioni sono equivalenti dal punto di vista semantico.

▶ ***Puero nomen est Claudio.***
▶ ***Puero nomen est Claudius.***
Il ragazzo si chiama Claudio.

2.5 Dativo di fine

Il **dativo di fine** indica lo **scopo** a cui mira l'azione espressa dal verbo.

▶ *Milites patriae **saluti** pugnant.*
I soldati combattono **per la salvezza** della patria.

Il **complemento di fine** o **scopo** si può rendere anche con:
- ***ad*** e l'**accusativo** ▶ *Milites **ad** patriae **custodiam** pugnant.* I soldati combattono **per la difesa** della patria.
- ***causā*** o ***gratiā*** preceduto dal **genitivo** ▶ *Milites **victoriae causā** pugnabant.* I soldati combattevano **per la vittoria**.

SINTASSI DEI CASI

2.6 Dativo di effetto

Il **dativo di effetto** indica l'**effetto** dell'azione espressa dal verbo.

▶ *Scelerato hosti* ***ludibrio*** *fuit imperium populi Romani.* (da Cicerone)
L'impero del popolo romano fu **oggetto di scherno** di un detestabile nemico.

2.7 Dativo d'agente

Il **dativo d'agente** indica la **persona** che **compie** l'**azione** espressa da un verbo in forma passiva (complemento d'agente) e si usa di norma nella **perifrastica passiva**.

▶ *Multi libri* ***pueris*** *legendi sunt.*
I ragazzi devono leggere molti libri. (= Molti libri devono essere letti **dai ragazzi**.)

> **Osservazioni**
> Quando il verbo della perifrastica passiva si costruisce con il dativo, per evitare ambiguità il complemento d'agente si rende con ***a/ab*** e l'**ablativo**.
> ***A nobis*** *persuadendum est vobis.*
> **Noi** dobbiamo persuadervi.

2.8 Dativo di relazione

Il **dativo di relazione** esprime il **punto di vista** rispetto al quale avviene e ha valore l'azione espressa dal verbo. Spesso è rappresentato da un participio in caso dativo.

▶ *Turres mira specie procul* ***intuentibus*** *pares esse videntur.* (da Tacito)
Le torri, spettacolari nell'aspetto, **a chi le guardava** da lontano sembravano uguali.

3. Il dativo dipendente da aggettivi e participi

Si costruiscono con il dativo gli **aggettivi** che veicolano l'idea di:

- **utilità** o **svantaggio**: *utilis*, "utile", *inutilis*, "inutile", *salutaris*, "salutare", *noxius*, "nocivo", *perniciosus*, "pericoloso" ▶ *Glycyrrhizae sucus* ***utilissimus voci*** *est.* (da Plinio il Vecchio) Il succo di liquirizia è **molto utile per la voce**.
- **somiglianza** o **diversità**: *similis*, "simile", *dissimilis*, "dissimile", *aequalis*, "uguale", *par*, "uguale", *impar*, "disuguale", *contrarius*, "contrario" ▶ *Torquatus* ***Plancio*** *et virtute et laude* ***par*** *fuit.* (da Cicerone) Torquato fu **uguale a Plancio** sia per valore sia per lode.
- **amicizia** o **ostilità**: *amicus*, "amico", *inimicus*, "nemico", *benevolus*, "benevolo", *acceptus*, "accetto", *invisus*, "odiato", *adversus*, "contrario" ▶ *Clodius* ***inimicus*** *est* ***nobis***. (Cicerone) Clodio **ci** è **nemico**.
- **vicinanza** e **parentela**: *vicinus*, "vicino", *proximus*, "prossimo", *affinis*, "affine", *finitimus*, "confinante" ▶ ***Unicuique virtuti finitimum*** *vitium reperietur, ut audacia, quae* ***fidentiae finitima*** *est.* (da Cicerone) **A ciascuna virtù** si troverà un vizio **affine**, come l'audacia che è **affine alla fiducia** in se stessi.
- **attitudine** e **disposizione**: *aptus*, "adatto", *accommodatus*, "appropriato", *propensus*, "incline", *necessarius*, "necessario" ▶ *Illa dies* ***apta sacrificio*** *visa est.* (da Livio) Quel giorno sembrò **propizio per il sacrificio**.

Osservazioni

- Con gli aggettivi che veicolano l'idea di attitudine e disposizione, si può trovare ***ad*** e l'**accusativo** soprattutto quando si mette in rilievo il fine dell'azione.

  *Ille locus **ad insidias** aptior fuit.*
  Quel luogo era più adatto **alle imboscate**.
- *Similis*, *dissimilis proprius* e *communis* possono reggere anche il **genitivo**. In particolare *similis* e *dissimilis* richiedono il genitivo nell'espressione *veri similis*, "verosimile", "simile al vero" e con i pronomi personali *mei/tui/sui/nostri/vestri similis*, "simile a me/te/a sé/a noi/a voi".
- Il comparativo *propius*, "più vicino", e il superlativo *proximus*, "il più vicino", derivati da *prope*, possono accompagnarsi anche all'**accusativo** e ad ***a***/***ab*** e l'**ablativo** senza alcun cambiamento nel significato.

  *Hostes proximi **nostra castra/nostris castris/a nostris castris** sunt.*
  I nemici sono vicinissimi **al nostro accampamento**.

4. Il dativo dipendente da verbi

Il dativo può trovarsi in dipendenza dalle seguenti tipologie di verbi:
- verbi con **doppia costruzione**;
- verbi con **costruzione diversa** in latino e in italiano;
- verbi con **costruzioni** e **significati diversi**;
- verbi di **eccellenza**.

In dipendenza da verbi si riscontra, inoltre, il costrutto del **doppio dativo**.

4.1 Verbi con doppia costruzione

I verbi ***dono*** e ***intercludo*** possono costruirsi in due modi differenti. Possono reggere, come in italiano, il **dativo della persona** e l'**accusativo della cosa** (*alicui aliquid*) o anche l'**accusativo della persona** e l'**ablativo della cosa** (*aliquem aliqua re*). Le due costruzioni sono equivalenti sul piano semantico.

▶ *Apollo **aeternitatem Sybillae** donavit.*
▶ *Apollo **Sybillam** aeternitate donavit.*
Apollo **donò** l'eternità **alla Sibilla**.

▶ *Dux **iter Helvetiis** intercludit.*
▶ *Dux **Helvetios itinere** intercludit.*
Il comandante **impedisce** il passaggio **agli Elvezi**.

Possono avere questa doppia costruzione (*alicui aliquid/aliquem aliqua re*) i verbi:
- *aspergo*, "spruzzo";
- *circumdo*, "circondo";
- *dono*, "dono";
- *exuo*, "spoglio";
- *induo*, "vesto";
- *intercludo*, "impedisco";
- *macto*, "sacrifico".

4.2 Il passivo dei verbi con doppia costruzione

Ciascuna delle costruzioni oggetto del paragrafo precedente può essere volta al **passivo**. L'elemento che è in accusativo nella forma attiva diventa il soggetto della frase passiva; il dativo o l'ablativo restano immutati.

SINTASSI DEI CASI

- *Apollo* ***aeternitatem Sybillae*** *donavit.* → ▶ ***Aeternitas Sybillae*** *ab Apolline donata est.*
- *Apollo* ***Sybillam aeternitate*** *donavit.* → ▶ ***Sybilla aeternitate*** *ab Apolline donata est.*

Apollo donò **l'eternità alla Sibilla**. → **L'eternità** fu donata **alla Sibilla** da Apollo.

4.3 Verbi con costruzione diversa in latino e in italiano

Alcuni **verbi intransitivi latini** che si costruiscono con il dativo corrispondono in italiano a:
- **verbi transitivi** (che reggono, dunque, un complemento oggetto);
- **verbi intransitivi** che si avvalgono, però, di complementi o costruzioni differenti.

I verbi intransitivi latini che corrispondono a verbi transitivi italiani sono:
- *blandior*, "accarezzo";
- *faveo*, "favorisco";
- *ignosco*, "perdono";
- *invideo*, "invidio";
- *minitor, minor*, "minaccio";
- *nubo*, "sposo" (detto della donna);
- *parco, tempero*, "risparmio";
- *persuadeo, suadeo*, "convinco";
- *plaudo*, "applaudo";
- *provideo*, "provvedo";
- *satisfacio*, "soddisfo";
- *studeo*, "studio", "mi dedico a";
- *succurro, subvenio*, "aiuto".

I verbi intransitivi latini che corrispondono a verbi intransitivi italiani con diversa costruzione sono:
- *assentio*, "sono d'accordo con";
- *diffido*, "diffido di";
- *fido, confido*, "confido in";
- *gratulor*, "mi congratulo con";
- *irascor, suscenseo*, "mi adiro con";
- *maledico/benedico*, "dico male/dico bene di".

Osservazioni

Alcuni verbi intransitivi latini corrispondono a verbi intransitivi italiani con la stessa costruzione:
- *consulo*, "provvedo a";
- *noceo*, "nuocio a";
- *oboedio, pareo*, "obbedisco a";
- *obsisto, obsto*, "mi oppongo a";
- *occurro*, "mi presento a";
- *provideo*, "provvedo a".

4.4 Il passivo dei verbi intransitivi

È possibile **volgere al passivo** i verbi oggetto del paragrafo precedente utilizzando la **forma impersonale**, in quanto sono intransitivi. Il verbo viene coniugato alla terza persona singolare del passivo accompagnato dal dativo richiesto dal verbo e dal complemento d'agente in *a/ab* e l'ablativo, se è presente.

▶ *Dux* ***militibus vulneratis*** *succurrit.* → ▶ ***Militibus vulneratis*** *a duce succursum est.*

Il comandante prestò aiuto **ai soldati feriti**. → **I soldati feriti** furono soccorsi dal comandante.

Nel caso in cui il verbo intransitivo al passivo sia retto da un verbo servile, quest'ultimo viene coniugato alla terza persona singolare e il verbo intransitivo all'infinito presente passivo.

▶ ***Militibus vulneratis*** *a duce* ***succurri potuit.***
I soldati feriti poterono essere soccorsi dal comandante.

4.5 Verbi con costruzioni e significati diversi

Alcuni verbi latini che si costruiscono con il dativo ammettono diverse costruzioni e, in base al caso che reggono, assumono un **significato differente**. Sono elencati di seguito i principali.

Verbo	Costruzione	Significato
caveo	+ accusativo	sto attento a
	+ dativo	provvedo a
	+ *a/ab* e ablativo	sto in guardia da
consulo	+ dativo	provvedo a
	+ accusativo	consulto
metuo, ***timeo***	+ accusativo	temo
	+ dativo	temo (sono in ansia) per
provideo, ***prospicio***	+ accusativo	prevedo
	+ dativo	provvedo a
tempero	+ accusativo	dirigo
	+ dativo	tengo a freno
	+ *a/ab* e ablativo	mi trattengo da

4.6 Dativo con verbi di eccellenza

I **verbi di eccellenza**, che veicolano l'idea di "superare", "precedere", sia in senso concreto, sia in senso morale, si costruiscono con l'ablativo di limitazione per indicare la cosa in cui si è superiori, e, spesso, con il **dativo** della **persona** che si supera.

▶ *Marcus* ***fratri*** *aetate* ***anteibat.***
Marco **superava il fratello** in età.

La persona, tuttavia, può essere espressa anche in altri modi, a seconda del verbo da cui dipende:

- *antecedo, anteeo, antecello* e *antisto* possono avere la persona sia in dativo sia in accusativo ▶ *Marcus* ***fratri*** *aetate anteibat.* Marco superava **il fratello** in età. ▶ *Punici scientia nauticarum rerum* ***reliquis*** *antecellunt.* I Fenici superano **gli altri** nella conoscenza dell'arte nautica.

SINTASSI DEI CASI

Lezione 16

L'ablativo

1. L'ablativo

L'**ablativo** esprime diversi complementi e ha anche ereditato le funzioni di due antichi casi che sono poi scomparsi nella lingua latina: lo **strumentale** e il **locativo** (che permane solo in alcune espressioni che servono a indicare luogo o tempo).

Nell'ablativo, quindi, sono confluite tre funzioni fondamentali:

- **ablativo propriamente detto**, che veicola l'idea di allontanamento e separazione;
- **ablativo strumentale-sociativo**, che indica il mezzo con cui si realizza l'azione oppure la persona o la cosa in compagnia della quale si compie l'azione;
- **ablativo locativo** che, invece, coincide con la funzione logica dello stato in luogo e del tempo determinato.

2. L'ablativo propriamente detto

L'ablativo propriamente detto può avere le seguenti funzioni:

- ablativo **di allontanamento** o **separazione**;
- ablativo **di origine** o **provenienza**;
- ablativo **di abbondanza** e di **privazione**;
- ablativo **d'agente** e di **causa efficiente**;
- ablativo **di argomento**;
- ablativo **di materia**;
- ablativo **di paragone**.

SINTASSI DEI CASI

2.1 Ablativo di allontamanento o separazione

L'**ablativo di allontanamento** o **separazione** indica il **luogo**, la **persona** o la **cosa** da cui si è **lontani** o si è stati **allontanati** o **separati**.

Il **complemento di allontanamento** o **separazione** è introdotto da verbi come *arceo*, "scaccio", *eicio*, *pello*, "allontano", *moveo* o *amoveo*, "rimuovo", *excludo*, "escludo", *cedo*, "mi allontano", *decedo*, "mi ritiro", *disiungo*, "separo", *prohibeo*, "tengo lontano"; aggettivi, quali *liber*, "libero", *remotus*, "lontano", *distinctus*, "distinto"; sostantivi, come *secessio*, "secessione", *distinctio*, "distinzione", *defectio*, "defezione", che indicano allontanamento o separazione.

Si esprime generalmente con:

- ***a/ab*** e l'**ablativo**, se si tratta di persona ▸ ***Ab amico meo*** *discedi.* Mi sono allontanato **dal mio amico**.

- l'**ablativo semplice** o con ***a*/*ab*, *e*/*ex*, *de***, se si tratta di cosa ▶ *Servum **e foro** pepulit.* Scacciò il servo **dal foro**.

La distinzione non è, però, sempre rigida.

2.2 Ablativo di origine o provenienza

L'**ablativo di origine** o **provenienza** indica l'origine di qualcuno o di qualcosa specificandone il **luogo di provenienza**, la **famiglia** e la **condizione sociale**.

Il **complemento di origine** o **provenienza** è introdotto da verbi che significano "nascere" o "generare", come *nascor*, "nasco", *gigno*, "genero", *orior*, "traggo origine", e da participi perfetti come *natus*, "nato", *genitus*, "generato", *ortus*, "nato". Esso si esprime generalmente con:

- l'**ablativo semplice**, quando si indicano la **famiglia**, la **condizione sociale** e i **nomi dei genitori**, sia propri, sia comuni (*mater*, *pater*) ▶ *Catilina, **nobili genere** natus, magna vi fuit.* (da Sallustio) Catilina, nato **da una nobile famiglia**, fu di grande vigore.
- ***e*/*ex*, *de*** e l'**ablativo** in presenza di **pronomi, nomi comuni** e **geografici** ▶ *Invidia **ex opulentia** originem trahit.* L'invidia trae origine **dalla ricchezza**.
- ***a*/*ab*** e l'**ablativo** per la discendenza da **antenati remoti** ▶ *Galli se omnes **ab Dite patre** prognatos praedicant.* (da Cesare) I Galli dicono di essere tutti discendenti **dal padre Dite**.

Anche in questo caso, la distinzione non sempre è rigida.

2.3 Ablativo di abbondanza e di privazione

L'**ablativo di abbondanza** e **di privazione** indica rispettivamente ciò di cui **si abbonda** o di cui **si è privi** e serve per esprimere i **complementi di abbondanza** e **di privazione**.

Questi complementi si trovano:

- dopo verbi che significano abbondanza, come *abundo*, "abbondo", *affluo*, "dispongo in abbondanza", *compleo*, "colmo", *repleo*, "riempio", o mancanza, come *careo*, "sono privo", *deficio*, "manco di", *egeo*, *indigeo*, "sono povero", *privo*, "privo", *spolio*, "spoglio";
- in dipendenza di aggettivi che significano "pieno", "ricco", "fornito", come *plenus*, *refertus*, *repletus*, o "privo", "spoglio", come *expers*, *nudus*, *orbus*.

▶ *Uxor **gratia** abundat, sed ingenii **acumine** deficit.*
La moglie abbonda **di grazia**, ma manca **di acutezza** di ingegno.

In dipendenza da alcuni verbi come *egeo* o *indigeo* e dagli aggettivi *plenus* e *refertus* il complemento di abbondanza o di privazione può esprimersi anche con il **genitivo**.

2.4 Ablativo d'agente e di causa efficiente

L'**ablativo d'agente** indica la persona dalla quale **viene svolta l'azione** espressa da un verbo di **forma passiva**.

Il **complemento d'agente** si esprime con ***a*** o ***ab*** e l'**ablativo**.

▶ *Fabia et Lucius vituperantur **a Turia**.*
Fabia e Lucio sono rimproverati **da Turia**.

Se l'agente (ossia l'elemento da cui viene compiuta l'azione) è una cosa o un animale, questa funzione logica prende il nome di **complemento di causa efficiente** e si esprime con l'**ablativo semplice**.

▶ *Turia **lacrimis** Fabiae non commovetur.*
Turia non è commossa **dalle lacrime** di Fabia.

> ***Osservazioni***
> Nella **perifrastica passiva** il complemento d'agente si esprime con il caso dativo (dativo d'agente: → p. 152).

2.5 Ablativo di argomento

L'**ablativo di argomento** indica l'argomento di cui si parla o si scrive.

Il **complemento di argomento** si esprime con ***de*** e l'**ablativo**.

▶ *Discipuli librum **de amicitia** legent.*
Gli alunni leggeranno un libro **sull'amicizia**.

Quando l'argomento rappresenta il titolo di un libro è possibile trovare (*liber*) *de* + l'ablativo o il semplice nominativo del titolo.

▶ ***Bellum Iugurthinum*** *a Sallustio scribitur.*
▶ ***Liber de bello Iugurthino*** *a Sallustio scribitur.*
Un **libro sulla guerra giugurtina** è scritto da Sallustio.

2.6 Ablativo di materia

L'**ablativo di materia** indica la **materia** di cui è fatto un oggetto; può avere un valore proprio o figurato.

Il **complemento di materia** si esprime con ***e/ex***, ***de*** e l'**ablativo** oppure si ricorre all'**aggettivo** corrispondente in funzione di attributo.

▶ *Felix togam **e lana** induit.*
Felice indossa una toga **di lana**.

▶ *Matronae Romanae armillas **aureas** ostendebant.*
Le matrone romane ostentavano bracciali **d'oro**.

2.7 Ablativo di paragone

L'**ablativo di paragone** rende il **secondo termine di paragone** dopo un'espressione comparativa. In latino il complemento di paragone si esprime con:

- l'**ablativo semplice** ▶ *Marius honestior **Antonio** est.* Mario è **più onesto di Antonio**.
- ***quam*** e il caso del primo termine ▶ *Caesar cupidior fuit gloriae **quam divitiarum**.*
  Cesare fu più bramoso di gloria **che di ricchezze**.

Per il secondo termine di paragone → p. 37.

3. L'ablativo strumentale-sociativo

L'**ablativo strumentale-sociativo**, talvolta accompagnato dalla preposizione *cum*, può avere le seguenti funzioni:

- ablativo **di mezzo**;

- ablativo **di modo**;
- ablativo **di causa**;
- ablativo **di compagnia** e di **unione**;
- ablativo **di limitazione**;
- ablativo **di qualità**;
- ablativo **di misura**.

Ricorrono a un ablativo strumentale-sociativo:
- la costruzione di ***utor***, ***fungor***, ***fruor***, ***potior*** e ***vescor***;
- la costruzione di ***opus est***;
- la costruzione di ***dignus*** e ***indignus***.

3.1 Ablativo di mezzo

L'**ablativo di mezzo** svolge una funzione strumentale: indica la persona, l'animale o la cosa **per mezzo** della quale si compie l'azione espressa dal predicato.

Il **complemento di mezzo** si esprime con:
- l'**ablativo semplice**, se il mezzo è rappresentato da un **animale** o da una **cosa** ▸ *Domina venit in villam **lecticā**.* La signora arriva alla villa **in portantina**.
- ***per*** e l'**accusativo**, se il mezzo è rappresentato da una **persona** ▸ ***Per ancillam** domina filiam advocat.* La padrona manda a chiamare la figlia **per mezzo di una serva**.

3.2 Ablativo di modo

L'**ablativo di modo** indica in quale **maniera** si realizza l'azione espressa dal verbo.

Il **complemento di modo** si esprime con:
- ***cum*** e l'**ablativo**, quando il complemento è costituito dal solo sostantivo ▸ *Discipula studet **cum diligentia**.* L'alunna studia **con diligenza**.
- l'**ablativo semplice**, quando il sostantivo è accompagnato da un aggettivo; in questo caso il *cum* può anche essere interposto, ossia inserito tra l'aggettivo e il sostantivo ▸ *Filia flebat **magna (cum) maestitia**.* La figlia piangeva **con grande tristezza**.

3.3 Ablativo di causa

L'**ablativo di causa** indica la **causa** o il **motivo** per cui avviene l'azione espressa dal verbo.

Il **complemento di causa** si esprime in modi diversi:
- se si tratta di **causa interna**, ossia determinata dalle condizioni fisiche e psicologiche del soggetto, si ricorre all'**ablativo semplice** ▸ *Milites **ignaviā** fugiunt.* I soldati fuggono **per viltà**.
- se si tratta di **causa esterna**, ossia indipendente dal soggetto, si usano ***ob*** o ***propter*** e l'**accusativo** ▸ ***Propter pluviam** domi maneo.* **Per la pioggia** resto a casa.
- se si tratta di **causa impediente**, ossia che impedisce che si realizzi l'azione, si ricorre a ***prae*** e l'**ablativo** ▸ ***Prae superbiā** homo non est beatus.* **Per la superbia** l'uomo non è felice.

3.4 Ablativo di compagnia e di unione

L'**ablativo di compagnia** e **di unione** indica rispettivamente l'essere animato e la cosa con cui si compie l'azione espressa dal verbo.

In latino entrambi i complementi si costruiscono con ***cum*** e l'**ablativo**.

▶ *Puer **cum amico** ludit.*
Il ragazzo gioca **con l'amico**.

▶ *Copiae **cum labaro** procedunt.*
Le truppe avanzano **con lo stendardo**.

Quando la persona con cui si compie l'azione è costituita da un **pronome personale**, la preposizione ***cum*** **si pospone** e si unisce all'ablativo del pronome: *mecum, tecum, secum, nobiscum, vobiscum*.

3.5 Ablativo di limitazione

L'**ablativo di limitazione limita** il concetto espresso da un verbo, da un aggettivo o da un sostantivo e corrisponde al **complemento di limitazione**.

Il **complemento di limitazione** si esprime con l'**ablativo semplice** e, in genere, si trova dopo verbi che indicano superiorità, inferiorità, differenza ed eccellenza, come *supero, excello, comparo, cedo*.

▶ *Sulla **potestate** excellebat.*
Silla eccelleva **in potere**.

3.6 Ablativo di qualità

L'**ablativo di qualità** indica le **doti fisiche** di una persona o di una cosa.

Il **complemento di qualità** si esprime in:
- **ablativo** per caratteristiche fisiche;
- **genitivo** di preferenza per doti morali (genitivo di qualità → p. 145).

▶ *Clodia puella **colore candido** est.*
Clodia è una ragazza **dalla carnagione chiara**.

3.7 Ablativo di misura

L'**ablativo di misura** indica **di quanto** un essere animato o una cosa siano superiori a un'altra ed esprime il **complemento di misura**.

Il **complemento di misura** si trova dopo:
- verbi di eccellenza, come *praesto, antecello, supero*, "sono superiore";
- verbi che significano "misurare", "giudicare", come *aestimo*, "stimo", *iudico*, "giudico";
- aggettivi o avverbi di grado comparativo;
- preposizioni che veicolano l'idea di paragone, come *ante*, "prima", "davanti", *supra*, "sopra", *citra*, "al di sotto", *ultra*, "oltre", "più".

▶ *Turris **quadraginta pedibus** altior est quam murus.*
La torre è **di quaranta piedi** più alta del muro.

Se la misura è espressa in modo generico con avverbi si ricorre alle forme *multo*, "molto", *paulo*, "poco", *tanto*, "tanto", *nihilo minus*, "per niente meno".

3.8 La costruzione di *utor*, *fungor*, *fruor*, *potior* e *vescor*

In latino i verbi deponenti ***utor***, "uso", ***fruor***, "godo", "fruisco", ***fungor***, "adempio", *potior*, " mi impadronisco", e *vescor*, "mi nutro" si costruiscono con l'**ablativo strumentale**. Per una corretta resa in italiano ci si atterrà alla costruzione del corrispondente verbo italiano.

▶ *Imperatores* ***legibus utebantur*** *ad rem publicam administrandam.*
Gli imperatori **si servivano delle leggi** per amministrare lo Stato.

▶ *Consul* ***suo officio fungitur.***
Il console **adempie al proprio dovere.**

Il verbo *utor* può reggere **due ablativi**, di cui uno con valore predicativo.

▶ *Utor* ***meo amico teste.***
Mi servo **del mio amico come testimone.**

L'espressione *aliquo familiariter uti* significa "avere amicizia con qualcuno".

Il verbo *potior* può reggere anche il **genitivo** e si costruisce sempre con il genitivo nell'espressione *potiri rerum*, "impadronirsi del supremo potere".

3.9 La costruzione di *opus est*

La locuzione ***opus est***, "è necessario", "occorre", "bisogna", ammette una **costruzione personale** e una **impersonale**.

Nella **costruzione impersonale**:
- la **persona** a cui la cosa è necessaria o occorre è in **dativo**;
- la **cosa** o la persona di cui si necessita è in **ablativo** (ablativo strumentale);
- il verbo *sum* è alla **terza persona singolare**.

▶ ***Mihi multis libris opus est.***
Ho bisogno di molti libri.

La costruzione impersonale è obbligatoria nelle frasi negative e interrogative retoriche con valore negativo.

▶ *Non* ***opus est verbis.*** (da Terenzio)
Non **c'è bisogno di parole.**

La cosa può anche essere espressa da un **verbo** o da una **proposizione**: in questo caso si ricorre all'infinito semplice, alla proposizione infinitiva o al participio perfetto in caso ablativo.

▶ *Opus est* ***te rem publicam gubernare.***
È necessario **che tu regga lo Stato.**

▶ *Opus est* ***amato.***
C'è bisogno **di amare.**

Nella **costruzione personale**:
- la **persona** a cui la cosa è necessaria o occorre è in **dativo**;
- la **cosa** o la persona di cui si necessita è in **nominativo**;
- il verbo *sum* è **concordato** con il nominativo.

▶ ***Mihi multi libri opus sunt.***
Ho bisogno di molti libri.

La costruzione personale è obbligatoria quando la cosa è rappresentata da un **pronome neutro** o da un **aggettivo neutro**.

▶ *Quae ad oppugnandum opus sunt, noctu comparantur.* (da Cesare)
Si prepara di notte **ciò** di cui **vi è bisogno** per l'attacco.

> ### *Osservazioni*
> Il latino presenta anche altri modi per esprimere il concetto di dovere e necessità:
> - la locuzione ***necesse est*** seguita da un infinito, una proposizione infinitiva o dal congiuntivo con o senza ***ut*** ▶ *Homini **necesse est mori***. Per l'uomo **è ineluttabile morire**.
> - il verbo ***oportet*** seguito da un infinito, una proposizione infinitiva o dal congiuntivo semplice ▶ ***Exstent oportet** vestigia*. **È necessario che restino** tracce.
> - la perifrastica passiva ▶ ***Nobis pugnandum est***. **Dobbiamo combattere**.

3.10 La costruzione di *dignus* e *indignus*

Con gli aggettivi ***dignus***, "degno", e ***indignus***, "indegno", per rendere la cosa di cui si è degni o indegni, si ricorre:

- all'**ablativo strumentale**, se la cosa è espressa da un **sostantivo** ▶ *Praetor **laude dignus est**.* Il pretore **è degno di lode**.
- a una **proposizione relativa** con il verbo **al congiuntivo**, se la cosa è espressa da un verbo ▶ *Consules indigni erant, **qui finitimos populos regerent**.* I consoli non erano degni **di governare i popoli confinanti**.

Il congiuntivo è **presente** in dipendenza da un tempo principale, **imperfetto** in dipendenza da un tempo storico. Per la resa in italiano si usa l'infinito preceduto dalla preposizione "di".

3.11 Ablativo locativo

L'**ablativo locativo** rappresenta le funzioni logiche ereditate dall'antico caso del locativo ed esprime:

- lo **stato in luogo** ▶ ***Syracusis** erat templum Iovis.* **A Siracusa** vi era il tempio di Giove.
- il **tempo determinato** ▶ *Milites exeunt castris **media nocte**.* I soldati escono dall'accampamento **nel cuore della notte**.

Per una trattazione completa dei complementi di luogo e tempo → Lezione 17.

Lezione 17

Determinazioni di luogo e di tempo

1. I complementi di luogo

I **complementi** o **determinazioni di luogo** esprimono il luogo reale o figurato in cui si svolge l'azione e si dividono in:
- **stato in luogo**;
- **moto a luogo**;
- **moto da luogo**;
- **moto per luogo**.

1.1 Il complemento di stato in luogo

Il complemento di **stato in luogo** esprime la permanenza in un luogo e in latino si costruisce con la preposizione ***in*** e l'**ablativo**.

▶ *Fabia et Lucius* ***in bibliotheca*** *legunt.*
Fabia e Lucio leggono **in biblioteca**.

Il complemento di stato in luogo può essere espresso anche con ***apud*** e l'**accusativo**, quando significa "presso", "nelle vicinanze di".

▶ *Domitillae villa* ***apud silvam*** *est.*
La casa di campagna di Domitilla si trova **presso un bosco**.

1.2 Il complemento di moto a luogo

Il complemento di **moto a luogo** si esprime con ***in*** oppure ***ad*** e l'**accusativo**. Si usa ***in*** per esprimere l'**ingresso** e ***ad*** per l'**avvicinamento**.

▶ *Fabia* ***ad villam*** *Domitillae venit.*
Fabia arriva **nella casa di campagna** di Domitilla.

▶ *Fabia et Lucius* ***in scholam*** *veniunt.*
Fabia e Lucio si recano **a scuola**.

1.3 Il complemento di moto da luogo

Il complemento di **moto da luogo** si esprime con ***a/ab***, ***e/ex*** o ***de*** e l'**ablativo**. ***A/ab*** indicano allontanamento, ***e/ex*** uscita, ***de*** movimento dall'alto verso il basso.

▶ *Domitilla* ***a sua villa*** *venit.*
Domitilla viene **da casa sua**.

▶ *Ancillae* ***e silvis*** *veniunt.*
Le serve escono **dai boschi**.

1.4 Il complemento di moto per luogo

Il **complemento di moto per luogo** esprime il concetto di attraversare o percorrere un luogo. In latino si esprime con ***per*** e l' **accusativo**.

▶ *Per culinam Turia ambulat.*
Turia cammina **per la cucina**.

Osservazioni

Per esprimere l'idea di un **passaggio obbligato**, con nomi come *via*, *porta*, *pons*, *terra*, *mare*, *flumen*, si usa l'ablativo semplice.

*Ibam forte **via Sacra**.* (Orazio)
Me ne andavo per caso **per la via Sacra**.

1.5 Nomi di città e piccola isola

I nomi di **città** e **piccola isola** si comportano in modo in parte diverso rispetto alle regole generali appena elencate. In particolare:

- lo **stato in luogo** si esprime con le desinenze del genitivo (che appartenevano all'antico caso **locativo**, poi scomparso) per i nomi di **città** e **piccola isola singolari** e appartenenti alla **1ª** e **2ª declinazione**; con l'**ablativo** senza preposizione per tutti gli altri nomi ▶ *Romae sumus.* Siamo **a Roma** ▶ *Athenis vivimus.* Viviamo **ad Atene**.
- il **moto a luogo** si esprime in accusativo senza preposizione ▶ *Romam venimus.* Arriviamo **a Roma**.
- il **moto da luogo** si esprime in ablativo senza preposizione ▶ *Roma discedimus.* Partiamo **da Roma**.
- il **moto per luogo** non presenta alcuna differenza rispetto alla regola generale (*per* e l'accusativo) ▶ *Per Romam ambulamus.* Camminiamo **per Roma**.

1.6 *Domus* e *rus* nei complementi di luogo

Domus, "casa", "patria", e *rus*, "campagna", nei complementi di luogo si comportano in modo diverso rispetto agli altri sostantivi:

- il complemento di **stato in luogo** si rende con il **locativo**: ***domi*** e ***ruri*** ▶ *Cicero est domi.* Cicerone è **a casa**.
- il complemento di **moto a luogo** si rende con l'**accusativo semplice**: ***domum*** e ***rus*** ▶ *Venio libenter rus.* Vengo con piacere **in campagna**.
- il complemento di **moto da luogo** si rende con l'**ablativo semplice**: ***domo*** e ***rure*** ▶ *Exeunt domo.* Escono **dalla casa**.

Il sostantivo *domus*, se accompagnato da un aggettivo possessivo o dal nome del possessore (in genitivo), ammette, per esprimere i diversi complementi di luogo, sia la costruzione comune a tutti gli altri nomi che l'eccezione; se accompagnato, invece, da un aggettivo qualificativo o dimostrativo segue la regola comune.

▶ *Cornelia vivit **in pulchra domo**.*
Cornelia vive **in una bella casa**.

Le espressioni (in caso locativo) *domi militiaeque* e *domi bellique* significano "in pace e in guerra".

SINTASSI DEI CASI

2. I complementi di tempo

I **complementi** o **determinazioni di tempo** indicano la **collocazione** o la **durata nel tempo** di una azione o di uno stato espresso dal predicato. Si dividono in:
- **complemento di tempo determinato**;
- **complemento di tempo continuato**.

2.1 Il complemento di tempo determinato

Il **complemento di tempo determinato** specifica un **momento** preciso o approssimativo **in cui si verifica** l'**azione** espressa dal verbo.

Esso si esprime generalmente con l'**ablativo semplice**; si ricorre a ***in*** e l'**ablativo** quando è rappresentato da sostantivi che indicano:
- **età della vita**: *pueritia, adulescentia, senectus;*
- **precise circostanze**: *bellum, pax, adventus, proelium, discessus;*
- **cariche pubbliche**: *consulatus, praetura, quaestura.*

▶ ***Summa senectute*** *tenebat non modo auctoritatem, sed etiam imperium in suos.*
In vecchiaia avanzata aveva non solo autorità, ma anche potere sui suoi familiari.

▶ *Curius* ***in consulatu*** *triumphavit.*
Curio celebrò il trionfo **durante il consolato**.

Se, invece, questi sostantivi sono accompagnati da aggettivi, rientrano allora nella regola generale, per cui si usa l'ablativo semplice.

Per indicare il **tempo approssimativo** si ricorre all'**accusativo** preceduto da ***ad***, ***sub***, ***circa***, ***circiter***, "circa", "intorno a".

Le preposizioni ***ante***, "prima di", e ***post***, "dopo", si usano generalmente con l'**accusativo**: *ante/post Caesaris mortem*, "prima della/dopo la morte di Cesare"; se, invece, specificano quanto tempo prima o dopo si verifica un evento, si usano con l'**accusativo** (se anteposte) o con l'**ablativo** (se posposte o interposte): *ante/post multos annos, multis annis ante/post, multis ante/post annis*, "molti anni prima/dopo".

2.2 Il complemento di tempo continuato

Il **complemento di tempo continuato** indica la **durata** della situazione o dell'azione espressa dal verbo.

Esso si esprime con l'**accusativo semplice** o **preceduto da *per*** o da (***usque***) ***ad***. Si può trovare anche ***in*** e l'**accusativo**, quando si vuole indicare fino a quando un'azione dura o per quando è previsto il suo svolgimento.

▶ *Tullus Hostilius* ***(per) multos annos*** *regnavit.*
Tullo Ostilio regnò **per molti anni**.

▶ *Lacedaemoni* ***in annos triginta*** *pepigerunt pacem.*
Gli Spartani pattuirono la pace **per trent'anni**.

Sintassi del verbo

La sintassi del verbo studia le norme secondo cui il verbo regola i suoi modi e i suoi tempi all'interno della proposizione.

In questa sezione

Lezione 18
L'uso dei modi finiti

1. L'indicativo

L'**indicativo** è il modo con cui si esprimono i fatti nella loro **realtà oggettiva**: chi parla o scrive riferisce un evento presentandolo come certo e reale. Comprende sei tempi (presente, imperfetto, futuro semplice, perfetto, piuccheperfetto, futuro anteriore) il cui uso è pressoché analogo a quello italiano, fatta eccezione per alcune particolarità.

1.1 Particolarità nell'uso dei tempi dell'indicativo

Alcuni tempi dell'indicativo si usano in modo diverso dall'italiano. In particolare:

- il **presente storico** è impiegato nelle narrazioni storiche per conferirvi maggiore vivacità e si riferisce a fatti ed eventi del passato come se fossero presenti; si traduce in genere con il passato remoto, oppure con il presente ▶ *Ad eas res conficiendas biennium sibi satis esse duxerunt: in tertium annum profectionem lege* ***confirmant***. (Cesare) Per raggiungere questi obiettivi stimarono sufficienti due anni: **fissarono** per legge la partenza al terzo anno.
- il **perfetto logico** esprime l'effetto sul presente di un'azione passata; in genere si rende con il passato prossimo ▶ *Philosophia nos sapientes* ***fecit***. La filosofia ci **ha reso** saggi.
  I perfetti logici di alcuni verbi latini, però, esprimono uno stato presente che è conseguenza di un'azione passata e quindi si traducono con il presente (→ p. 109) ▶ *Odi bellum armaque.* **Odio** la guerra e le armi.
- il **perfetto gnomico** è usato nei proverbi e nelle sentenze e indica un'azione fuori dal tempo. In italiano si rende con il presente o con il verbo servile "essere solito" ▶ *Saepe in magistrum scelera* ***redierunt*** *sua.* (Seneca) Spesso i delitti **ritornano** sull'artefice.

1.2 Il falso condizionale

Talvolta a un **indicativo latino** corrisponde, in italiano, un **condizionale**. In questi casi l'indicativo prende il nome di "**falso condizionale**". I verbi e i costrutti in cui questa situazione può verificarsi sono:

- i verbi *possum*, "posso", *debeo*, "devo", *oportet*, "c'è bisogno", *decet*, "si addice", *licet*, "è lecito", *opus est*, "c'è bisogno", *necesse est*, "è necessario" ▶ *Non suscipi bellum* ***oportuit***. **Sarebbe stato opportuno** non intraprendere la guerra.
- il verbo *sum* in unione con un **aggettivo neutro** o un **avverbio**, come *utile/pulchrum/longum est*, "sarebbe utile/bello/lungo", *satis est*, "sarebbe sufficiente": ▶ ***Longum est*** *hoc enarrare.* **Sarebbe lungo** narrare ciò.

- la perifrastica passiva ▶ *Armis fuit dimicandum.* Si sarebbe dovuto combattere con le armi.
- i tempi passati dei verbi *puto*, "credo", *arbitror*, *existimo*, "ritengo", *spero*, "spero" in frasi di senso negativo ▶ *Numquam putavi te hoc facere posse.* Non avrei mai creduto che tu potessi fare ciò.

2. L'imperativo

L'**imperativo** in latino, così come in italiano, esprime un **comando**, un **ordine** o un **invito** molto pressante.

In latino, a differenza dell'italiano, l'imperativo ha due tempi:
- il **presente**, con lo stesso valore di quello italiano; ha solo due persone, la seconda singolare e plurale ▶ *Ancillae, laudate dominam!* Serve, lodate la padrona!
- il **futuro**, usato nelle prescrizioni di legge, nelle massime oppure quando l'ordine o l'esortazione sono rivolti al futuro; ha la seconda e la terza persona singolare e plurale. In italiano si traduce con un futuro semplice, un imperativo presente o un congiuntivo esortativo ▶ *Dominae libanto deabus!* Le padrone faranno (facciano) offerte alle dee!

2.1 L'imperativo negativo

Le voci dell'**imperativo** di ***nolo*** seguite dall'**infinito** di un verbo esprimono un **comando negativo** rivolto alla seconda persona singolare o plurale.

▶ *Noli hoc dicere.*
Non dire ciò.

▶ *Nolite hoc dicere.*
Non dite ciò.

L'imperativo negativo può, inoltre, essere espresso con ***ne*** e il **congiuntivo perfetto**, con ***fac/facite*** o ***vide/videte*** + ***ne*** e il **congiuntivo presente** oppure, infine, con ***cave/cavete***, con o senza *ne*, seguito dal **congiuntivo presente**.

▶ *Ne dixeris hoc.*
Non dire ciò.

▶ *Vide ne hoc dicas.*
Non dire ciò.

▶ *Ne dixeritis hoc.*
Non dite ciò.

▶ *Cavete hoc dicatis.*
Non dite ciò.

3. Il congiuntivo: i congiuntivi indipendenti

Il **congiuntivo** è il modo della **soggettività**, ossia della realtà voluta, pensata, supposta. È molto frequente nelle proposizioni dipendenti, ma può trovarsi anche in proposizioni indipendenti: in questo caso si parla di **congiuntivo indipendente**.

In latino i congiuntivi indipendenti sono divisi in due gruppi:
- i **congiuntivi volitivi**, che si usano per comunicare una **volontà**, un **desiderio** o un'**esortazione** (negazione ***ne***);
- i **congiuntivi eventuali**, che esprimono la **possibilità** o meno che un fatto si realizzi (negazione ***non***).

4. I congiuntivi volitivi

I **congiuntivi volitivi** comprendono:
- il **congiuntivo esortativo**;
- il **congiuntivo ottativo** o **desiderativo**;
- il **congiuntivo concessivo**.

4.1 Congiuntivo esortativo

Il **congiuntivo esortativo** serve per esprimere un'**esortazione** e si usa spesso in sostituzione dell'imperativo per un comando o un divieto espresso in modo meno perentorio.

La **negazione** che lo accompagna è ***ne***.

In italiano si traduce con il congiuntivo esortativo o con l'imperativo.

I tempi utilizzati sono:
- il **presente**, in forma sia affermativa sia negativa ▶ *Concordet sermo cum vita.* (Seneca) Le parole **siano in accordo** con la vita.
- il **perfetto**, nella **forma negativa**, con la seconda persona singolare e plurale; rappresenta uno dei due modi con cui si esprime l'**imperativo negativo** ▶ *Hoc ne feceris.* **Non fare** ciò!

4.2 Congiuntivo ottativo o desiderativo

Il **congiuntivo ottativo** o **desiderativo** esprime un **desiderio** o un augurio che qualcosa possa accadere o il **rimpianto** che un fatto non possa realizzarsi nel presente o non si sia realizzato nel passato.

È generalmente introdotto dalla particella ***utinam*** e più raramente da ***ut*** o ***si***.

La negazione è ***ne***.

In italiano si rende con "voglia il cielo che...", "volesse il cielo che..." (espressioni che traducono *utinam*) o con "oh se...".

Ha tutti i tempi del congiuntivo:
- il **presente,** per un **desiderio realizzabile** nel **presente** o nel **futuro** ▶ *Utinam tu venias!* **Voglia il cielo che** tu **venga**!
- il **perfetto**, per un **desiderio** che **può essersi realizzato** nel **passato** ▶ *Utinam tu iam veneris!* **Voglia il cielo che** tu **sia** già **giunto**!
- l'**imperfetto**, per un **desiderio irrealizzabile** nel **presente** ▶ *Utinam tu venires!* **Oh, se** tu **venissi**! (ma non potrà accadere)
- il **piuccheperfetto**, per un **rimpianto** per qualcosa che non è accaduto nel **passato** ▶ *Utinam ne tu venisses!* **Oh, se** tu **non fossi venuto**!

Osservazioni

Rientrano tra le forme del congiuntivo ottativo o desiderativo il congiuntivo presente e imperfetto dei verbi *volo*, *nolo* e *malo* (***velim***, ***vellem***, "vorrei", ***nolim***, ***nollem*** "non vorrei", ***malim***, ***mallem*** "preferirei"). Il presente esprime un desiderio realizzabile, l'imperfetto un desiderio irrealizzabile.

4.3 Congiuntivo concessivo

Il **congiuntivo concessivo** esprime una **concessione** o un'**ammissione** di un fatto.

È talvolta rafforzato dall'avverbio ***sane*** o da ***licet***, ***ut*** o ***esto*** (imperativo di *sum*).

La negazione è ***ne***.

In italiano si rende con espressioni come "sia pure che...", "ammettiamo pure che...".

Il tempi utilizzati sono :

- il **presente**, se la concessione riguarda il presente ▶ ***Ne sit sane*** *summum malum principatus, malum certe est.* **Ammettiamo pure che** il principato **non sia** un sommo male, ma è certamente un male.
- il **perfetto**, se la concessione riguarda il passato ▶ ***Ne fuerit sane*** *summum malum principatus, malum certe fuit.* **Ammettiamo pure che** il principato **non sia stato** un sommo male, ma è stato certamente un male.

5. I congiuntivi eventuali

I congiuntivi eventuali comprendono:

- il **congiuntivo potenziale**;
- il **congiuntivo dubitativo**;
- il **congiuntivo suppositivo**;
- il **congiuntivo irreale**.

5.1 Congiuntivo potenziale

Il congiuntivo potenziale indica la **possibilità** che un fatto **accada** o **sia accaduto**.

La negazione che lo accompagna è ***non***.

In italiano si traduce generalmente con il condizionale del verbo "potere" seguito dall'infinito.

Esso presenta o un **soggetto indeterminato**, espresso da un pronome indefinito o interrogativo, o un soggetto alla **seconda persona singolare** (definito comunemente "tu generico").

Per quanto riguarda i tempi, essi sono:

- il congiuntivo **presente** (o **perfetto**) per indicare la possibilità nel presente o nel futuro ▶ *Nemo **credat (crediderit)** hoc.* Nessuno **potrebbe credere** a ciò.
- il congiuntivo **imperfetto** per indicare la possibilità nel passato. *Nemo **crederet** hoc.* Nessuno **avrebbe potuto credere** a ciò.

5.2 Congiuntivo dubitativo

Il **congiuntivo dubitativo** esprime un **dubbio** o un'**incertezza** e compare nelle **interrogative dirette**.

La negazione è ***non***.

In italiano si rende con il condizionale dei verbi "potere" o "dovere" seguito dall'infinito.

I tempi impiegati sono:

- il **presente**, se il dubbio riguarda il presente o il futuro ▶ *Quid **agam**?* Che cosa **dovrei fare**?

- l'**imperfetto**, se il dubbio riguarda il passato ▸ *Quid* ***agerem****?* Che cosa **avrei dovuto fare**?

5.3 Congiuntivo suppositivo

Il **congiuntivo suppositivo** esprime un'**ipotesi** o una **supposizione** percepita come realizzabile o irrealizzabile.

La negazione è ***non***.

Corrisponde a una **protasi di un periodo ipotetico** di 2° o 3° tipo (→ p. 208) espressa in **forma paratattica**, senza congiunzione; ad essa è coordinata un'altra principale al congiuntivo, che funziona come apodosi, e che rappresenta la conseguenza possibile (apodosi di 2° tipo) o irreale (apodosi di 3° tipo) della supposizione.

In italiano il congiuntivo suppositivo si traduce con espressioni come "supponiamo che...", "posto che...".

I tempi utilizzati sono:

- il **presente**, per una supposizione realizzabile nel presente; ▸ ***Roges*** *me quid agat tribunus, fortasse nihil respondeam.* **Supponiamo che tu mi domandi** che cosa faccia il tribuno: forse non ti risponderei.
- il **piuccheperfetto** (raramente l'imperfetto), per una supposizione irrealizzabile nel passato ▸ ***Rogavisses*** *me aliquid, nihil respondissem.* **Supponiamo che tu mi avessi domandato** qualcosa, non ti avrei risposto.

5.4 Congiuntivo irreale

Il **congiuntivo irreale** indica una azione che in circostanze diverse si verificherebbe o si sarebbe verificata, ma che di fatto non accade o non è accaduta.

La negazione è ***non***.

In italiano si rende con il condizionale presente o passato.

I tempi utilizzati sono:

- l'**imperfetto** per l'irrealtà nel presente ▸ *Multos claros viros* ***nominarem****, sed me multa impediunt.* **Nominerei** molti uomini illustri, ma molte circostanze me lo impediscono.
- il **piuccheperfetto** (talvolta anche l'imperfetto) per l'irrealtà nel passato ▸ ***Vicissemus****, at Lepidus perdere omnia concupiverat.* **Avremmo vinto**, ma Lepido aveva desiderato perdere tutto.

Lezione 19

L'uso dei modi indefiniti

1. L'infinito

L'**infinito** è un **modo indefinito** e rientra in latino tra le **forme nominali** del verbo, insieme al **participio**, al **gerundio,** al **gerundivo** e al **supino**: ha, infatti, la doppia natura di verbo e di sostantivo.

L'infinito latino può avere forma **attiva** e **passiva** e ha tre tempi: **presente**, **perfetto** e **futuro**.

2. Le funzioni dell'infinito

L'**infinito**, in quanto forma nominale del verbo, ha al tempo stesso la doppia natura di **sostantivo** e di **verbo**; pertanto può essere impiegato in **funzione nominale** o in **funzione verbale**.

2.1 Infinito in funzione nominale

L'**infinito nominale** o **infinito semplice**, quando corrisponde a un sostantivo di genere neutro, può essere usato come:
- **soggetto**, se accompagnato dal verbo *sum* seguito da un aggettivo neutro o da espressioni come *lex est, consuetudo est* o da verbi impersonali ▶ *Turpe est* ***male facere***. È turpe **agire male**.
- **complemento oggetto**, se introdotto da verbi servili, come *incipio, possum, debeo* o da altri verbi usati in funzione servile, come *statuo*, "decido", *constituo*, "stabilisco", *scio*, "so", *nescio*, "non so", *festino, propero*, "mi affretto", o dai *verba voluntatis* come *volo*, "voglio", *nolo*, "non voglio", *malo*, "preferisco", *cupio*, "desidero" ▶ *Nulla vitae pars* ***vacare*** *officio potest.* Nessuna parte della vita può **essere priva** del dovere.
- **parte nominale**, se dipende dal verbo *sum* ▶ *Aliud est* ***male dicere***, *aliud* ***accusare***. Una cosa è **parlar male**, un'altra è **accusare**.
- **apposizione**, se riprende e specifica un pronome neutro o un sostantivo generico. In questo caso si parla di **infinito epesegetico** o **dichiarativo** ▶ *Hoc est turpe, non* ***admirari*** *viros bonos et laude dignos.* Questo è turpe, non **ammirare** uomini buoni e degni lode.

2.2 Infinito in funzione verbale

L'**infinito storico**, adoperato solo al **tempo presente**, si usa nelle narrazioni storiche per dare vivacità all'azione e per indicare il rapido succedersi delle vicende. Esprime un'azione durativa e si traduce con un indicativo imperfetto. Il soggetto è espresso al nominativo.

▶ *Caesar* ***providere*** *omnia.*
Cesare **provvedeva** a ogni cosa.

L'**infinito esclamativo**, adoperato al tempo presente o perfetto, esprime sdegno, stupore e meraviglia. Può essere usato con o senza l'**enclitica** ***-ne*** e accompagnato da un **soggetto in caso accusativo**.

▶ *Tantam****ne*** ***fuisse*** *oblivionem!*
Tanta **fu** la dimenticanza!

Oltre che nelle proposizioni indipendenti, l'infinito in funzione verbale si trova anche e soprattutto nelle subordinate (proposizioni infinitive → p. 195)

3. Il participio

Il **participio** deve il suo nome alla sua natura di **aggettivo verbale**, in quanto *partecipa* delle caratteristiche sia del verbo sia dell'aggettivo. In altre parole, pur esprimendo un'azione, si declina per genere, numero e caso come un aggettivo e concorda con il sostantivo a cui si riferisce.

Ha tre tempi: **presente**, **perfetto** e **futuro**.

3.1 Tempi e valori del participio

I tempi del participio forniscono un'**indicazione temporale relativa** e non assoluta: non indicano rispettivamente un'azione presente, passata o futura, ma un'azione contemporanea, anteriore o posteriore rispetto all'azione della proprosizione reggente. In particolare:

- il **participio presente** esprime un rapporto di **contemporaneità** rispetto al verbo reggente ▶ *Pueri* ***dormientes*** *ingens monstrum in somnio* ***viderunt***. I ragazzi, **dormendo/mentre dormivano**, **videro** in sogno un enorme mostro.
- il **participio perfetto** esprime un rapporto di **anteriorità** rispetto al verbo reggente ▶ *Fabia, a Lucio* ***territa***, *ingens monstrum in somnio* ***videt***. Fabia, **spaventata/essendo stata spaventata/poiché è stata spaventata** da Lucio, **vede** in sogno un enorme mostro.
- il **participio futuro** esprime un rapporto di **posteriorità** rispetto al verbo reggente ▶ *Pueri* ***dormituri*** *strepitum improvisum* ***audiunt***. I ragazzi, **che sono sul punto di addormentarsi/mentre sono sul punto di addormentarsi**, **odono** un rumore improvviso.

I tre tempi del participio veicolano un'informazione diversa sul tipo di azione che esprimono (ossia sull'aspetto verbale):

- il participio presente indica l'azione nel suo svolgersi, per cui ne sottolinea l'incompiutezza (aspetto durativo);
- il participio perfetto esprime un'azione compiuta (aspetto perfettivo);
- il participio futuro evidenzia l'intenzione di svolgere un'azione oppure il fine per cui si compie l'azione espressa dalla reggente.

Il **participio presente** e il **participio futuro** sono propri di tutti i verbi, transitivi e intransitivi, sia di forma attiva, sia di forma deponente e hanno sempre **valore attivo** (per. es. *legens*, "leggendo/che legge", *lecturus*, "che leggerà/che ha intenzione di leggere"). Il **participio perfetto**, invece, è proprio solo dei verbi transitivi di forma attiva e dei verbi deponenti, sia transitivi che intransitivi: nei verbi transitivi di forma attiva ha valore **passivo** (per es. *lectus*, "letto/che è stato letto"); nei verbi deponenti, invece, ha **valore attivo**.

3.2 Prospetto dei tempi e dei valori del participio

	Verbi attivi		Verbi deponenti	
	Transitivi	Intransitivi	Transitivi	Intransitivi
PARTICIPIO PRESENTE	*legens* leggendo/che legge	*dormiens* dormendo/che dorme	*hortans* esortando/che esorta	*moriens* morendo/che muore
PARTICIPIO PERFETTO	*lectus* (essendo stato) letto /che è stato letto	—	*hortatus* avendo esortato/che ha esortato	*mortuus* (essendo*)* morto/ che è morto
PARTICIPIO FUTURO	*lecturus* che leggerà/con l'intenzione di leggere/che sta per leggere	*dormiturus* che dormirà/con l'intenzione di dormire/che sta per dormire	*hortaturus* che esorterà/con l'intenzione di esortare/che sta per esortare	*moriturus* che morirà/con l'intezione di morire/che sta per morire

3.3 Particolarità del participio perfetto

In alcuni verbi il participio perfetto può presentare delle particolarità relative al valore temporale o alla forma.

- In alcuni **verbi deponenti** o **semideponenti**, in cui il participio presente è assente o poco usato, il **participio perfetto** può avere valore anche di participio **presente**:
  - *arbitratus* (da *arbitror*), "credendo" o "avendo creduto";
  - *ausus* (da *audeo*), "osando" o "avendo osato";
  - *confisus* (da *confido*), "confidando" o "avendo confidato";
  - *diffisus* (da *diffido*), "diffidando" o "avendo diffidato";
  - *fisus* (da *fido*), "fidandosi" o "essendosi fidato";
  - *ratus* (da *reor*), "pensando" o "avendo pensato";
  - *secutus* (da *sequor*), "seguendo" o "avendo seguito";
  - *usus* (da *utor*), "usando" o "avendo usato";
  - *verĭtus* (da *vereor*), "temendo" o "avendo temuto".
- Il participio perfetto di molti **verbi deponenti** ha valore sia **attivo** sia **passivo**:
  - *adeptus* (da *adipiscor*), "avendo ottenuto" o "essendo stato ottenuto";
  - *comitatus* (da *comitor*), "avendo accompagnato" o "essendo stato accompagnato";
  - *confessus* (da *confiteor*), "avendo confessato" o "essendo stato confessato";
  - *dimensus* (da *dimetior*), "avendo misurato" o "essendo stato misurato";
  - *expertus* (da *experior*), "avendo sperimentato" o "essendo stato sperimentato";
  - *pactus* (da *paciscor*), "avendo pattuito" o "essendo stato pattuito";
  - *partītus* (da *partior*), "avendo diviso" o "essendo stato diviso";
  - *populatus* (da *populor*), "avendo devastato" o "essendo stato devastato";

- *sortītus* (da *sortior*), "avendo sorteggiato" o "essendo stato sorteggiato".

- Alcuni verbi transitivi attivi presentano il participio perfetto con **valore attivo** (e non passivo):
  - *cenatus* (da *ceno*), "avendo pranzato";
  - *iuratus* (da *iuro*), "avendo giurato" (ma anche "essendo stato giurato");
  - *potus* (da *poto*), "avendo bevuto" (ma anche "essendo stato bevuto");
  - *pransus* (da *prandeo*), "avendo fatto colazione".

4. Le funzioni del participio: il participio in funzione nominale

Il participio può avere due funzioni:
- **funzione nominale**, quando prevale il valore di aggettivo o nome;
- **funzione verbale**, quando è preminente quello di verbo.

In funzione nominale può avere valore di:
- **attributo** (participio attributivo);
- **aggettivo sostantivato** (participio sostantivato);
- **nome del predicato o complemento predicativo** (participio predicativo).

4.1 Participio attributivo e participio sostantivato

Il participio può accompagnare un sostantivo come un **vero e proprio attributo** per meglio specificarne e determinarne il significato (**participio attributivo**).

Il participio attributivo si può rendere in italiano con un **participio** presente o passato, un **aggettivo** o **una proposizione relativa**.

▶ *Servi parati erant pro domino porrigere cervicem, periculum* ***imminens*** *in caput suum avertere.* (Seneca)
I servi erano pronti a porgere il collo per il padrone, ad attirare sulla propria testa un pericolo **che lo minacciava**.

Quando, invece, il participio ha funzione di sostantivo, si definisce "**sostantivato**".

Il **participio sostantivato** ricorre spesso al neutro plurale e al maschile singolare e plurale. Nella traduzione si può adoperare un **participio** presente o passato italiano, un **sostantivo** corrispondente o una perifrasi con un pronome dimostrativo seguito da una **proposizione relativa**.

▶ *Militat omnis* ***amans*** *et habet sua castra Cupido.* (Ovidio)
Ogni **amante** è un soldato e Cupido ha i suoi accampamenti.

4.2 Participio predicativo

Quando il participio è unito a un **verbo copulativo**, può svolgere la funzione di **nome del predicato** o anche di **complemento predicativo** soprattutto se si accompagna a *facio*, "faccio", *induco*, "induco", *fingo*, "fingo", o ai verbi di percezione (*verba sentiendi*) come *video*, "vedo", *conspicio*, "scorgo", *audio*, "odo" ecc. In italiano si può tradurre con un participio corrispondente, con un aggettivo o con una proposizione relativa.

▶ *Erat Iugurtha manu promptus et* ***appetens*** *gloriae militaris.* (Sallustio)
Giugurta era temerario e **desideroso** di gloria militare.

Osservazioni

Con i ***verba sentiendi*** (*audio, video, invenio, sentio*) si può trovare il participio presente al posto della proposizione infinitiva (→ p. 195). Ciò avviene quando si vuole sottolineare la percezione diretta e immediata dell'azione.

Marcum Catonem vidi in bibliotheca ***sedentem***. (Cicerone)
Ho visto Marco Catone **seduto (= mentre sedeva)** in biblioteca.

5. Il participio in funzione verbale

In funzione verbale, il participio è presente nei seguenti costrutti:
- **participio congiunto** (o appositivo);
- **perifrastica attiva**;
- **ablativo assoluto**.

5.1 Participio congiunto

Il **participio congiunto**, sempre concordato con un elemento della frase, svolge la funzione di una **proposizione secondaria implicita**, in quanto spiega le circostanze in cui avviene l'azione. Può equivalere a una proposizione di natura:
- **causale** ▶ *Multa Antonius scelera* ***committens*** *a senatu hostis iudicatus est.* (Eutropio) Antonio, **commettendo/poiché commetteva** molti delitti, fu ritenuto nemico dal senato.
- **temporale** ▶ *Timotheus,* ***circumvehens*** *Peloponnesum, classem Lacedaemoniorum fugavit.* (da Nepote) Timoteo, **circumnavigando/mentre circumnavigava** il Peloponneso, mise in fuga la flotta degli Spartani.
- **concessiva** ▶ *Ut oculus, sic animus se* ***non videns*** *alia cernit.* (Cicerone) Come l'occhio, così l'animo, **non vedendo/benché non veda** se stesso, distingue le altre cose.
- **ipotetica** ▶ *Nostris neque terra neque mari effugium dabatur* ***victis***. (Cesare) Ai nostri, **(essendo) stati vinti/se fossero stati vinti**, non era data possibilità di scampo né per terra né per mare.
- **finale** (solo per il **participio presente** e il **participio futuro**) ▶ *Senones Galli ad Clusium venerunt legionem Romanam castraque* ***oppugnaturi***. (Livio) I Galli Senoni vennero a Chiusi **per assalire** la legione e gli accampamenti romani.

Per tradurre questa costruzione si può ricorrere al corrispondente **participio** italiano, o, se il participio congiunto è concordato con il soggetto, al **gerundio semplice** (participio presente) o **composto** (participio perfetto) o, infine, a una **proposizione secondaria**. Bisogna, in ogni caso, rendere in modo corretto il rapporto temporale espresso in latino, ricondando che il participio presente indica contemporaneità, il participio perfetto anteriorità; il participio futuro, invece, oltre a indicare l'intenzionalità, quando è congiunto ha spesso valore finale.

5.2 Perifrastica attiva

Quando il **participio futuro** si unisce al **verbo *sum*** si ha la **perifrastica attiva**, un costrutto che il latino utilizza per esprimere l'**imminenza**, l'**intenzionalità** o la **predestinazione** di un'azione. Si forma coniugando il verbo principale al participio futuro concordato in genere, numero e caso con il soggetto, mentre il verbo *sum* esprime il modo e il tempo dell'azione. Per tradurre in italiano la perifrastica attiva si ricorre a espressioni come "essere sul punto di...", "avere l'intenzione di…", "essere destinato a…", rispettando il modo e il tempo del verbo *sum*.

- *Felix et Cornelia parentes* ***visuri sunt***.
  Felice e Cornelia **hanno intenzione di andare** a trovare i genitori.

- *Caesar Romam* ***perventurus erat***.
  Cesare **stava per arrivare** a Roma.

- *Aeneas Romam* ***conditurus erat***.
  Enea **era destinato a fondare** Roma.

6. L'ablativo assoluto

L'**ablativo assoluto** è una **proposizione secondaria implicita**, in cui il verbo è coniugato al **participio**, presente o perfetto, in **ablativo**, concordato con il **soggetto** espresso anch'esso in **ablativo**. Viene definito 'assoluto' in quanto non ha legami sintattico-grammaticali con la proposizione reggente (*absolutus* significa "sciolto"): ha un soggetto diverso e non sono presenti pronomi che colleghino le due proposizioni. Può corrispondere a una proposizione circostanziale di tipo:

- **temporale**;
- **causale**;
- **concessivo**;
- **ipotetico**.

Il contesto aiuta a stabilirne il valore. Per quanto riguarda la resa in italiano, la scelta se renderla con una proposizione implicita, adoperando il **gerundio** (**semplice** o **composto**) o il **participio** italiani, o se avvalersi della **forma esplicita** dipende dagli intenti stilistici che si vogliono perseguire.

acie instructa →
- essendo stato schierato l'esercito
- schierato l'esercito
- dopo che era stato schierato l'esercito
- poiché era stato schierato l'esercito
- benché fosse stato schierato l'esercito
- se fosse stato schierato l'esercito

6.1 Ablativo assoluto con il participio presente

È possibile formare l'ablativo assoluto con il **participio presente** con **tutti i verbi** transitivi e intransitivi, di forma tanto attiva quanto deponente. L'utilizzo del participio presente indica che tra la reggente e l'ablativo assoluto intercorre un rapporto di **contemporaneità**. In generale, nella traduzione, in un primo momento è possibile rendere l'ablativo assoluto con un **gerundio semplice**; successivamente si può valutare se **esplicitarlo** nella proposizione subordinata corrispondente.

- ***Pugnatibus strenue hostibus***, *Romani in castra revertunt*.
  Combattendo i nemici valorosamente (→ Poiché i nemici combattono valorosamente), i Romani tornano nell'accampamento.

▶ *Caesar oppidum propter latitudinem fossae murique altitudinem* ***paucis defendentibus*** *expugnare non potuit.* (da Cesare)
Cesare non potè espugnare la città a causa della larghezza del fossato e dell'altezza delle mura, **nonostante la difendessero in pochi**.

6.2 Ablativo assoluto con il participio perfetto

È possibile formare l'ablativo assoluto con il **participio perfetto** soltanto con i verbi **transitivi attivi** e con i verbi **intransitivi deponenti**. L'azione espressa dal participio perfetto è **anteriore** rispetto a quella della reggente. L'ablativo assoluto con il participio perfetto può essere reso, in forma implicita, con un **gerundio composto** o con il **participio passato** italiano; altrimenti può essere **esplicitato** nella proposizione subordinata corrispondente.

▶ ***Hostibus profligatis***, *Caesar Romam remeat.*
Essendo stati sconfitti (→ Dopo che sono stati sconfitti) i nemici, Cesare torna a Roma.

▶ ***Hac oratione habita***, *mirum in modum conversae sunt omnium mentes.* (Cesare)
Essendo stato pronunciato (→ Dopo che fu pronunciato) questo discorso, le intenzioni di tutti si trasformarono in modo sorprendente.

6.3 Ablativo assoluto nominale

Si ha un **ablativo assoluto nominale** quando manca il participio in ablativo; in realtà si sottintende un ipotetico verbo "essere" al participio presente (di cui *sum* è privo). La costruzione risulta, quindi, formata soltanto da **soggetto** e **parte nominale**, entrambi in **ablativo**.

▶ *Orgetorix,* ***M. Messalla et M. Pisone consulibus***, *coniurationem nobilitatis fecit.* (da Cesare)
Orgetorige, **sotto il consolato di M. Messalla e M. Pisone**, fece una congiura della nobiltà.

Altri esempi di ablativo assoluto nominale sono:
- *Aenea duce*, "sotto la guida di Enea";
- *diis invitis*, "contro il volere degli dei";
- *vivo Augusto*, "quando Augusto era vivo";
- *Caesare audiutore*, "con l'aiuto di Cesare";
- *te puero*, "quando eri bambino".

6.4 Casi particolari di ablativo assoluto

Talvolta l'ablativo assoluto è costituito soltanto dal **participio perfetto** all'**ablativo singolare** di genere **neutro**. In questi casi la forma verbale o è usata con valore avverbiale o è accompagnata da una proposizione subordinata (infinitiva, *ut* e congiuntivo, interrogativa indiretta).

Hanno **valore avverbiale** i seguenti participi:
- *litato*, "compiuti i sacrifici";

- *explorato/inexplorato*, "compiuta / non compiuta l'esplorazione";
- *auspicato/inauspicato*, "presi / non presi gli auspici";
- *augurato/inaugurato*, "consultati / non consultati gli auguri".

Si accompagnano a una **proposizione secondaria** i seguenti participi:

- *cognito*, "venutosi a sapere" ▶ ***Cognito*** *vivere Ptolemaeum* (con infinitiva). **Venutosi a sapere** che Tolomeo era vivo.
- *audito*, "sparsasi la voce" ▶ ***Audito*** *urbem captam esse* (con infinitiva). **Diffusasi** la voce che la città era stata presa.
- *nuntiato*, "essendo stato annunciato" ▶ ***Nuntiato*** *novum regem creatum esse* (con infinitiva). **Essendo stato annunciato** che era stato eletto un nuovo re.
- *impetrato*, "essendo stato ottenuto" ▶ ***Impetrato*** *ut manerent* (con *ut* e il congiuntivo). **Essendo stato ottenuto** che rimanessero.
- *permisso*, "essendo stato permesso" ▶ ***Permisso*** *ut diceret* (con *ut* e il congiuntivo). **Essendogli stato permesso** di parlare.

7. Il gerundio

Il gerundio latino è un **sostantivo verbale** che permette di **declinare** l'**infinito** in funzione nominale nei casi indiretti e nell'accusativo con preposizione.

La declinazione dell'infinito in funzione nominale è dunque costituita da:

- **infinito sostantivato** nei **casi diretti**;
- **gerundio** nei **casi indiretti**.

Il gerundio ha solo **valore attivo**: è proprio, quindi, dei verbi transitivi e intransitivi, attivi e deponenti. Il verbo al gerundio si comporta come un nome neutro singolare di seconda declinazione che possiede solo i casi del **genitivo**, **dativo**, **accusativo con preposizione** e **ablativo** e che, allo stesso tempo, può reggere i complementi richiesti dal verbo.

Il gerundio, inoltre, non esprime **alcun tempo**.

Di seguito, la declinazione completa dell'infinito in funzione nominale.

NOMINATIVO	***Legere*** *utile est.*	**Leggere** è utile.
GENITIVO	*Cupiditas* ***legendi*** *in pueris rara est.*	Il desiderio **di leggere** nei ragazzi è raro.
DATIVO	***Legendo*** *operam do.*	Mi adopero **a leggere**.
ACCUSATIVO	*Oderunt* ***legere***.	Odiano **leggere**.
ACCUSATIVO CON PREPOSIZIONE	***Ad legendum*** *paratus sum.*	Sono pronto **a/per leggere**.
ABLATIVO	***Legendo*** *discitur.*	**Con il leggere (con la lettura)** si impara.

Per tradurre in italiano il gerundio latino basta mettere davanti all'infinito del verbo le preposizioni adatte alla funzione logica del caso.

8. Il gerundivo

Il gerundivo è un **aggettivo verbale** che ha **valore passivo**; per cui è proprio solo dei verbi transitivi attivi e deponenti.

8.1 Funzioni e traduzione del gerundivo

Il gerundivo, che non ha un corrispettivo italiano, ha **valore passivo** e, di per sé (quando non è usato in sostituzione del gerundio → sotto), esprime l'**idea di dovere** e **di necessità** (per es. *amandus*, *-a*, *-um*, "da amare", "che deve essere amato").

In quanto aggettivo, si accompagna sempre a un sostantivo con il quale **concorda** in **genere**, **numero** e **caso** e può avere due funzioni:

- **attributiva** (gerundivo attributivo);
- **predicativa** (gerundivo predicativo).

Ha **funzione attributiva** quando funge da **attributo** rispetto ad un sostantivo con cui concorda in genere, numero e caso.

▶ *Non desunt exempla* ***imitanda***.
Non mancano esempi **da imitare**.

Ha **funzione predicativa** quando funge da **complemento predicativo dell'oggetto** in dipendenza da verbi come *do*, *trado* ecc. e in unione con il verbo *sum* nella **perifrastica passiva**.

8.2 Gerundivo attributivo al posto del gerundio con complemento oggetto

In quanto **forme verbali**, il gerundio e il gerundivo possono **reggere dei complementi** e in particolare il **complemento oggetto**.

Quando il **verbo è transitivo** e il **complemento oggetto** è **espresso**, è frequente che la costruzione **gerundio + accusativo** venga sostituita dal **gerundivo in funzione attributiva**. La trasformazione dalla costruzione con il gerundio in quella con il gerundivo prevede che:

- il **sostantivo** che costituisce il complemento oggetto assuma il **caso del gerundio**;
- il **gerundio** venga sostituito dal **gerundivo**, concordato in genere, numero e caso con il sostantivo.

Costruzione con gerundio	→	Costruzione con gerundivo
Magna est cupiditas ***scribendi libros***. Grande è il desiderio **di scrivere libri**.	→	*Magna est cupiditas* ***librorum scribendorum***. Grande è il desiderio **di scrivere libri**.

La frase a sinistra presenta il gerundio in caso genitivo *scribendi*, che regge un complemento oggetto (*libros*); è possibile, quindi, adoperare il gerundivo al posto del gerundio. Nella frase a destra l'accusativo plurale *libros*, complemento oggetto di *scribendi*, ha assunto il caso del gerundio stesso e pertanto è declinato al genitivo; il gerundivo, che ha preso il posto del gerundio, concorda in genere, numero e caso con il sostantivo che costituiva il complemento oggetto di *scribendi*.

È possibile usare **indifferentemente** la costruzione con il gerundio o quella con il gerundivo quando sono declinati al **genitivo** e all'**ablativo semplice**. Il **gerundivo** è, invece, l'unica costuzione possibile con il **dativo**, **accusativo con preposizione** e **l'ablativo con preposizione**.

Osservazioni

- Quando il complemento oggetto del gerundio è rappresentato da un aggettivo o pronome neutro, non è possibile usare il gerundivo ▶ *Consilium* ***aliquid faciendi.*** (Cicerone) La decisione **di fare qualcosa**.
- I verbi *utor*, *fruor*, *fungor*, *potior*, *vescor*, che si costruiscono con l'ablativo (e quindi sono intransitivi), ammettono anche la costruzione con il gerundivo ▶ *Heredi spes erat* ***divitiis potiendi***. / *Heredi spes erat* ***divitiarum potiendarum***. L'erede aveva la speranza di **impadronirsi delle ricchezze**.
- il gerundivo in unione con i genitivi dei pronomi personali *mei*, *tui*, *sui*, *nostri*, *vestri* ha sempre la desinenza **-*i*** anche quando il referente è femminile o plurale ▶ *Multis civitatibus* ***sui conservandi*** *facultas erat*. Molte città avevano la possibilità **di salvarsi**.

8.3 Gerundivo predicativo

Quando il gerundivo dipende da verbi come *do*, *trado*, "affido", *curo*, "mi prendo cura", *relinquo*, "lascio", *suscipio*, "intraprendo", è usato in funzione di **complemento predicativo dell'oggetto** e indica lo **scopo** o il **fine** dell'azione.

▶ *Caesar Labieno* ***tradidit capitivos custodiendos.***
Cesare **affidò** a Labieno **i prigionieri da custodire (= affinché li custodisse)**.

In questi casi il gerundivo mantiene il significato di necessità o dovere e può essere tradotto o con la locuzione "da + infinito" o con una finale.

Osservazioni

La locuzione *curo* + gerundivo predicativo vale "mi prendo cura di far fare" e dunque "faccio fare".

Vir ***suam amatam sepeliendam*** *curavit.*
L'uomo **si prese cura di far seppellire** la sua amata (= **fece seppellire** la sua amata).

9. Uso dei casi del gerundio e del gerundivo

I casi del gerundio e del gerundivo possono essere adoperati per esprimere diverse funzioni logiche in unione a verbi, aggettivi e sostantivi.

Genitivo: il gerundio e il gerundivo al genitivo assumono la funzione di **complemento di specificazione** in dipendenza da sostantivi o da aggettivi che si costruiscono con il genitivo.

▶ *Ovidius "**Ars amandi**" composuit.*
Ovidio ha composto "**L'arte di amare**".

Dativo: il gerundio e il gerundivo assumono questo caso (di uso limitato) in dipendenza da aggettivi che indicano predisposizione e attitudine come *aptus*, "adatto", *idoneus*, "idoneo", *necessarius*, "necessario", *accommodatus*, "appropriato", dai composti di *sum* e da espressioni verbali, quali *operam do*, "mi adopero per", *diem statuo*, "stabilisco il giorno per". Hanno valore di **complemento di fine**.

▶ ***Comitia habendo*** *diem statuerunt.*
Stabilirono il giorno **per tenere i comizi**.

▶ *Praeest* ***aedificandis navibus***.
Presiede **alla costruzione delle navi**.

Accusativo con preposizione: l'accusativo del gerundio e del gerundivo, preceduto quasi sempre da ***ad*** (talvolta da *in*), si trova in dipendenza da aggettivi che indicano predisposizione e attitudine, come *aptus*, *idoneus*, *necessarius*, *accommodatus*, con **valore finale** (in alternativa al dativo).

- *Caesar parat omnia quae sunt necessaria* ***ad gerendum bellum***.
  Cesare prepara ogni cosa necessaria **a portare guerra**.

Ablativo: il gerundio o il gerundivo in **ablativo semplice** indicano il **mezzo**, lo **strumento**, il **modo** o la **circostanza** in cui avviene un'azione. Quando l'ablativo è accompagnato dalle **preposizioni** *a/ab*, *e/ex*, *de*, *in* assume il valore dei **rispettivi complementi** espressi con tali preposizioni.

- ***Temptando cuncta*** *caeci quoque tuto ambulant.* (Publio Sirio)
  Tastando (= col tastare) ogni cosa anche i ciechi camminano sicuri.
- ***De pueris educandis*** *multa scripsit Quintilianus.*
  Quintiliano scrisse molto **sull'educazione dei ragazzi (= sull'educare i ragazzi)**.

10. La perifrastica passiva

La **perifrastica passiva** è un costrutto sintattico che esprime un'**idea di dovere** o **necessità** e, avvalendosi del gerundivo, ha **significato passivo**, anche se nella traduzione italiana si sceglie spesso di renderla all'attivo: indica che qualcosa **deve essere fatto**.

Questa costruzione è costituita da:

- un **gerundivo**;
- il **verbo *sum*** (che può essere coniugato in tutti i suoi modi, tempi e persone e talvolta può essere sottinteso).

Essendo un costrutto passivo, può richiedere un **complemento d'agente**, che si esprime in **dativo** (**dativo d'agente**).

La perifrastica passiva può essere espressa in forma **personale** o **impersonale**.

10.1 Perifrastica passiva personale

La perifrastica passiva è espressa in forma **personale** se il **verbo è transitivo** e il **soggetto è espresso**.

- *Pacta* ***servanda sunt*** *omnibus.*
  I patti devono essere rispettati da tutti. → Tutti **devono rispettare** i patti.

In questa frase è applicata la costruzione personale della perifrastica passiva, in quanto è presente un **soggetto grammaticale**, *pacta*, nominativo plurale neutro, con cui sono **concordati** il **gerundivo** (*servanda*) e il verbo ***sum*** (*sunt*); *omnibus* è il dativo d'agente.

10.2 Perifrastica passiva impersonale

La perifrastica passiva è espressa in forma **impersonale** se il **verbo è intransitivo** oppure è **transitivo** ma il **soggetto** della perifrastica **non è espresso**. In questi casi:

- non c'è soggetto;
- il gerundivo è al neutro singolare (forma in *-ndum*);
- il verbo *sum* è alla terza persona singolare.

▶ *Militibus* ***eundum erat*** *in Galliam.*
Da parte dei sodati **si doveva andare** in Gallia. → I soldati **dovevano andare** in Gallia.

▶ ***Legendum est*** *pueris.*
Da parte dei ragazzi si deve leggere. → I ragazzi **devono leggere**.

Osservazioni

Può capitare che il verbo della perifrastica sia intransitivo (in latino) e **regga il dativo**. In questo caso la costruzione sarà sempre impersonale, ma avrà il **complemento d'agente** regolarmente espresso da ***a/ab*** e l'**ablativo**, per evitare equivoci.

Helvetiis ***persuadendum erat*** *ab Orgetorige.*
Orgetorige **doveva convincere** gli Elvezi.

11. Il supino

Il supino è un **antico sostantivo verbale** della quarta declinazione, di cui sono rimaste solo le **due forme** dell'**accusativo singolare** in ***-um*** (supino in *-um* o attivo) e dell'**ablativo singolare** in ***-u*** (supino in *-u* o passivo).

11.1 Supino in *-um* o supino attivo

Il **supino in *-um***, detto anche **supino attivo**, è un antico accusativo con valore di **direzione** o **fine** e perciò si usa **in dipendenza da verbi di movimento** (come *venio*, *mitto* ecc.) per indicare il **fine** del movimento stesso. Si rende quindi, in italiano, con una **proposizione finale.**

Ha **valore attivo** ed è proprio di quasi tutti i verbi, transitivi e intransitivi, attivi e deponenti. Può essere seguito da un complemento oggetto o da una proposizione completiva costruita con *ut/ne* e il congiuntivo.

È usato piuttosto raramente; le forme più frequenti sono: *cubĭtum*, *dormītum* "a dormire", *gratulatum*, "a congratularsi", *nuptum*, "a sposarsi" (*filiam nuptum collocare* o *dare*, "dare la figlia in matrimonio a uno"), *oppugnatum*, "ad assediare", *petitum*, "a chiedere", *spectatum* ("a guardare") ecc.

▶ ***Admonĭtum*** *venimus te, non* ***flagitatum***. (Cicerone)
Veniamo **a rimproverarti**, non **a chiedere**.

11.2 Supino in *-u* o supino passivo

Il **supino in *-u***, detto anche **supino passivo**, è un'antica forma di ablativo con valore di **limitazione** ed è impiegato quasi sempre in dipendenza da aggettivi come *facilis, difficilis, horribilis, incredibilis, mirabilis, iucundus, turpis* ecc.

Ha **valore passivo** e quindi lo si trova solo con i verbi transitivi, sia attivi sia deponenti. Non può reggere un complemento oggetto, ma da esso può dipendere una proposizione infinitiva o una interrogativa indiretta.

È usato con pochi verbi: *dictu*, "a dirsi", *factu*,"a farsi", *auditu*, "a udirsi", *visu*, "a vedersi", *cognĭtu*, "a conoscersi", *memoratu*, "a ricordarsi", *intellectu*, "a capirsi" e poche altre.

▶ *Hoc* ***factu*** *est optimum* (Plauto)
Questo è ottimo **a farsi**.

Sintassi del periodo

La sintassi del periodo studia i diversi modi in cui le proposizioni si articolano e si combinano per formare un periodo.

In questa sezione

Lezione 20

Le proposizioni indipendenti, le coordinate e le subordinate

1. Il periodo

Il **periodo**, o frase complessa, è formato da una o più proposizioni collegate fra loro. La proposizione può essere:

- **indipendente** o **principale**, se è autonoma e ha senso compiuto anche isolata dal resto del periodo;
- **coordinata**, se è sullo stesso piano sintattico di quella a cui è legata da una **congiunzione coordinante** o da un segno di interpunzione. Una proposizione può essere coordinata sia a una principale, sia a una subordinata;
- **dipendente** o **subordinata**, se dipende da un'altra proposizione (detta "reggente"), che può essere una principale o una subordinata, ed è generalmente introdotta da una **congiunzione subordinante**. Se la subordinata dipende a sua volta da una subordinata, si parlerà di **subordinata di secondo** (terzo, quarto...) **grado** e così via.

2. La proposizione indipendente

La **proposizione indipendente** è una frase semplice, costituita da un verbo e un soggetto (che può essere anche sottinteso), cui possono essere aggiunti altri elementi (attributi, apposizioni, complementi). Si tratta, in ogni caso, di una frase autonoma, in quanto da sola ha senso compiuto. Si caratterizza per l'**uso di modi finiti** (indicativo, congiuntivo o imperativo), ma include anche l'infinito storico ed esclamativo. In relazione allo scopo comunicativo la proposizione principale può essere:

- **enunciativa**, se afferma o nega un qualsiasi enunciato o messaggio;
- **interrogativa diretta**, se pone una domanda e termina con il punto interrogativo. È introdotta da aggettivi, pronomi o avverbi interrogativi. Può essere **semplice**, se esprime una sola domanda, o **disgiuntiva**, se ne pone più di una;
- **esclamativa**, se consiste nell'espressione di un sentimento di gioia, dolore, stupore, sdegno e termina in genere col punto esclamativo. È introdotta da aggettivi, pronomi o avverbi esclamativi o da interiezioni;
- **volitiva**, se esprime un ordine, un divieto, un'esortazione, un desiderio, una concessione; impiega i congiuntivi indipendenti volitivi (→ p. 169) o l'imperativo, quando si intende veicolare l'idea di un comando.

La proposizione **incidentale** non ha legami sintattici con le altre proposizioni e può essere estrapolata dal periodo, senza che si verifichino particolari cambiamenti di significato nel testo. Di solito si presenta in forma paratattica, isolata tra due virgole.

3. La proposizione interrogativa diretta

La **proposizione interrogativa diretta** è una **proposizione indipendente** (ossia una principale), contiene una **domanda** ed è contraddistinta dalla presenza del punto di domanda.

In essa si usano tutti i tempi dell'**indicativo**, ma talvolta anche il **congiuntivo** potenziale e dubitativo.

In latino la proposizione interrogativa può essere di due tipi:
- **semplice**, se la domanda è unica e non pone alternative;
- **disgiuntiva**, se pone un'alternativa tra due o più membri, collegati tra loro da una congiunzione disgiuntiva.

Tutte le interrogative possono essere:
- **reali**, se non si conosce la risposta;
- **retoriche**, se la risposta è già nota o ovvia.

3.1 Interrogativa diretta semplice

In latino la proposizione **interrogativa diretta semplice** è introdotta da **pronomi, aggettivi** e **avverbi interrogativi** e dalle seguenti **particelle interrogative**:
- l'enclitica ***-ne***, quando la domanda è **reale**, ossia non si conosce la risposta, ed è a risposta chiusa (sì o no) ▶ *Legisti**ne** Ciceronis orationes?* **Hai letto** le orazioni di Cicerone?
- ***nonne***, quando la domanda è **retorica** e presuppone una **risposta affermativa** ▶ ***Nonne** antiqua Roma caput mundi erat?* **Non** era **forse** l'antica Roma la capitale del mondo?
- ***num***, (talvolta ***an***) quando la domanda è **retorica** e presuppone una **risposta negativa** ▶ ***Num** controversia est pars orationis?* **Forse** la controversia è una parte dell'orazione?

3.2 Interrogativa diretta disgiuntiva

La **proposizione interrogativa diretta disgiuntiva** pone un'**alternativa** tra due o più membri che si escludono tra loro: il primo è introdotto da ***utrum***, da ***-ne*** o da **nessuna particella**; il secondo (ed eventualmente i successivi) è introdotto da ***an***.

▶ ***Utrum** privata sunt **an** publica?*
Sono beni privati **o** pubblici?

▶ *Vir**(ne)** privatus es **an** magistratus?*
Sei un cittadino privato **o** un magistrato?

4. La proposizione esclamativa

La **proposizione esclamativa** esprime una **esclamazione**. È introdotta da aggettivi, pronomi, avverbi esclamativi o interiezioni ed è solitamente costruita con il modo indicativo. Rientra in questo tipo di proposizione l'infinito esclamativo, adoperato al tempo presente o perfetto, con o senza l'**enclitica** ***-ne*** e accompagnato da un soggetto in caso **accusativo**.

▶ ***Quem** hominem vidisti!*
Quale uomo hai visto!

▶ *Tantam**ne** **fuisse** oblivionem!*
Tanta **fu** la dimenticanza!

SINTASSI DEL PERIODO

5. Le coordinate e le subordinate

Le **proposizioni coordinate** possono essere introdotte da diversi tipi di congiunzioni coordinanti:
- **copulative**, se accostano due proposizioni in modo affermativo o negativo;
- **avversative**, se mettono in contrapposizione due proposizioni;
- **disgiuntive**, se indicano un'alternativa tra due proposizioni;
- **esplicative**, se introducono una spiegazione o un chiarimento a quanto detto in precedenza;
- **conclusive**, se indicano una conclusione rispetto a quanto detto in precedenza.

Le proposizioni **subordinate,** invece, si articolano in:
- **completive**, se completano il significato della reggente;
- **circostanziali**, se indicano le circostanze in cui si realizza l'azione della reggente e corrispondono ai complementi indiretti delle proposizioni indipendenti;
- **aggettive** (o **attributive**), se svolgono la funzione di un attributo o di un'apposizione rispetto a un termine della reggente.

Tra le **proposizioni subordinate completive** rientrano:
- le completive **dichiarative**, le completive "**di fatto**", le completive **volitive**, le completive **dipendenti** dai ***verba timendi, dubitandi, impediendi*** e ***recusandi***;
- l'**infinitiva**;
- l'**interrogativa indiretta.**

Appartengono al gruppo delle **proposizioni subordinate circostanziali**:
- la **finale**;
- la **consecutiva**;
- la **causale**;
- la **temporale**;
- la **concessiva**;
- la **comparativa reale** e **ipotetica**;
- la **limitativa-restrittiva**;
- la **avversativa**;
- la **condizionale** o **ipotetica.**

Le **proposizioni subordinate aggettive** (o attributive) comprendono le proposizioni **relative**.

Lezione 21

I modi e i tempi nelle subordinate

1. La *consecutio temporum*

La ***consecutio tempŏrum*** è l'insieme delle leggi che regolano i rapporti temporali tra le proposizioni subordinate e le loro reggenti. Spesso, infatti, il tempo di una subordinata non ha valore assoluto, bensì **valore relativo**, ossia indica il rapporto temporale che intercorre con la reggente. Esso può essere:
- di **contemporaneità**, se l'azione della subordinata è contemporanea a quella della reggente;
- di **anteriorità**, se l'azione della subordinata è anteriore a quella della reggente;
- di **posteriorità**, se l'azione della subordinata è posteriore a quella della reggente.

Il tempo di una proposizione subordinata che segua la *consecutio temporum* è, dunque, determinato da due elementi:
- il **tempo della proposizione reggente**, che può essere un **tempo principale** (presente o futuro) o un **tempo storico** (passato);
- il **rapporto temporale** tra le due azioni, quella della reggente e quella della subordinata, che può essere di **contemporaneità**, di **anteriorità** o di **posteriorità** dell'azione della subordinata rispetto a quella della reggente.

2. La *consecutio temporum* dell'indicativo

Se l'azione della proposizione subordinata all'indicativo è **contemporanea** rispetto a quella della reggente, si hanno le seguenti situazioni:

Tempo della reggente	Tempo della subordinata all'indicativo	Esempio
Presente	Presente	*Facis quod dicis*. Fai ciò che dici.
Passato	Perfetto	*Fecisti quod dixisti*. Hai fatto ciò che hai detto.
Futuro	Futuro semplice	*Facies quod dices*. Farai ciò che dirai.

Se, invece, l'azione della proposizione subordinata è **anteriore** rispetto a quella della reggente, si verificano le seguenti situazioni:

Tempo della reggente	Tempo della subordinata all'indicativo	Esempio
Presente	Perfetto	*Facis quod dixisti*. Fai ciò che hai detto.
Passato	Piuccheperfetto	*Fecisti quod dixeras*. Hai fatto ciò che avevi detto.
Futuro	Futuro anteriore	*Facies quod dixeris*. Farai ciò che avrai detto.

Se, infine, l'azione della proposizione subordinata è **posteriore** rispetto a quella della reggente, si verificano le seguenti situazioni:

Tempo della reggente	Tempo della subordinata all'indicativo	Esempio
Presente	Futuro semplice o Participio futuro con *sum*	***Nescis*** *quod* ***dices***. **Non sai** ciò che **dirai**/**stai per dire**.
Passato	Participio futuro con *eram*	***Nesciebas*** *quod* ***dicturus eras***. **Non sapevi** ciò che **avresti detto / stavi per dire**.
Futuro	Participio futuro con *ero*	***Nescies*** *quod* ***dicturus eris***. **Non saprai** ciò che **farai**/ **starai per fare**.

3. La *consecutio temporum* del congiuntivo nelle subordinate di primo grado

Secondo le regole della *consecutio temporum*, se nella reggente vi è un **tempo principale**, nella subordinata di primo grado al **congiuntivo** si avrà:
- il **congiuntivo presente** per indicare un rapporto di **contemporaneità**;
- il **congiuntivo perfetto** per indicare un rapporto di **anteriorità**;
- il **participio futuro con *sim, sis, sit*...** per indicare un rapporto di **posteriorità**.

Se nella reggente vi è un **tempo storico**, nella subordinata si avrà:
- il **congiuntivo imperfetto** per indicare un rapporto di **contemporaneità**;
- il **congiuntivo piuccheperfetto** per indicare un rapporto di **anteriorità**;
- il **participio futuro con *essem, esse, esset*...** per indicare il rapporto di **posteriorità**.

Nello schema seguente sono contemplate tutte le possibilità.

Proposizione reggente	Rapporto temporale	Tempo della subordinata al congiuntivo	Esempi
TEMPO PRINCIPALE	Contemporaneità	Presente	***Nescio*** *quid* ***dicat***. **Non so** che cosa **dica**.
	Anteriorità	Perfetto	***Nescio*** *quid* ***dixerit***. **Non so** che cosa **abbia detto**.
	Posteriorità	Participio futuro + *sim, sis, sit*	***Nescio*** *quid* ***dicturus sit***. **Non so** che cosa **dirà**.
TEMPO STORICO	Contemporaneità	Imperfetto	***Nesciebam*** *quid diceres*. **Non sapevo** che cosa **dicesse**.
	Anteriorità	Piuccheperfetto	***Nesciebam*** *quid* ***dixisset***. **Non sapevo** che cosa **avesse detto**.
	Posteriorità	Participio futuro + *essem, esses, esset*	***Nesciebam*** *quid* ***dicturus esset***. **Non sapevo** che cosa **avrebbe detto**.

La **posteriorità** può essere espressa anche con le perifrasi ***futurum esse ut*** o ***fore ut*** + **congiuntivo** (presente, in dipendenza da un tempo principale, imperfetto, in dipendenza da un tempo storico). Questo si può verificare:

- con i **verbi privi di supino** ▶ *Spero fore ut quam primum convalescas*. Spero che tu guarisca quanto prima.
- in **sostituzione** dell'**infinito futuro passivo** con *iri* ▶ *Otho speraverat fore ut adoptaretur a Galba*. Otone aveva sperato di essere adottato da Galba.

4. La *consecutio temporum* del congiuntivo nelle subordinate di grado superiore al primo

Una **subordinata al congiuntivo** dipendente da una **subordinata all'indicativo** o anch'essa al **congiuntivo** regola i suoi tempi in base a quello della sua reggente e si comporta come le subordinate al congiuntivo di primo grado.

Una **subordinata al congiuntivo** dipendente da una **subordinata all'infinito** regola i suoi tempi in base a quello della proposizione che regge l'infinito, se questo è un presente o un futuro; regola il suo tempo su quello dell'infinito, se è un perfetto.

▶ *Cato mirari se aiebat quod non rideret haruspex, haruspicem cum vidisset.*
Catone diceva che si meravigliava che un aruspice non ridesse, quando ne vedeva (= aveva visto) un altro.

▶ *Aristides quaesisse ab eo dicitur, quare id faceret.*
Si dice che Aristide gli avesse chiesto perché facesse ciò.

Una subordinata al congiuntivo dipendente da un **gerundio**, un **gerundivo**, un **supino** o un **participio** regola il suo tempo in base a quello della subordinata a cui il gerundio, il gerundivo, il supino o il participio appartengono.

▶ *Cupidus eram audiendi quod gestum esset.*
Ero desideroso di udire ciò che era stato fatto.

Osservazioni

Talvolta, proposizioni di grado superiore al primo che normalmente richiederebbero l'indicativo, presentano il verbo al congiuntivo se sono rette da subordinate di primo grado che hanno il verbo al congiuntivo o all'infinito (**attrazione modale**). La subordinata di secondo grado dipendente da una sovraordinata al congiutivo tende, infatti, ad assumere il modo della **soggettività** della sua reggente. I tempi seguono le regole della *consecutio temporum*.
Nella traduzione in italiano è opportuno mantenere l'indicativo.

*Aristo dixit solum bonum esse, quod honestum **esset**.*
Aristone disse che è buono solo ciò che **è** onesto.

5. La *consecutio temporum* dell'infinito

Il tempo dell'**infinito** ha sempre **valore relativo**. Nelle subordinate all'infinito (infinitive), si avrà dunque:

- **infinito presente**, per un rapporto di **contemporaneità** rispetto alla reggente ▶ *Dico te sapientem esse*. Dico che sei saggio.
- **infinito perfetto**, per un rapporto di **anteriorità** rispetto alla reggente ▶ *Dico te sapientem fuisse*. Dico che sei stato saggio.
- **infinito futuro**, per un rapporto di **posteriorità** rispetto alla reggente ▶ *Dico te sapientem futurum esse*. Dico che sarai saggio.

Lezione 22

Le subordinate completive

1. La completiva dichiarativa introdotta da *quod*

La **completiva dichiarativa** introdotta da ***quod*** è una subordinata che ha generalmente il valore di:

- **soggettiva**, quando svolge la funzione di soggetto rispetto al verbo della reggente;
- **oggettiva**, quando svolge la funzione di complemento oggetto rispetto al verbo della reggente;
- **epesegetica**, quando precisa l'enunciato della reggente stessa, spiegando un sostantivo, un pronome o un aggettivo in essa presente.

La congiunzione ***quod*** che la introduce ha valore **dichiarativo** (pertanto è detto "*quod* dichiarativo"): si tratta di una forma cristallizzata del pronome relativo neutro con il significato letterale di "quanto al fatto che".

Il verbo è generalmente all'**indicativo.**

Si rende in italiano con proposizioni esplicite introdotte da "che", "il fatto che" o anche "riguardo al fatto che". Se vi è identità di soggetto con la reggente, possono essere rese in forma implicita con "di", "il fatto di" o "a" e l'infinito.

1.1 Completive dichiarative soggettive e oggettive

La **completive dichiarative soggettive** e **oggettive** si trovano in dipendenza da:

- espressioni che indicano un **giudizio** su un'**azione** o su un **avvenimento**, come *bene/commode/opportune/male fit/evenit/accidit quod*, "accade a proposito/opportunamente/sfavorevolmente che"; *gratum/iucundum/molestum est quod*, "è cosa gradita/piacevole/molesta che"; *bene/male facio quod*, "faccio bene/male a"; *gratum, pergratum facio quod*, "faccio cosa gradita/molto gradita a", ecc. ▶ ***Bene evenit quod mittor*** *ad mortem.* (Cicerone) **Accade opportunamente che sono mandato** a morte.
- verbi che significano "**aggiungere**", "**tralasciare**" ecc., quali (*huc*) *accedit quod*, "(a questo) si aggiunge che", *adde quod*, "aggiungi che", *praetereo, praetermitto/omitto quod*, "tralascio/lascio da parte/ometto il fatto che" ▶ ***Huc accedebat quod*** *L. Sulla exercitum contra morem maiorum nimis liberaliter* ***habuerat.*** **A questo si aggiungeva che** L. Silla **aveva trattato** l'esercito con eccessiva liberalità, contrariamente al costume degli antenati.
- verbi o espressioni che manifestano **lode**, **biasimo**, **accusa**, **condanna**, **perdono** ecc., quali *laudo quod*, "lodo il fatto che", *vitio tribuo quod*, "attribuisco a colpa il fatto che" ecc. Sono affini a questi i ***verba affectuum***, ossia verbi o espressioni che indicano **sentimenti** dell'animo, quali *gaudeo, laetor quod*, "mi rallegro per

il fatto che", *moleste fero quod*, "sopporto a malincuore che", ecc. ▶ *Tristis es? **Indignor quod sum** tibi causa doloris.* (Ovidio) Sei triste? **Mi rattristo per il fatto di essere** la causa del tuo dolore.

1.2 Completive epesegetiche

La **completiva epesegetica** ha un **valore esplicativo** e determina un **sostantivo**, un **pronome** o un **avverbio** (*hoc, id, illud, ex eo, inde, sic, ita* ecc.) collocato con funzione prolettica (ossia di anticipazione) nella reggente.

▶ ***Id** iam lucrum est **quod vivis**.* (Marziale.)
È già un guadagno **il fatto che tu viva**.

2. La completiva di fatto (con *ut/ut non*)

La **subordinata completiva di fatto** completa il significato della proposizione reggente, indicando **una circostanza obiettiva**. Equivale in italiano generalmente a una proposizione soggettiva. In latino è espressa con:

- il **congiuntivo presente**, se nella principale vi è un **tempo principale**;
- il **congiuntivo imperfetto**, se vi è un **tempo storico**;
- il **congiuntivo perfetto**, per indicare **anteriorità** rispetto a un tempo principale.

È introdotta dalla congiunzione subordinante ***ut,*** se affermativa e ***ut non,*** se negativa.

Dipende da:

- verbi e locuzioni impersonali che significano "avvenire", "accadere", come *accidit ut, evenit ut, est ut*, "accade che";
- verbi che esprimono un risultato o una conseguenza, come *facio ut, efficio ut*, "faccio sì che";
- verbi e locuzioni impersonali che significano "rimanere", "seguire", come *restat ut, sequitur ut*, "resta che", "ne consegue che";
- espressioni costituite da un sostantivo o aggettivo neutro e il verbo *sum* alla terza persona singolare, come *lex est ut*, "è legge che", *mos est ut*, "è costume che", *aequum est ut*, "è giusto che".

▶ ***Evenit ut** res ad manus **non veniret**.*
Accadde che non si giunse alle mani.

▶ ***Non hic tempus est ut** de antiquis moribus **dicam**.*
Non è questo il momento di parlare degli antichi costumi.

3. La completiva volitiva (con *ut/ne*)

La subordinata **completiva volitiva** esprime **volontà**, **intenzione**, **desiderio**.
Si costruisce con:

- il **congiuntivo presente**, se nella principale vi è un tempo principale;
- il **congiuntivo imperfetto**, se nella principale vi è un tempo storico.

È introdotta dalla congiunzione subordinante ***ut***, se affermativa e ***ne***, se negativa. In italiano si rende in genere con una proposizione oggettiva.

Dipende da verbi che significano:

- "domandare", "chiedere", "pregare", come *oro, rogo, peto* e *quaero* (***verba rogandi***);
- "persuadere", "esortare", "consigliare", come *moneo, suadeo, persuadeo* (***verba monendi***);
- "ordinare", "stabilire", "volere", come *constituo, impero* (***verba iubendi***);
- "desiderare", "sperare", come *opto, spero*;
- "provvedere", "darsi da fare", "cercare di", come *video, provideo, facio, curo* (***verba curandi***);
- "permettere", "concedere", come *permitto, concedo.*

▶ ***Desidero ut*** *Catilina in exilio* ***sit****.*
Desidero che Catilina **resti** in esilio.

▶ ***Cura ut valeas****.*
Preoccupati di stare bene.

4. La completiva volitiva dipendente da *verba timendi*

Tra le completive volitive, costituiscono una categoria particolare quelle dipendenti da **verbi** ed **espressioni che indicano timore**, come *timeo, metuo, vereor*, "temo" (***verba timendi***), *timor est, metus est*, "c'è paura", *in magno timore sum*, "ho molta paura", *periculum est*, "c'è pericolo" ecc.

Queste completive sono costruite con il **congiuntivo** secondo la *consecutio temporum.*

Sono introdotte da:

- ***ne***, quando si **teme che** una cosa che non si desidera **si verifichi** (*timeo / metuo / vereor ne*, "**temo che**");
- ***ut*** o, con maggiore frequenza, ***ne non*** quando si **teme che** una cosa che si desidera **non si verifichi** (*timeo/metuo/vereor ut* o *ne non*, "**temo che non**").

Si rendono in italiano con una proposizione esplicita introdotta rispettivamente da "che" o "che non"; oppure, quando hanno lo stesso soggetto della reggente, con una proposizione implicita introdotta rispettivamente da "di" o "di non" e l'infinito.

▶ *Me* ***metuo ne*** *honesto otio* ***privarim****.* (Cicerone)
Temo di essermi privato di un riposo onesto.

▶ ***Vereor ut*** *Dolabella ipse satis nobis prodesse* ***possit****.* (Cicerone)
Temo che Dolabella **non possa** aiutarci abbastanza (lo desidero, però).

▶ ***Verebaris ne*** *litterae mihi redditae* ***non*** *essent.* (da Cicerone)
Temevi che la lettera **non** mi fosse stata recapitata.

5. La completiva dipendente da *verba dubitandi*

Le subordinate completive dipendono anche da espressioni che significano "non dubitare", "non c'è dubbio" e che manifestano una **certezza**. Si tratta dei cosiddetti ***verba dubitandi*** in **forma negativa** o di **interrogative retoriche** di **senso negativo**: *non dubito*, "non dubito", *nemo dubitat*, "nessuno dubita", *non est dubium*, "non c'è dubbio", *suspicio non abest*, "non manca il sospetto", *quis dubitat...?*, "chi dubita...?" (ossia "nessuno dubita").

Le completive dipendenti da questi verbi ed espressioni sono introdotte dalle congiunzioni ***quin***, "che", o ***quin non***, "che non", e hanno il verbo al **congiuntivo** secondo la ***consecutio temporum***. Si rendono in italiano o con una proposizione esplicita introdotta da "che", "che non", oppure, quando hanno lo stesso soggetto della reggente, con "di" o "a" e l'infinito.

▶ ***Non dubito quin*** *hanc salutem* ***anteponas*** *illi victoriae.* (Cicerone)
Non dubito che tu anteponga la presente sicurezza a quella vittoria.

▶ ***Non dubito quin*** *periculum hoc vitare* ***non possim.*** (Cicerone)
Non dubito di non poter evitare questo pericolo.

6. La completiva dipendente da *verba impediendi* e *recusandi*

Sono subordinate completive anche quelle rette da verbi che indicano **impedimento** e **rifiuto**, come *impedio*, "impedisco", *deterreo*, *retineo*, *detineo*, "trattengo", *obsto*, *obsisto*, *resisto*, *officio*, "mi oppongo", *recuso*, "rifiuto", *prohibeo*, *interdico*, "vieto" ecc.

Le completive rette da questi verbi, in quanto **contemporanee alla reggente**, sono espresse al **congiuntivo presente** o **imperfetto** secondo la *consecutio temporum* e sono introdotte da:

- ***ne*** o ***quomĭnus***, se la reggente è affermativa ▶ ***Impedior*** *religione* ***quominus (ne)*** *multa* ***exponam.*** (da Cicerone) Lo scrupolo **mi impedisce di spiegare** molte cose.
- ***quomĭnus*** o ***quin***, se la reggente è negativa o di senso negativo ▶ ***Non recusabo quominus (quin)*** *omnes mea legant.* (da Cicerone) **Non mi opporrò a che** tutti **leggano** le mie opere.

6.1 Altre completive introdotte da *quin* e *quin non*

Sono introdotte da ***quin*** e ***quin non*** e si costruiscono, dunque, come le completive dipendenti dai *verba dubitandi* anche le completive rette da espressioni come *facere non possum quin*, "non posso fare a meno di", *fieri non potest quin*, "è impossibile che non", *non multum/paulum abest quin*, "non manca molto/manca poco che", *praeterire non possum quin*, "non posso tralasciare/fare a meno di", *non moror*, *nullam interpono moram quin*, "non pongo alcun indugio a".

▶ ***Neque multum afuit quin*** *etiam castris* ***expellerentur.*** (Cesare)
E non mancò molto che fossero anche scacciati dall'accampamento.

7. L'infinitiva

La **subordinata completiva infinitiva** corrisponde in italiano alla **proposizione dichiarativa, soggettiva** o **oggettiva**. Come in italiano, svolge rispettivamente la funzione di soggetto o di complemento oggetto rispetto all'azione della proposizione reggente.

Le subordinate infinitive hanno:

- il **soggetto in accusativo**;
- il **verbo all'infinito.**

Il **soggetto** in latino è **sempre espresso** anche quando coincide con quello della proposizione principale; se il soggetto di un'infinitiva è un pronome di terza persona, esso si può rendere in due modi:

- con il pronome ***se***, quando è lo **stesso soggetto** della principale;
- con l'**accusativo** di ***is***, ***ea***, ***id***, quando è **diverso** da quello della principale.

Il **verbo** può trovarsi in tutti i tempi dell'infinito, che hanno **valore relativo** e seguono la *consecutio temporum*:

- **infinito presente** per un'azione **contemporanea** a quella espressa dalla reggente ▶ *Credebam* ***te venire*** *Romam*. Credevo **che tu venissi** a Roma.
- **infinito perfetto** per un'azione **anteriore** a quella espressa reggente ▶ *Dicitur* ***te venisse*** *Romam*. Si dice **che tu eri giunto** a Roma.
- **infinito futuro** per un'azione **posteriore** a quella espressa dalla reggente ▶ *Credo* ***te*** *hoc* ***facturum esse***. Credo **che tu farai** ciò.

Quando in un'infinitiva con il verbo all'attivo si riscontra ambiguità di senso per la presenza di due accusativi, quello del soggetto e quello del complemento oggetto, si rende la frase al passivo.

▶ *Constat* ***Pompeium a Caesare superatum esse***.
Si sa **che Cesare vinse Pompeo**.

7.1 Infinitive soggettive e oggettive

In latino le proposizioni infinitive **soggettive** si trovano dopo:

- verbi o espressioni impersonali, come *constat*, "è evidente", *oportet*, "occorre", *traditum est*, "si è tramandato" ▶ *Traditum est* ***Ciceronem*** *orationes* ***scripsisse***. Si è tramandato **che Cicerone abbia scritto** orazioni;
- espressioni impersonali costituite da una voce del verbo *sum* seguita da un aggettivo neutro, da un sostantivo o da un avverbio, come *iustum est*, *mos est*, *satis est* ▶ *Iustum est Romanos* ***cives*** *patriam* ***defendere***. È giusto che i **cittadini** romani **difendano** la patria.

Le proposizioni infinitive **oggettive** dipendono da verbi che significano:

- "sentire", "apprendere", "credere", come *sentio, animadverto, scio, puto* (***verba sentiendi***);
- "dire", "dichiarare", "negare", come *dico, nuntio, nego* (***verba dicendi*** o ***declarandi***);
- "volere", "preferire", come *volo, nolo, malo, cupio* (***verba voluntatis***);
- "ordinare", "comandare", "vietare", come *iubeo, prohibeo, veto* (***verba iubendi***);
- "rallegrarsi", "meravigliarsi", "dolersi", come *gaudeo, miror, doleo* (***verba affectuum***).

7.2 Infinitiva epesegetica o dichiarativa

La proposizione **infinitiva** si definisce **epesegetica** o **dichiarativa** quando **chiarisce** un termine della reggente, come un pronome neutro, un avverbio (*ita, sic*) o un sostantivo.

▶ ***Hoc*** *audivi*, ***te esse*** *Caesari familiarem*.
Questo ho sentito, **che tu sei** amico di Cesare.

8. L'interrogativa indiretta

La **subordinata completiva interrogativa indiretta** esprime un **interrogativo** o **un dubbio**; si trova in dipendenza da una reggente che presenta verbi che significano "domandare", "chiedere", "voler sapere" (*rogo*, *interrogo*, *quaero* ecc., i cosiddetti ***verba rogandi***), o da verbi e locuzioni che indicano **dubbio e incertezza**, come *nescio*, *haud scio*, "ignoro", "non so", *dubito*, "dubito", *non* (*satis*) *constat*, "non è chiaro", *in incerto est/habitur*, "è incerto" (i cosiddetti ***verba dubitandi***).

Prensentano sempre il modo **congiuntivo** secondo la ***consecutio temporum***.

Anche le interrogative indirette, come le dirette, possono essere:

- **semplici**, se la domanda è unica e non pone alternative;
- **disgiuntive**, se un'alternativa tra due o più membri che si escludono a vicenda.

In base alla risposta, anche le interrogative indirette, come le dirette, possono essere:

- **reali**, se non si conosce la risposta;
- **retoriche**, se la risposta è già nota o ovvia.

8.1 Interrogativa indiretta semplice

L'**interrogativa indiretta semplice** pone una sola domanda, senza alternative. È introdotta dagli stessi **pronomi**, **aggettivi** e **avverbi interrogativi** che introducono le proposizioni interrogative dirette e dalle **particelle interrogative** -***ne***, ***nonne*** e ***num***. L'uso di queste particelle presenta, però, qualche differenza rispetto a quanto accade nelle proposizioni interrogative dirette:

- l'enclitica -***ne*** e la particella ***num*** si utilizzano indifferentemente quando **la risposta è incerta o negativa** ▶ *Quaero e vobis, iudices,* ***num*** *Cassius orationem* ***dixerit****.* Chiedo a voi, o giudici, **se** Cassio **abbia pronunciato** l'orazione.
- ***nonne*** compare quando si attende una **risposta affermativa** ▶ *Quaesivi ex te* ***nonne*** *id* ***esset*** *crimen.* Ti chiesi **se** quello **fosse** un reato.

Il modo utilizzato nella proposizione interrogativa indiretta semplice è il **congiuntivo**, secondo la *consecutio temporum*.

8.2 Interrogativa indiretta disgiuntiva

L'**interrogativa indiretta disgiuntiva** pone un'alternativa tra due o più membri. Essa si comporta come l'interrogativa indiretta semplice per quanto riguarda i tempi del **congiuntivo** (segue anch'essa la *consecutio temporum*).

Il **primo membro** può essere introdotto dalle particelle ***utrum*** o -***ne*** ("se") e il **secondo** (e i successivi) da ***an***.

Tuttavia, il **primo membro** può anche non essere introdotto da **alcuna particella**: in questo caso nel **secondo** è possibile trovare ***an*** oppure l'enclitica -***ne***.

▶ *Quaero ex te* ***utrum*** *privata sint* ***an*** *publica.*
Ti chiedo **se** siano beni privati **o** pubblici.

▶ *Quaesivi ex te vir****(ne)*** *privatus fuisset* ***an*** *magistratus.*
Ti chiesi **se** fosse stato un cittadino privato **o** un magistrato.

▶ *Quaero ex te orator futurus sit poeta****ne****.*
Ti chiedo **se** sarà un oratore **o** un poeta.

SINTASSI DEL PERIODO

Lezione 23

Le subordinate circostanziali

1. La subordinata finale

La **proposizione subordinata finale** indica il **fine** per cui avviene l'azione espressa dalla **proposizione** reggente.

È introdotta dalla congiunzione subordinante ***ut***, se affermativa, e ***ne***, se negativa. Se, però, compaiono in uno stesso periodo più finali coordinate, per introdurre la seconda si usa la congiunzione ***nec*** o ***neque*** se la prima è affermativa, ***neu*** o ***neve*** se la prima è negativa.

È espressa con il **congiuntivo**:

- **presente**, se nella reggente vi **è un tempo principale** ▸ *Dux dicit orationem **ut laudet** milites.* Il comandante pronuncia un discorso **per lodare (= affinchè lodi)** i soldati.
- **imperfetto**, se nella reggente vi è **un tempo storico** ▸ *Dux dixerat orationem **ne** milites de salute **desperarent**.* Il comandante aveva pronunciato un discorso **affinché** i soldati **non perdessero** la speranza di salvezza.

1.1 Altri modi per esprimere la finale

Vi sono anche altri modi per esprimere la finale, oltre a *ut*/*ne* + congiuntivo, senza sensibili differenze di significato:

- ***qui, quae, quod*** e il **congiuntivo**, presente o imperfetto (**relativa impropria**) ▸ *Dux legionem misit **quae loca exploraret**.*
- il **participio futuro** ▸ *Dux legionem misit loca **exploraturam**.*
- il **supino attivo** (in dipendenza dai verbi che indicano movimento) ▸ *Dux legionem misit loca **exploratum**.*
- il **participio presente** ▸ *Dux legionem misit loca **explorantem**.*
- ***ad*** e l'**accusativo** del **gerundio** o del **gerundivo** ▸ *Dux legionem misit **ad loca exploranda**.*
- ***causā/gratiā*** preceduto dal **genitivo** del **gerundio** o del **gerundivo** ▸ *Dux legionem misit locorum **explorandorum causā (gratiā)**/loca **explorandi causā (gratiā)**.*

La traduzione degli esempi proposti è sempre la stessa: "Il comandante inviò una legione **perché perlustrasse i luoghi**".

Quando, infine, nella proposizione finale è presente un **comparativo**, al posto di *ut* si usa ***quo***.

▸ *Dux legionem misit, **quo** loca **intentius exploraret**.*
Il comandante mandò una legione **perché perlustrasse** i luoghi **più attentamente**.

2. La subordinata consecutiva

La **proposizione subordinata consecutiva** indica la conseguenza dell'azione espressa dalla reggente ed è introdotta dalla congiunzione ***ut*** (***ut non***, se negativa); il verbo è al **congiuntivo**:

- **presente**, quando la conseguenza è riferita al presente ▶ *Marius tam peritus in recitatione est* ***ut*** *omnes eum* ***plaudant****.* Mario è tanto bravo nella recitazione **che** tutti lo **applaudono**.
- **imperfetto** o **perfetto**, quando la conseguenza è riferita al passato ▶ *Summa difficultate rei frumentariae adeo exercitus laborabat* ***ut*** *milites extremam famem* ***sustentarent****.* L'esercito soffriva per la grave mancanza di rifornimenti a tal punto **che** i soldati **sopportavano** una fame estrema.

I tempi del congiuntivo sono usati in maniera assoluta, ovvero indipendentemente dal tempo della reggente.

Le consecutive sono spesso anticipate nella reggente da un antecedente, che può essere un pronome o un aggettivo (*talis, -e*, "tale", *tantus, -a, -um*, "tanto grande", *eiusmodi*, "di tal genere", *tot*, "tanti", *is, ea, id*, "tale") o avverbi (*tam*, *tantum*, "tanto", *ita*, *sic*, "così", *adeo*, "a tal punto").

La proposizione consecutiva, inoltre, può essere resa in latino con una **relativa impropria**, introdotta dal pronome *qui, quae, quod* e seguita dal modo **congiuntivo**.

▶ *Nullus tam stultus est* ***qui non*** *comoedias* ***amet****.*
Nessuno è tanto sciocco **da non amare** le commedie.

3. La subordinata causale

La **proposizione subordinata** causale indica la **causa** per cui avviene l'azione espressa nella reggente.

La causa può essere **reale** e **oggettiva**, ossia condivisa e ritenuta universalmente vera, o **soggettiva** e riportata come **pensiero di qualcuno che non sia chi parla o scrive**. Se la causa è oggettiva è impiegato il modo **indicativo**; se è soggettiva vi sarà il modo **congiuntivo**.

La proposizione causale è introdotta dalle congiunzioni subordinanti ***quod, quia, quoniam, quando, quandoquidem, siquidem*** e ***propterea quod***. Esse corrispondono alle congiunzioni e alle locuzioni italiane "poiché", "dato che", "dal momento che", "perché", "giacché".

▶ *Legibus paremus* ***quia iustum est****.*
Obbediamo alle leggi **perché è giusto**.

Può avere valore causale anche il *cum* + congiuntivo (***cum narrativum*** → p. 201).

3.1 La causale al congiuntivo

La subordinata causale può essere espressa con il **congiuntivo** secondo la *consecutio temporum* (causale obliqua):

- quando esprime una **causa soggettiva** e riporta il **pensiero di qualcun altro rispetto a chi scrive**; è introdotta dalle stesse congiunzioni della causale oggettiva ▶ *Crebris Pompei litteris castigabantur,* ***quoniam*** *venientem Caesarem non* ***prohi-***

SINTASSI DEL PERIODO

buissent. Erano tormentati da continue lettere di Pompeo, **poiché (secondo Pompeo)** non **avevano impedito** l'arrivo di Cesare.
- quando esprime non una causa diretta, ma una **circostanza** che **determina** l'azione della reggente ▶ *Miltiades non habebatur privatus, **praesertim cum** ad imperii cupiditatem **traheretur**.* Milziade non era considerato un cittadino privato, **soprattutto perché era attratto** dalla consuetudine del potere.

Per la traduzione in italiano si ricorre solitamente all'indicativo e, per la causale obliqua, si possono aggiungere espressioni come "a suo dire", "secondo lui" per marcarne la valenza soggettiva.

4. La subordinata temporale

La **proposizione subordinata temporale** specifica una **circostanza di tempo** in relazione alla quale avviene, è avvenuta o avverrà l'azione della reggente. Essa si esprime con:
- ***cum* + indicativo**: "quando", "ogni volta che", "nel momento in cui"; se *cum* si unisce al perfetto indicativo o al presente storico e nella reggente il verbo è all'indicativo imperfetto accompagnato da *iam* ("già"), *vix* ("a stento"), *nondum* ("non ancora"), ha il significato di "quand'ecco" ed esprime un evento improvviso e inatteso ▶ ***Cum** se inter turmas **insinuaverunt**, ex essedis desiliunt.* **Quando si sono insinuati** tra gli squadroni, saltano giù dai carri.
- ***cum*** + congiuntivo (***cum narrativum***): → p. 201.
- ***cum primum*, *ut*, *ut primum*, *ubi*, *ubi primum*, *simul ac/atque*, *statim ut* + indicativo**: "non appena che"; indica la coincidenza o la precedenza immediata dell'evento rispetto a quello della reggente ▶ *Non dubitavit confligere, **simul ac conspexit** hostem.* Non esitò a combattere, **non appena vide** il nemico.
- ***dum* + indicativo presente** (anche quando l'azione è riferita al passato o al futuro): "mentre"; indica contemporaneità ▶ ***Dum** Amphitruo **decertat** cum hostibus, Iuppiter in eius formam sese mutavit.* **Mentre Anfitrione combatteva** contro i nemici, Giove assunse il suo aspetto.
- ***dum*, *donec*, *quoad***: "finché", "finché non", "per tutto il tempo che"; queste congiunzioni si uniscono all'**indicativo** per indicare una circostanza oggettiva e al **congiuntivo** per dare all'espressione una sfumatura di eventualità o di attesa ▶ *Romani proelium non commiserunt, **donec** Caesar signum **dedit**.* I Romani non attaccarono battaglia, **finché** Cesare **non diede** il segnale.
- ***antequam*, *priusquam***: "prima che", "prima di"; anche queste congiunzioni possono reggere l'**indicativo** per una circostanza oggettiva e il **congiuntivo** per un fatto possibile o atteso. Entrambe possono trovarsi anche scomposte in *ante.... quam* e *prius... quam* ▶ *Praesens tempus in cursu semper est, fluit et praecipitatur; **ante** desinit esse **quam venit**.* Il tempo presente è sempre in corsa, scorre e si affretta; cessa di essere **prima di arrivare**.
- ***postquam* (*posteaquam*) + indicativo**: "dopo che", "dopo di" ▶ *Populus **posteaquam** largitione magistratuum **corruptus est**, multas statuas Demetrio Phalereo decrevit.* Il popolo, **dopo che fu corrotto** dalle donazioni dei magistrati, assegnò molte statue a Demetrio Falereo.

5. Il *cum narrativum*

Quando la congiunzione ***cum*** si accompagna al **congiuntivo**, si parla di ***cum narrativum*** o ***historicum***, una costruzione che ricorre spesso nelle narrazioni per esprimere la circostanza in cui avviene l'azione espressa dalla reggente, evidenziando la **successione logica** degli avvenimenti. Corrisponde a una proposizione di natura:

- **temporale** ▸ *Cum mortalis sis, quae sunt mortalia cura.* (Catone) **Poiché sei** un mortale, **preoccupati** delle cose che sono mortali.
- **causale** ▸ *Cum essem otiosus in Tusculano, accepi tuas litteras.* (da Cicerone) **Mentre** ero in ozio nella villa di Tuscolo, **ho ricevuto** la tua lettera.

Il *cum narrativum* può esprimere un'azione **contemporanea** o **anteriore** rispetto a quella della proposizione reggente e segue le regole della *consecutio temporum* (→ tabella di p. 190). Può avere tutti i tempi del congiuntivo.

Per tradurre questa costruzione, vi sono diverse possibilità: si può utilizzare una **proposizione di tipo esplicito**, con la congiunzione e la voce verbale adatte, o si può ricorrere al **gerundio** italiano, **semplice** o **composto** a seconda che l'azione sia contemporanea o anteriore a quella espressa dalla reggente.

- *Cum Helvetii exercitum pellerent, legati ad Caesarem convenerunt.*
- **Respingendo gli Elvezi l'esercito (→ Mentre/Poiché gli Elvezi respigevano l'esercito)**, gli ambasciatori andarono da Cicerone.

6. La subordinata concessiva

La **proposizione subordinata concessiva** esprime una circostanza **nonostante** la quale si realizza l'azione della proposizione reggente. Si esprime con:

- ***etsi***, ***tametsi***, ***quamquam*** con il modo **indicativo** ▸ *Quamquam excellebat Aristides abstinentia, tamen exilio decem annorum multatus est.* (Nepote) **Benché** Aristide **si distinguesse** per la sua integrità morale, tuttavia fu condannato a dieci anni di esilio.
- ***cum***, ***etiamsi***, ***licet***, ***quamvis***, ***ut*** e il **congiuntivo** secondo le regole della *consecutio temporum* ▸ *His iudiciis quae nunc sunt, pecuniosus homo, quamvis sit nocens, non potest damnari.* (da Cicerone) Per i giudizi di oggi l'uomo ricco, **sebbene sia** colpevole, non può essere condannato.

Può essere ripresa nella reggente da avverbi e locuzioni come *tamen*, "tuttavia", *nihilo minus*, "nondimeno" ecc. La negazione è ***non***.

La concessiva può essere espressa con una **relativa impropria**, introdotta da *qui*, *quae*, *quod* con il congiuntivo.

▸ *Caesar ipse, qui illis fuisset iratissimus, tamen cotidie aliquid iracundiae remittebat.* (Cicerone)
Lo stesso Cesare, **che pure si era adirato moltissimo** con loro, ogni giorno deponeva un poco della sua collera.

In forma implicita, le concessive possono essere espresse con il **participio congiunto** o l'**ablativo assoluto**.

SINTASSI DEL PERIODO

7. La subordinata comparativa

La **proposizione subordinata comparativa** esprime un **paragone** rispetto all'azione della proposizione reggente. In altre parole, è l'equivalente di un secondo termine di paragone il cui primo termine è costituito dalla proposizione reggente.

La subordinata comparativa può essere di due tipi:
- **reale**, quando esprime un paragone tra due fatti reali;
- **ipotetica**, quando esprime un paragone tra un fatto reale e uno ipotetico.

7.1 Subordinata comparativa reale

La **subordinata comparativa reale** pone a confronto **due fatti reali**.

Le comparative reali si distinguono in:
- **comparative di ugualianza**;
- **comparative di maggioranza**;
- **comparative di minoranza**.

Le **comparative di uguaglianza** si costruiscono in latino con i seguenti termini comparativi, collocati il primo nella reggente e il secondo all'inizio della subordinata comparativa:
- ***sic… ut***, ***ita… ut***, ***talis… qualis***, ***tantus… quantus***, ***tam… quam***, ***tot… quot***, ***totiens… quotiens***, ***sic… quemadmodum*** ▸ ***Ita*** *metes,* ***ut*** *sementem* ***feceris****.* Mieterai **così come avrai seminato**.
- ***ac*** o ***atque*** dopo aggettivi o avverbi indicanti somiglianza o diversità, come *similis*, "simile", *dissimilis*, "dissimile", *par*, "uguale", *dispar*, "diverso", *idem*, "medesimo", *alius*, "altro", *similiter*, "in modo simile", *dissimiliter*, "in modo dissimile", *pariter*, "ugualmente", *aliter*, "diversamente" ▸ *Urbana dissimulatio est, cum* ***alia*** *dicuntur* ***ac sentis****.* (da Cicerone) L'ironia è fine quando si dice **altro da quel che si pensa**.

Le **comparative di maggioranza** sono introdotte da ***quam***, anticipato nella reggente da un aggettivo al grado comparativo o un avverbio comparativo come *magis*, *plus*, "più", *potius*, "piuttosto";

▸ ***Peiores*** *morimur* ***quam nascimur****.* (Seneca)
Si muore **peggiori di come si nasce**.

Le **comparative di minoranza** sono introdotte da ***quam***, anticipato nella reggente da un aggettivo al grado comparativo o un avverbio comparativo come *minus* "meno".

▸ ***Minus quam*** *aequum* ***erat*** *feci.* (Plauto)
Ho fatto **meno di quanto era** giusto.

Tutti i tipi di proposizione comparativa, in latino, presentano il modo **indicativo**; tuttavia, quelle introdotte da ***potius... quam***, oltre che con l'indicativo, si costruiscono con il modo **congiuntivo** quando indicano che tra le due opzioni si preferisce la prima. Queste ultime spesso si traducono in italiano con "piuttosto che" + infinito.

▸ *Zeno perpessus est omnia* ***potius quam*** *conscios coniurationis* ***indicaret****.* (da Cicerone)
Zenone patì ogni cosa **piuttosto che indicare** i complici della congiura.

7.2 Subordinata comparativa ipotetica

La **subordinata comparativa ipotetica** esprime un **paragone** tra un fatto reale, espresso nella reggente, e un **fatto ipotetico**: il confronto avviene, dunque, sotto forma di **ipotesi**. È introdotta dalle congiunzioni ***quam si***, ***ut si***, ***tamquam si***, ***ut***, ***tamquam***, ***quasi***, ***non minus quam si*** e ha il modo **congiuntivo** secondo le regole della *consecutio temporum*.

▶ *Vive cum hominibus* ***tamquam si*** *deus* ***videat***. (da Seneca)
Vivi con gli uomini **come se** il dio ti **vedesse**.

8. La subordinata limitativa o restrittiva

La **proposizione subordinata limitativa** o **restrittiva limita** o **restringe** quanto espresso nella proposizione reggente. È introdotta dalle congiunzioni ***ut***, ***quoad***, ***quatenus***, ***quantum***, ***quod*** nel significato di "per quanto", "almeno per quello che".

Si costruisce di solito con l'**indicativo** e raramente con il **congiuntivo**.

▶ ***Quad potero***, *tuam famam et dignitatem tuebor*. (Cicerone)
Per quanto mi sarà possibile, difenderò la tua fama e la tua dignità.

Rientrano nelle proposizioni limitative:

- le **condizionali** che esprimono limitazione e che sono introdotte, se affermative, dalle congiunzioni ***dum***, ***dummŏdo***, ***modo***, "purché", "a patto che" e, se negative, da ***dum ne***, ***dummŏdo ne***, ***modo ne***, "purché non", "pur di non". Si costruiscono con il **congiuntivo** secondo le regole della *consecutio temporum* ▶ *Manent ingenia senibus,* ***modo permaneat*** *studium*. (Cicerone) Perdura nei vecchi l'ingegno, **purché perduri** la buona volontà.
- le **relative improprie**, se limitano l'idea espressa nella reggente; in queste proposizioni il pronome relativo è in genere accompagnato da *quidem* o *modo* ▶ *Milites maxime strenui,* ***quos quidem viderim***, *sunt*. I soldati, **quelli almeno che io ho visto**, sono massimamente coraggiosi.
- il **supino passivo**. *Civitas incredibile* ***memoratu*** *est quantum brevi tempore creverit*. (da Sallustio) È incredibile **da ricordare** in quanto breve tempo sia cresciuta la città.

9. La subordinata avversativa

La **proposizione subordinata avversativa** esprime un concetto che **si oppone** a quanto sostenuto nella reggente. Si costruisce con il **congiuntivo** ed è introdotta dalla congiunzione *cum*, "mentre", "invece".

▶ *Nemo a Caesare ad Pompeium transierat,* ***cum*** *paene cotidie a Pompeio ad Caesarem* ***perfugerent***. (Cesare)
Nessuno era passato da Cesare a Pompeo, **mentre** quasi ogni giorno **fuggivano** da Pompeo a Cesare.

Rientra nella proposizione avversativa anche la **relativa impropria**.

▶ *O mi Furni, quam tu causam tuam non nosti,* ***qui*** *alienas tam facile* ***discas***! (Cicerone)
O mio Furnio, come conosci poco la tua causa, **tu che invece impari** così facilmente quelle degli altri!

Lezione 24

La subordinata relativa

1. La subordinata relativa

La **proposizione relativa** è una **subordinata aggettiva** che **precisa** e **determina** un elemento della reggente. È espressa da un **pronome relativo** e da un verbo all'indicativo o al congiuntivo. Il **pronome relativo** che la introduce concorda con il suo **antecedente** nel genere e nel numero; il caso, invece, è determinato dalla **funzione logica** che esso assume nella proposizione relativa. Se richieste, le preposizioni precedono il pronome relativo, tranne la preposizione ***cum*** che, posposta, si unisce all'ablativo: *quocum, quacum, quibuscum.*

▶ *Flumen est Arar,* ***quod*** *per fines Haeduorum et Sequanorum in Rhodanum* ***influit****, incredibili lenitate.* (Cesare)
C'è un fiume, l'Arar, **che** attraverso i territori degli Edui e dei Sequani **scorre** verso il Rodano con incredibile lentezza.

La proposizione relativa può essere **propria** o **impropria**.

Si definisce **propria** quella proposizione relativa che svolge la funzione di **attributo** (**relativa attributiva**) o di **apposizione** (**relativa appositiva**) di un sostantivo della reggente. Si costruisce, in genere, con il verbo all'**indicativo**, ma, se esprime un'eventualità o il punto di vista di una persona diversa da chi parla, ha il congiuntivo. Si definisce **impropria** quella relativa che svolge la funzione di un **avverbio** o di un **complemento indiretto** e si costruisce con il **congiuntivo**. La relativa impropria può assumere il valore di varie **proposizioni secondarie**: finale, consecutiva, causale, concessiva, ipotetica, limitativa.

1.1 I dimostrativi e la subordinata relativa: l'antecedente del pronome relativo

In molti casi l'**antecedente** del pronome relativo è un sintagma in cui è presente un **determinativo** o un **dimostrativo** in funzione di aggettivo e che verrà meglio individuato da quanto espresso nella relativa.

▶ ***Ea legione quam*** *secum habebat fossam perducit.* (da Cesare)
Con quella legione che aveva con sé traccia una fossa.

Se l'antecedente è costituito dal solo **pronome determinativo** o **dimostrativo**, quest'ultimo in genere **si omette** quando è nello **stesso caso** del pronome relativo.

▶ ***Qui*** *animam contempsit securus videbit maria turbari.* (da Seneca)
Colui che disprezza la vita, guarderà sicuro i mari agitarsi.

Se, invece, il **pronome determinativo** o **dimostrativo** è in un **caso diverso** da quello del pronome relativo, esso è regolarmente **espresso**.

▶ ***Ii*** *sunt* ***quos*** *ingratus superiorum cultus voluntaria servitute consumat.* (da Seneca)
Ci sono **quelli che** l'ingrato rispetto per i superiori logora in una volontaria schiavitù.

Nei **casi diretti** del **neutro**, però, l'**omissione** del dimostrativo si verifica anche quando i due pronomi sono in **caso differente**.

▶ *Atticus celeriter accipiebat* ***quae*** *tradebantur.* (da Nepote)
Attico imparava facilmente **ciò che (= quelle cose che)** gli veniva insegnato.

1.2 La prolessi della proposizione relativa

In latino è possibile avere la **prolessi** della proposizione relativa, ossia la sua **anticipazione** rispetto alla proposizione da cui dipende. In questo caso il pronome relativo sarà ripreso da un **pronome dimostrativo** nella reggente.

▶ ***Quos*** *laborantes conspexerat,* ***his*** *Caesar subsidia submittebat.* (Cesare)
Cesare mandava aiuti **a coloro che** aveva visto in difficoltà.

2. Il nesso relativo

In latino, a differenza dell'italiano, è possibile trovare una **proposizione indipendente** introdotta dal **pronome relativo**. Si tratta del **nesso relativo**, un particolare uso del relativo che equivale a un **pronome dimostrativo** (*is*, *ea*, *id* o *ille*, *illa*, *illud*) preceduto da una congiunzione coordinante (*et*, *atque*, *sed*).

▶ *Caesar insulam, genus hominum, loca, portus, aditus cognoscere volebat.* ***Quae omnia*** *fere Gallis incognita erant.* (da Cesare)
Cesare voleva conoscere l'isola, il genere di abitanti, i luoghi, i porti, gli accessi. **E tutte queste cose** erano quasi ignote ai Galli.

3. La relativa propria al congiuntivo

La subordinata relativa **propria** con il verbo al congiuntivo si ha:

- nelle proposizioni **dipendenti** di **1° grado** quando si riporta il **pensiero di altri**;
▶ *Socrates exsecrari eum solebat,* ***qui*** *primus utilitatem ab iure* ***seiunxisset.*** (Cicerone) Socrate era solito biasimare colui **che (a suo avviso)** per primo **aveva separato** l'utilità dal diritto.
- nelle proposizioni **dipendenti** di **1° grado** quando si esprime una **eventualità**;
▶ *Multa existunt,* ***quae*** *audientibus* ***iuvent.*** Esistono molte cose **che giovano (possono giovare)** a coloro che ascoltano.
- nelle proposizioni **dipendenti** di **2° grado** quando la relativa è **retta** da una proposizione al **congiuntivo** o all'**infinito** e ne completa il significato (**attrazione modale**) ▶ *Omnes cupiebant Caesarem* ***stare*** *condicionibus iis quas* ***tulisset.*** (Cicerone) Tutti desideravano che Cesare **rispettasse** le condizioni che **aveva posto.**

4. La relativa impropria

La **proposizione subordinata relativa impropria** o **avverbiale** presenta il verbo al congiuntivo e assume valore di proposizione subordinata **circostanziale**.

Essa può essere:

- **finale**, se indica il fine dell'azione espressa dalla reggente ▶ *Caesar equitatum, **qui** impetum **sustineret**, misit.* Cesare mandò la cavalleria **affinché sostenesse** l'assalto.
- **causale**, se indica la causa dell'azione espressa dalla reggente ▶ *Me caecum, **qui** haec ante non **videram**!* Cieco io, **che (= poiché)** non **ho previsto** queste cose!
- **consecutiva**, se indica la conseguenza dell'azione espressa dal verbo reggente; spesso è anticipata nella reggente da *talis, tam, tantus*... ecc. ▶ *Innocentia est affectio talis animi, **quae noceat** nemini.* (Cicerone) L'innocenza è uno stato dell'animo tale **che** non **nuoce** a nessuno.
- **concessiva**, se indica la circostanza nonostante la quale si realizza l'azione della reggente ▶ *In ea contione tu tacuisti, **qui** te defendere **solitus sis**.* In quella assemblea tacesti, **sebbene fossi solito** difendere la tua causa.
- **ipotetica**, se esprime eventualità o irrealtà e costituisce la protasi di un periodo ipotetico di secondo o terzo tipo (→ pp. 208-209) ▶ *Haec **qui videat**, nonne cogatur confiteri deos esse?* (Cicerone) Colui **che (= se) vedesse** queste cose, non sarebbe costretto ad ammettere che gli dei esistono?
- **limitativa**, se limita l'idea espressa nella reggente; non segue la *consecutio temporum* e il pronome relativo è in genere accompagnato da *quidem* o *modo* ▶ *Milites maxime strenui, **quos quidem viderim**, sunt.* I soldati, **quelli almeno che io ho visto**, sono massimamente coraggiosi.
- **avversativa**, se esprime un concetto che si contrappone a quanto espresso nella reggente ▶ *Hi miserrimo ac patientissimo exercitui Caesaris luxuriam obiciebant, **cui** semper omnia ad necessarium usum **defuissent**.* (Cesare) Costoro rinfacciavano il lusso al poverissimo e pazientissimo esercito di Cesare, **cui invece era** sempre **mancato** tutto il necessario.

Per la traduzione della proposizione relativa impropria si ricorre al modo che è proprio della corrispondente subordinata italiana.

Tra le relative improprie con valore consecutivo rientrano anche le relative **introdotte da espressioni** come *sunt ii qui..., non desunt qui..., nemo est qui..., nemo invenitur qui.*

5. La concordanza del pronome relativo

Come si è detto, il pronome relativo concorda in **genere** e **numero** con il suo antecedente; il **caso**, invece, è determinato dalla **funzione logica** che assume nella proposizione che introduce. In particolare:

- se è relativo a **un solo sostantivo**, concorda con il suo antecedente nel genere e nel numero ▶ *Marius, **cuius** pater consul fuit, Romam venit.* Mario, **il cui** padre fu console, è venuto a Roma.
- se è relativo a **più persone o cose**, va al plurale in quanto al numero; in quanto al genere, segue le regole della concordanza del predicato nominale riferito a più

soggetti (→ p. 130) ▶ *Pater et mater, qui Romae fuerunt, nunc profecti sunt.* Il padre e la madre, che sono stati a Roma, ora sono partiti.

- se è relativo a un'**intera proposizione**, si declina al genere neutro ▶ *Tarquinius, quod numquam antea acciderat, primus ludos maximos fecit.* Tarquinio, cosa che non era mai accaduta prima, indisse per primo i ludi massimi.
- se è relativo a un'espressione costituita da **nome proprio + appellativo geografico**, concorda con l'appellativo; ma se l'appellativo è *flumen*, l'accordo può avvenire sia con il nome proprio, sia con *flumen* ▶ *Flumen est Arar, quod per fines Haeduorum et Sequanorum in Rhodanum influit.* (Cesare) C'è un fiume, l'Arar, che scorre verso il Rodano attraverso i territori degli Edui e dei Sequani.

Si verifica, infine, l'**attrazione del relativo**, se la proposizione relativa ha **carattere accessorio**. In questo caso il pronome relativo non concorda con il suo antecedente, ma con il nome del predicato.

▶ *Vercingetorix Alesiam, quod est oppidum Mandubiorum, iter facere coepit.* (da Cesare)
Vercingetorige iniziò a dirigersi verso Alesia, che è una città dei Mandubi.

Lezione 25

Il periodo ipotetico

1. Il periodo ipotetico

Il **periodo ipotetico** è una struttura che esprime un'**ipotesi** e la sua **conseguenza**. Esso è costituito da:
- una **subordinata** con **valore ipotetico** o condizionale (proposizione **ipotetica**) introdotta da *si*, che costituisce la **premessa** ed è detta **protasi**;
- la **proposizione principale**, che rappresenta la **conseguenza** ed è detta **apodosi**.

Il periodo ipotetico può essere **dipendente** o **indipendente**: è **indipendente** quando l'**apodosi** è una proposizione **principale**; è **dipendente** quando l'**apodosi** è una proposizione **subordinata**.

2. Il periodo ipotetico indipendente

In latino il periodo ipotetico indipendente si articola in tre tipi:
- del **primo tipo** o della **realtà**;
- del **secondo tipo** o della **possibilità**,
- del **terzo tipo** o dell'**irrealtà**.

In tutti i tre tipi la protasi affermativa è introdotta da ***si***, "se", quella negativa da ***nisi, ni, si non***, "se non"; ***nisi*** nega l'intera proposizione, mentre ***si non*** nega solo una sua parte.

2.1 Periodo ipotetico del primo tipo o della realtà

Nel **periodo ipotetico** del **primo tipo** o della **realtà** chi parla o scrive non esprime alcun giudizio sull'ipotesi o la condizione espressa dalla protasi, ma la presenta come un **dato oggettivo**; i modi e i tempi utilizzati sono:
- tutti i tempi dell'**indicativo** nella **protasi;**
- tutti i **modi** delle **proposizioni principali** nella **apodosi**.

▶ *Si id facis, hodie postremum me vides.* (Terenzio)
Se fai questo, oggi mi **vedi** per l'ultima volta.

2.2 Periodo ipotetico del secondo tipo o della possibilità

Nel **periodo ipotetico** del **secondo tipo** o della **possibilità** chi parla o scrive presenta l'ipotesi o la condizione espressa nella protasi come possibile; i modi e i tempi generalmente impiegati sono:
- nella **protasi** il **congiuntivo presente** (o, talvolta, il congiuntivo **perfetto** per sottolineare anteriorità rispetto all'**apodosi**);
- nell'**apodosi** il **congiuntivo presente**.

Nel periodo ipotetico della possibilità l'apodosi in genere interessa il presente o il futuro (solo raramente il passato), mentre la protasi può riguardare anche la supposizione di un fatto passato che comporti una conseguenza non ancora realizzata.

▶ ***Si*** *hoc* ***facias, erres.***
Se facessi questo (e potresti farlo), **sbaglieresti**.

Osservazioni

Il periodo ipotetico della possibilità è tipico degli ***exempla ficta***, ossia degli esempi inventati o immaginari utilizzati dagli oratori per rafforzare la propria tesi.

Si *deus te* ***interroget****, quid* ***respondeas****?* (da Cicerone)
Se un dio ti **interrogasse**, che cosa **risponderesti**?

2.3 Periodo ipotetico del terzo tipo o dell'irrealtà

Nel **periodo ipotetico** del **terzo tipo** o dell'**irrealtà** chi parla o scrive presenta la condizione espressa nella protasi come **irreale**, ossia come un fatto che non si può realizzare nel presente o non si è realizzato nel passato; i modi e i tempi impiegati sono:

- il **congiuntivo imperfetto** nella **protasi** e nell'**apodosi** per l'**irrealtà riferita al presente**;
- il **congiuntivo piuccheperfetto** nella **protasi** e nell'**apodosi** per l'**irrealtà riferita al passato**.

▶ ***Si*** *divitiae bonum* ***essent****, homines bonos* ***facerent****.* (da Seneca)
Se la ricchezza **fosse** un bene, **renderebbe** buoni gli uomini.

▶ ***Si*** *proelio Catilina superior* ***discessisset****, magna clades rem publicam oppressisset.* (da Cicerone)
Se Catilina **fosse risultato** vincitore dalla battaglia, una grande rovina **si sarebbe abbattuta** sullo Stato.

- Se la protasi esprime anteriorità rispetto all'apodosi, si ha nella protasi il piuccheperfetto e nell'apodosi l'imperfetto, sempre nel modo congiuntivo.

Osservazioni

- Può capitare che la protasi e l'apodosi di un periodo ipotetico indipendente siano l'una di un tipo, l'altra di un altro. In questo caso si parla di **periodo ipotetico misto**. Piuttosto frequenti sono i periodi ipotetici misti tra il primo e il secondo tipo e tra il primo e il terzo tipo.
  Nella traduzione si cerca di tradurre la protasi e l'apodosi nel modo più vicino possibile al periodo ipotetico di appartenenza.

  Si *Caesaris causā in provinciam* ***veniebatis****, ad eum profecto exclusi provinciā venissetis.* (Cicerone)
  Se venivate nella provincia per sostenere Cesare, da lui senz'altro **sareste venuti** una volta esclusi dalla provincia.

Nella pagina seguente è riportato un prospetto riassuntivo del periodo ipotetico indipendente.

SINTASSI DEL PERIODO

Tipo	Protasi = proposizione condizionale o ipotetica	Apodosi = proposizione principale
1° TIPO: REALTÀ	**Indicativo** *Si hoc facis,* Se fai questo,	**Indicativo, congiuntivo, imperativo** *erras.* sbagli.
2° TIPO: POSSIBILITÀ	**Congiuntivo presente** (contemporaneità rispetto all'apodosi) *Si hoc facias,* Se facessi questo,	**Congiuntivo presente** *erres.* sbaglieresti.
	Congiuntivo perfetto (anteriorità rispetto all'apodosi) *Si hoc feceris,* Se facessi (avessi fatto) questo,	
3° TIPO: IRREALTÀ	**Congiuntivo imperfetto** (irrealtà nel presente) *Si hoc faceres,* Se facessi questo,	**Congiuntivo imperfetto** *errares.* sbaglieresti.
	Congiuntivo piuccheperfetto (irrealtà nel passato) *Si hoc fecisses,* Se avessi fatto questo,	**Congiuntivo piuccheperfetto** *erravisses.* avresti sbagliato.

2.4 Usi particolari dei tempi e dei modi verbali nel periodo ipotetico

Esistono usi particolari dei modi e dei tempi verbali nei tre diversi periodi ipotetici.

Nel **periodo ipotetico** della **realtà** la **protasi** può presentare il **congiuntivo** in sostituzione dell'indicativo se il soggetto è indeterminato, ossia è costituito da un pronome indefinito o dal cosiddetto "tu generico".

▶ *Vita, si uti scias, longa est.* (Seneca)
La vita, se la si sa usare, è lunga.

Nel **periodo ipotetico** della **possibilità** l'**apodosi** può presentare l'**indicativo presente** in sostituzione del congiuntivo presente con la coniugazione **perifrastica passiva**, che in questo caso si traduce in italiano con il condizionale.

▶ *Ea praetereunda sunt, nisi necessaria sint.*
Quelle cose si dovrebbero tralasciare, se non fossero necessarie.

Nel **periodo ipotetico** dell'**irrealtà** l'apodosi può presentare l'**indicativo imperfetto**, **perfetto** e **piuccheperfetto** in sostituzione del congiuntivo piuccheperfetto nei seguenti casi:

- con la coniugazione **perifrastica passiva** ▶ *Si unum diem morati essetis, moriendum omnibus fuit?* (Livio) Se aveste indugiato un giorno, sareste tutti morti?
- con la coniugazione **perifrastica attiva** ▶ *Hasdrubal Carales perventurus erat, ni Manlius obvio exercitu ab effusa eum populatione continuisset.* (da Livio) Asdru-

bale **sarebbe giunto a Carale**, se Manlio con l'esercito contro non l'avesse trattenuto da uno sfrenato saccheggio.

Nell'apodosi del periodo ipotetico dell'irrealtà si può, inoltre, usare l'**indicativo piuccheperfetto** per sottolineare che un fatto era in procinto di accadere, ma non si è verificato per il sopraggiungere di un evento inatteso.

▶ *Praeclare* ***viceramus****, nisi spoliatum, inermem, fugientem Lepidus recepisset Antonium.* (Cicerone)
Avremmo vinto splendidamente se Lepido non avesse accolto Antonio privato di ogni cosa, inerme e in fuga.

3. Il periodo ipotetico dipendente

Se l'**apodosi** di un periodo ipotetico è una proposizione **subordinata**, si parla di **periodo ipotetico dipendente**. Si possono avere due tipi di periodo ipotetico dipendente:

- con l'**apodosi all'infinito**;
- con l'**apodosi al congiuntivo**.

3.1 Periodo ipotetico dipendente con l'apodosi all'infinito

L'apodosi di un periodo ipotetico dipendente è all'**infinito** quando essa costituisce un'**infinitiva** che dipende dalla proposizione reggente. In questo caso avremo:

- per il **periodo ipotetico** del **1° tipo** o della **realtà**:
  - l'**apodosi** all'**infinito** (**presente**, per un rapporto di contemporaneità con la principale; **perfetto**, per un rapporto di anteriorità; **futuro**, per un rapporto di posteriorità); qw
  - la **protasi** al **congiuntivo** secondo le regole della *consecutio temporum*;
- per il **periodo ipotetico** del **2° tipo** o della **possibilità**:
  - l'**apodosi** all'**infinito futuro**, nella forma in ***-urum, -uram, -urum esse*** e ***-uros, -uras, -ura esse***;
  - la **protasi** al **congiuntivo** secondo le regole della *consecutio temporum*;
- per il **periodo ipotetico** del **3° tipo** o dell'**irrealtà**:
  - l'**apodosi** al **participio futuro**, nella forma in ***-urum, -uram, -urum*** e ***-uros, -uras, -ura*** + ***fuisse***;
  - la **protasi** al **congiuntivo** negli stessi tempi del periodo ipotetico indipendente, ossia **imperfetto** per l'irrealtà nel presente e **piuccheperfetto** per l'irrealtà nel passato.

Nella pagina seguente si riporta uno schema riassuntivo del periodo ipotetico dipendente con apodosi all'infinito.

	Principale	Protasi = proposizione ipotetica	Apodosi = proposizione infinitiva
1° TIPO: REALTÀ	*Puto te,* Penso che tu, (tempo principale)	**Congiuntivo secondo la *consecutio***	**Infinito presente, perfetto, futuro**
		*si hoc **facias***, **se fai** questo, *si hoc **feceris***, **se hai** fatto questo, *si hoc **facias***, **se farai** questo,	***errare***. **sbagli**. ***erravisse***. **hai sbagliato**. ***erraturum esse***. **sbaglierai**.
	Putabam te, Pensavo che tu, (tempo storico)	**Congiuntivo secondo la *consecutio***	**Infinito presente, perfetto, futuro**
		*si hoc **faceres***, **se facevi** questo, *si hoc **fecisses***, **se avevi fatto** questo, *si hoc **faceres***, **se avessi fatto** questo,	***errare***. **sbagliavi**. ***erravisse***. **avevi sbagliato**. ***erraturum esse***. **avresti sbagliato**.
2° TIPO: POSSIBILITÀ	*Puto te,* Penso che tu, (tempo principale)	**Congiuntivo secondo la *consecutio***	**Infinito futuro (forma *-urum esse*)**
		*si hoc **facias** (o **feceris**)*, **se facessi** questo (e potresti farlo),	***erraturum esse***. **sbaglieresti**.
	Putabam te, Pensavo che tu, (tempo storico)	**Congiuntivo secondo la *consecutio***	**Infinito futuro (forma *-urum esse*)**
		*si hoc **faceres** (o **fecisses**)*, **se avessi fatto** questo (e avresti potuto farlo),	***erraturum esse***. **avresti sbagliato**.
3° TIPO: IRREALTÀ	*Puto te,* Penso che tu, (tempo principale)	**Congiuntivo imperfetto o piuccheperfetto**	**Participio futuro (forma *-urum*) + *fuisse***
		*si hoc **faceres***, **se facessi** questo (ma non lo farai), *si hoc **fecisses***, **se avessi fatto** questo (ma non lo hai fatto),	***erraturum fuisse***. **sbaglieresti**.
	Putabam te, Pensavo che tu, (tempo storico)	**Congiuntivo imperfetto o piuccheperfetto**	**Participio futuro (forma *-urum*) + *fuisse***
		*si hoc **faceres***, **se avessi fatto** questo (ma non lo hai fatto), *si hoc **fecisses***, **se avessi fatto** questo (ma non lo avevi fatto),	***erraturum fuisse***. **avresti sbagliato**.

Il periodo ipotetico dipendente della **realtà (1° tipo)** con l'apodosi all'infinito futuro ha le **stesse forme** del periodo ipotetico dipendente della **possibilità (2° tipo)**.

L'**apodosi** del periodo ipotetico dipendente della **realtà (1° tipo)** e della **possibilità (2° tipo)** può essere espressa con ***futurum esse ut* + congiuntivo** o ***fore ut* + congiuntivo**, quando il verbo è passivo o manca di supino.

▶ *Exaudita vox est, **futurum esse ut** Roma **caperetur**, nisi provisum est.* (Livio)
Si era sentita la voce che Roma **sarebbe stata presa**, se non si fosse provveduto.

L'**apodosi** del periodo ipotetico dipendente della **irrealtà (3° tipo)** può essere espressa con ***futurum fuisse ut* + congiuntivo imperfetto**, quando il verbo è passivo o manca di supino.

▶ *Pro certo habeo, si hoc fecisses, **futurum fuisse ut** te **paeniteret**.*
Sono sicuro che, se avessi fatto ciò, **ti saresti pentito**.

3.2 Il periodo ipotetico dipendente con l'apodosi al congiuntivo

L'**apodosi** di un periodo ipotetico dipendente è al **congiuntivo** quando dipende da una reggente che richiede una subordinata al congiuntivo. In questo caso avremo:

- per il **periodo ipotetico** del **1° tipo** o della **realtà**:
  - l'**apodosi** al **congiuntivo** secondo le regole della *consecutio temporum*;
  - la **protasi** al **congiuntivo** secondo le regole della *consecutio temporum*;
- per il **periodo ipotetico** del **2° tipo** o della **possibilità:**
  - l'**apodosi** al **congiuntivo** secondo la *consecutio temporum*;
  - la **protasi** al **congiuntivo** secondo la *consecutio temporum*;
- per il **periodo ipotetico** del **3° tipo** o della **irrealtà**:
  - l'**apodosi** e la **protasi** presentano il **congiuntivo imperfetto** per l'irrealtà riferita al presente e il **congiuntivo piuccheperfetto** per l'irrealtà riferita al passato.

	Principale	Protasi = proposizione ipotetica	Apodosi al congiuntivo
1° TIPO: REALTÀ	*Non dubito quin,* Sono sicuro che, (tempo principale)	**Congiuntivo secondo la *consecutio***	**Congiuntivo secondo la *consecutio***
		si hoc facias, **se fai** questo, *si hoc feceris*, **se hai fatto** questo, *si hoc facias*, **se farai** questo,	*erres*. **sbagli**. *erraveris*. **hai sbagliato**. *erraturus sis*. **sbaglierai**.
	Non dubitabam quin, Ero sicuro che, (tempo storico)	**Congiuntivo secondo la *consecutio***	**Congiuntivo secondo la *consecutio***
		si hoc faceres, **se avessi fatto** questo, *si hoc fecisses*, **se avessi fatto** questo, *si hoc faceres*, **se avessi fatto** questo,	*errares*. **avresti sbagliato**. *erravisses*. **avresti sbagliato**. *erraturus esses*. **avresti sbagliato**.
2° TIPO: POSSIBILITÀ	*Non dubito quin,* Sono sicuro che, (tempo principale)	**Congiuntivo secondo la *consecutio***	**Congiuntivo secondo la *consecutio***
		si hoc facias, **se facessi** questo, *si hoc feceris*, **se avessi fatto** questo, *si hoc facias*, **se facessi** questo,	*erres*. **sbaglieresti**. *erraveris*. **avresti sbagliato**. *erraturus sis*. **sbaglieresti**.
	Non dubitabam quin, Ero sicuro che, (tempo storico)	**Congiuntivo secondo la *consecutio***	**Congiuntivo secondo la *consecutio***
		si hoc faceres, **se avessi fatto** questo, *si hoc fecisses*, **se avessi fatto** questo, *si hoc faceres*, **se avessi fatto** questo,	*errares*. **avresti sbagliato**. *erravisses*. **avresti sbagliato**. *erraturus esses*. **avresti sbagliato**.
3° TIPO: IRREALTÀ	*Non dubito quin* Sono sicuro che, (tempo principale)	**Congiuntivo imperfetto o piuccheperfetto**	**Congiuntivo imperfetto o piuccheperfetto**
		si hoc faceres, **se facessi** questo (ma non lo farai), *si hoc fecisses*, **se avessi fatto** questo (ma non lo hai fatto),	*errares*. **sbaglieresti**. *erravisses* (**o** *erraturus fueris*). **avresti sbagliato**.
	Non dubitabam quin, Ero sicuro che, (tempo storico)	**Congiuntivo imperfetto o piuccheperfetto**	**Congiuntivo imperfetto o piuccheperfetto**
		si hoc faceres, **se avessi fatto** questo (ma non lo hai fatto), *si hoc fecisses*, **se avessi fatto** questo (ma non lo avevi fatto),	*errares*. **avresti sbagliato**. *erravisses* (**o** *erraturus fueris*). **avresti sbagliato**.

Le forme del periodo ipotetico della **realtà (1° tipo)** e quelle del periodo ipotetico della **possibilità (2° tipo)** sono identiche, pertanto possono essere distinte solo dal contesto.

L'**apodosi** del periodo ipotetico dipendente dell'**irrealtà (3° tipo)** può presentare al posto del congiuntivo piuccheperfetto il **participio futuro** seguito dal **congiuntivo perfetto del verbo *sum*** (***fuerim***). Ciò può accadere se l'azione dell'apodosi è posteriore a quella della protasi e se il verbo ha il supino ed è attivo.

▶ *Non dubito quin, si hoc fecisses, **erraturus fueris**.*
Sono sicuro che, se avessi fatto ciò, **avresti sbagliato**.

Indice analitico

A

E

F